全球金融体系

危机与变革

黄海洲　著

中信出版集团 | 北京

图书在版编目（CIP）数据

全球金融体系：危机与变革 / 黄海洲著 . -- 北京：中信出版社，2019.1（2024.1重印）
ISBN 978-7-5086-9560-0

Ⅰ . ①全… Ⅱ . ①黄… Ⅲ . ①国际金融体系－研究
Ⅳ . ① F831

中国版本图书馆 CIP 数据核字（2018）第 226443 号

全球金融体系：危机与变革

著　　者：黄海洲
出版发行：中信出版集团股份有限公司
（北京市朝阳区东三环北路 27 号嘉铭中心　邮编　100020）
承 印 者：嘉业印刷（天津）有限公司

开　　本：787mm×1092mm　1/16　　印　　张：23.5　　字　　数：390 千字
版　　次：2019 年 1 月第 1 版　　印　　次：2024 年 1 月第 6 次印刷
书　　号：ISBN 978-7-5086-9560-0
定　　价：68.00 元

目录

第三部分　中国经济再平衡

第四部分　人民币国际化

第五部分　中国发展新策略

第六部分　全球货币体系大调整

前言

今年是亚洲金融危机发生 20 周年和 2008 年全球金融危机发生 10 周年，也恰逢中国改革开放 40 周年，值此特殊时刻，我将自己十余年来从全球金融体系和一些国家金融制度演变的历史视角，对全球经济、金融和市场问题，尤其是全球金融危机问题、全球金融体系演化、全球经济结构调整和全球资本市场趋势等重大议题，在政策、学术和投资策略层面上的一些思考和分析呈现在这本书中，抛砖引玉，希望引起大家对全球金融体系问题的进一步关注、讨论与研究。

从大航海时代开始，全球化浪潮越来越影响全球政治、经济和社会。全球金融体系、全球金融危机以及全球货币体系的几次变革值得仔细研究与反思：从金本位的落幕，随之伴生的两次世界大战以及其间的全球大萧条，到布雷顿森林体系的建立、瓦解及其伴随的 20 世纪 70 年代全球滞胀和 90 年代开始的“大稳健”式繁荣，到 2008 年百年一遇的全球金融危机后开启的全球货币体系第三次寻锚之旅。纵观全球金融体系的危机和变革历程，一个国家和地区的金融危机不仅与本国和本地的金融体系有关，也深受全球金融体系的影响。得金融者安天下、富国民、兴科技，在这样的背景下，研究全球金融体系对分析金融危机赋予了新的必要和意义。

从全球金融体系出发对一些大国兴衰的探讨，以及在面临大的金融危机——尤其是 2008 年发生的百年一遇的全球性金融危机时，深入研究和讨论有关金融危机的政策应对、市场分析及理论思辨让我们获益良多：在制度层面，有助于完善金融制度和体系的设计；在政策层面，有助于应对金融危机并尽快走出危机；在市场层面，有助于改进投资策略，优化全球资产配置；在学术层面，有助于提出新形势下的新课题，为完善经济理论提供新的方法和视角。事实上，对20世纪30年代“大萧条”的经济政策应对和经济理论思辨，催生了宏观经济学这一新学科和经济学中的凯恩斯主义这一新学派；如今对20年前亚洲金融危机和10年前全球金融危机的政策应对和学术思考，不仅引发了对政策框架的深刻反思和突变式重构的期待，也开启了对宏观经济学和金融学革命性融合的新探索。

本书收录了自2005年以来公开发表的一些分析、评论和市场研究文章，主要发表于《比较》《财经》《国际经济评论》等。所有文稿均保持原貌，只是在文字上做了极少的修饰，力求反映随着全球金融体系的不断演化，作为一个身居市场一线的研究人员对问题分析、政策建议和市场策略逐次展开研究和认识的过程，尤其是对全球金融危机及其演化等重大问题从初始判断到深入分析的过程。尽管多年后回头看当时的一些分析和判断未必都尽如人意，但分析过程和分析结果有时同等重要。对于一些未能亲身经历危机或未能真正关注危机的读者而言，深入认识和复盘2008年发生的百年一遇的全球金融危机及其演化过程至关重要。大危机必将触发大探索、引导大创新，学术、政策和投资界将长期关注危机研究，就如20世纪30年代发生的“大萧条”影响了学术、政策和投资界的研究至少半个世纪一样。

本书由六部分组成。第一部分剖析全球金融危机及其传导机制。这部分收录了从2007年8月到2012年3月发表的6篇文章，主要关注2008年次贷危机在美国的全面爆发和逐步蔓延，它对欧洲经济体产生的巨大冲击和随后引发的2012年欧债危机，以及美国在危机过程中的一系列应对措施，包括量化宽松（QE）和长期再融资操作（LTRO）等新政策工具。

2007 年中，次贷危机尚未全面爆发，但危机的一些苗头已逐步显现。这部分收录的第一篇文章发表于 2007 年 8 月，关注次贷危机转变为全球金融危机的风险，认为此次金融危机是“21 世纪新危机”，将挑战全球央行，亚洲和新兴市场国家难以独善其身，或成为危机的“牺牲品”。发展中国家必须关注发达国家的金融市场，包括衍生品和交易机制。2007 年夏天，中国经济面临过热问题，正在积极实施宏观调控，文章建议中国宏观调控政策要留有余地，以减少外界突发因素给中国带来的意想不到的冲击。

第二部分探讨全球经济在面临百年一遇全球大危机时的再平衡机制。这部分收录了从 2011 年 10 月到 2014 年 6 月发表的 5 篇文章，主要分析了全球化透支问题、全球再平衡的新特点、新兴市场的动荡和应对，美国、欧洲和新兴市场国家经济增长面临的分化，以及全球经济是否面临长期停滞的问题。

全球化的深入酝酿了透支问题的全球化。几年来持续发酵的欧洲移民问题，2012 年的欧洲债务危机问题，今天的全球贸易摩擦问题都与全球化透支有关，也与全球治理机制的不够完善有关。例如欧元区的进一步整合及和平崛起面临不少挑战；全球化透支也使美国、欧洲和新兴市场国家的经济增长面临分化。对美国、欧洲和新兴市场三大板块的多维度分析显示全球经济长期停滞的结论明显依据不足。美国去杠杆基本完成，长期增长具备优势，政策空间最大；欧元区处于中间，面临不少长期结构性问题；大多数新兴市场国家政策空间受到较大制约，但增长潜力巨大。2012 年发表的文章认为全球再平衡具有新特点，即“美国将更美，欧洲正在殴，金砖要贴金”。

2008 年危机后，美国是如何完成去杠杆的呢？美国采用的政策并非基于简单的凯恩斯主义或是货币主义的教科书模型。伯南克在认真研究美国“大萧条”的教训后，认为处理金融危机和完成去杠杆的关键在于两点：第一，维持金融体系稳定。不能像“大萧条”时那样，放任几千家金融机构倒闭而不管，所有应对危机的政策措施应以维护金融体系稳定为第一要务。在危机发生的时候，只有金融体系稳住了，央行货币传导机制才能恢复工作，政府因而避免了在总需求端实施大规模的凯恩斯主义财政刺激。在雷曼兄弟破产之后，美国财政部和美联储救助了所有出问题的金融机构，例如投资银行高盛和摩根、商业银行花旗、保险公司美国国际集团等。系统性风险通过大规模的及时救助得以控制和化解。第二，维持适度的经济增长，稳定资产价格。美国实施了三次量化宽松，逐渐抬高了资产价格，利于去杠杆。居民杠杆率从2008 年危机之前占 GDP 的 100% 降到 2012 年的 80%，之后进一步降到 70%；金融机构杠杆率则从 2008 年之前占 GDP 的 120% 降到 85%，之后进一步降到 80%。而同期美国政府的杠杆率则显著提升。正是政府的选择性有所作为，维持了一定水平的经济增长，稳定了信心。否则经济在通缩中打转，杠杆率反而会被动上升，形成死亡循环。

第三部分剖析了中国经济在面临百年一遇全球大危机时的再平衡机制。这部分收录了从 2006 年 3 月到 2012 年 1 月发表的 4 篇文章，主要讨论了全球经济格局转变与中国经济转型之间的关系。

从全球金融体系的视角探讨中国经济再平衡非常必要。一方面，改革开放以来，中国经济持续高速发展，已经成为全球经济体系和全球金融体系的重要组成部分，并且是成长最快的一部分，对全球产生了重要影响。影响的第一阶段是 1994 年之后，中国的出口降低了全球消费品价格，进而压低了全球通货膨胀和通货膨胀预期。第二阶段是 2000 年之后，提升了全球大宗原材料的需求，从而拉动了一系列以出口原材料为主的新兴市场国家的经济发展。第三阶段以 2007 年 2 月 27 日为标志，先是中国股市的暴跌，紧随其后是美国道琼斯工业平均指数大跌，并波及全球市场，自此，中国市场与全球金融市场的联动效应开始逐渐显现。另一方面，中国的自然禀赋和改革开放也要求中国应积极成为全球化中的重要力量，善用全球化中的有利因素，化解全球化中的风险，从而使中国经济更上一层楼。

第四部分讨论人民币国际化问题。这部分收录了从 2005 年 9 月到 2017 年 7 月发表的 5 篇文章，分析和讨论了人民币国际化面临的机遇、挑战和策略；人民币国际化可以起到新一轮改革开放推进器的作用；《广场协议》后德日经济表现的巨大差异对人民币国际化的启示。

从全球金融体系的视角探讨中国经济的进一步改革开放和进一步全球化，人民币国际化是非常重要的议题和政策选择。一方面，人民币国际化可以成为“新的改革开放推进器”。另一方面，2008 年爆发的全球金融危机必将带来全球经济再平衡，也为人民币国际化创造了环境和动力。在实施策略上，这部分中的文章建议人民币国际化分三步走：“第一步，支持人民币在双边贸易中作为计价单位，促其成为结算货币；第二步，积极利用中央银行之间的互换协议，促进人民币成为投资货币；第三步，创造条件使人民币成为特别提款权（SDR）的一部分，促其成为储备货币。”令人欣慰的是，人民币已于 2016 年 10 月纳入了特别提款权。

第五部分讨论中国发展新战略。这部分收录了从 2006 年 7 月到 2014 年 4 月发表的 5 篇文章。本部分的第一篇文章发表于 2006 年，从大金融史的角度分析和讨论中国发展的中长期金融政策和策略；两篇文章讨论改革开放的新内涵和新策略，以及对外开放的新布局；一篇文章讨论中国经济的长期投资问题；还有一篇文章讨论了中国城镇化中住房制度改革的理论分析框架，并围绕地权、房权和税收三个核心变量，提出了产权和使用权多维分割的政策建议。

本部分的第一篇文章从大金融史的视角探讨四个相关专题：金融创新与英国的强盛，金融制度与美国的崛起，金融博弈与欧元的诞生，金融政策与中国的发展。随着时代的进步，全球金融制度建设不断进步，金融理念不断发展。大浪淘沙，拥有先进金融制度和金融理念的国家替代了落后的国家。金融体系方面落后也会挨打，其表现形式可能是金融危机。为了实现中国在中长期能够快速、稳定、和平地发展，中国在金融方面要具有战略高度的开阔视野，并使自己成为国际金融格局里负责任的战略博弈者之一。

中国经济的长期增长是由市场化、城镇化、全球化推动的，城镇化将是未来推动经济增长的最主要动力。中国应该更好地利用全球化带来的市场和资源，更好地在真实资产和金融资产之间进行匹配。在城镇化住房制度建设方面，政策设计应围绕地权、房权和税收三个维度的核心变量，在商品房、租赁房和经济适用房三个领域，应进行相应的系统性政策组合和税收调整。文章在讨论新形势下中国对外开放的战略布局时提出了十点具体改革建议。

第六部分讨论全球货币体系寻锚和经济金融理论创新。这部分收录了从2016年7月到2017年5月发表的两篇文章，讨论并分析了全球金融体系和全球货币体系的未来走向，同时对经济金融理论提出了一些新思路和新想法。全球金融体系的问题博大精深，现在又处在对政策框架的深刻反思和突变式重构，以及实现宏观经济学和金融学革命性融合的前夜，本部分的两篇文章希望为进一步探讨全球金融体系的问题打开两扇窗户。

本部分的第一篇文章讨论全球货币体系寻锚，认为2008年发生的全球金融危机是20世纪70年代开始的第二次全球货币体系之锚的终结，也开启了全球货币体系的第三次寻锚之旅，其重要性堪比全球金融体系放弃金本位之后，30年代“大萧条”开启的第一次全球货币体系寻锚之旅。第一次寻锚之后建立的布雷顿森林体系带动了二战之后长达26年的全球经济复苏和繁荣。文章认为，锚不是简单的金本位概念……全球货币体系也不可能再回到金本位。锚有更广义的概念，要满足对内稳定通胀预期，对外稳定大国之间的汇率。新的锚可能不只是依靠“大稳健”时期的通胀目标制，新的锚替代老的锚需要基于信用货币和国际合作的制度创新。

本部分的第二篇文章讨论国家资本结构，力图为货币经济学、财政理论和国际金融学提供一个新的、统一的微观理论基础。一个国家发行的主权货币和以本币发行的主权债是国家资本结构中的股票，以外币发行的主权债是债务，通货膨胀源于多发货币（股票）后在国民之间的财富转移（股权稀释）。欧元区国家在 1999 年初使用欧元，相当于重置资产负债表，实行股转债。中国的国家层面股权、债权情况与美国、日本和英国相似，外债较少、股权较多。

历史潮流浩浩荡荡，金融理论和理念创新波澜壮阔，历史一次又一次地向世人展示了拥有先进金融制度的国家如何屹立在全球金融时代的潮头。在金本位制度下，英国首创了中央银行制度，大大提升了基于金本位信用的金融体系效率，降低了金融体系风险，替代了固守金本位狭隘定义的西班牙，战胜了坚持重商主义和金本位保守主义的法国，尽管西班牙与法国都曾拥有比英国更多的黄金储备。脱离金本位后，美国牵头创立的布雷顿森林体系在全球经济走出“大萧条”以及第二次世界大战后的经济恢复起到了重要作用。美国在 20 世纪 70 年代后逐渐创立了不依赖于金本位信用的主权货币，2008 年大危机之后，进一步创新和改进主权货币体系的功能，成功避免了由“百年一遇”的大危机可能引发的“百年一遇”的大萧条，在危机后不仅率先成功完成了美国经济的去杠杆，而且创造了巨量的金融财富。

以史为鉴，可知兴衰、防危机、长智慧。本书从政策层面分析今天中国和全球经济及金融体系面临的机会和挑战，从市场层面理解和把握投资机会，从学术层面探讨和展望需要突破的一些问题，希望会对读者有所启发和帮助。

本书收录的一些文章得益于多年来与政策界官员、学术界同仁和金融界及企业界人士的对话、讨论与合作，一些思想火花的碰撞让我受益匪浅。在此，我要向他们致以最诚挚、最衷心的谢意。

感谢中金公司历任领导长期以来对宏观政策、全球市场及学术研究的高度重视和倾心指导，感谢中金公司各位同仁——尤其是研究部、股票业务部同仁一直以来对宏观政策、全球市场研究的大力支持和帮助。感谢中国金融 40 人论坛（CF40）各位同仁和中国世界经济学会各位同仁就许多相关问题的有益讨论。

本书《全球金融体系》这一标题来自过去几年在清华大学五道口金融学院和上海交通大学上海高级金融学院兼任特聘教授时业余时间上课的题目，一些文章和草稿也在班上与同学们广泛讨论过。在此，感谢所有同学对此课程的积极参与和批评指正。感谢五道口金融学院和上海高级金融学院领导和同仁多年来的关心和支持，以及两学院优越的学术氛围。

我对全球金融体系问题的关注始于二十多年前伦敦经济学院（LSE），在那里与帕特里克·博尔顿（Patrick Bolton）、查尔斯·古德哈特（Charles Goodhart）和许成钢教授结缘，成为亦师亦友的合作者。之后在国际货币基金组织（IMF）的工作更加深了我对此问题的兴趣，也开阔了我的视野。借此机会感谢在伦敦经济学院和国际货币基金组织进行讨论和合作的同事。

感谢本书中部分文章的合作者：帕特里克·博尔顿、侯振海、李志勇、刘刚、汪超、王慧、王水林、吴杰云和周诚君等。也感谢多年来在学术上交流、切磋和合作的所有国内外朋友，由于篇幅有限，也怕挂一漏万，就不再一一列举，你们的帮助与付出我永远感恩于心。书中表达的观点系个人学术观点，不代表作者工作或相关单位的政策或市场观点；在学术方面的遗漏和不足与合作者无关。

本文集在出版过程中得到了中信出版集团吴素萍和孟凡玲等人

的大力帮助，《比较》《财经》《国际经济评论》等编辑部肖梦、邵滨鸿、崔秀梅等的大力支持，还有冯丹云、傅诚刚、李文漪和刘茜的大力协助，在此一并感谢。

最后，我要衷心感谢家人长期以来无私的付出、关爱和支持。我爱你们！

黄海洲

2018 年 10 月

第一部分

全球危机与传导

次贷危机对中国的启示

导读

此次次贷危机爆发于全球最发达国家，并逐步蔓延到全球，最终演变为一场全面的金融危机。由于美元是各国政府的储备货币，也是全球最主要的交易和结算货币，危机不会导致美元本身的大幅贬值，但通过流动性过剩等传导机制挑战了全球央行，成为21世纪新危机。在这场危机的旋涡中，亚洲和新兴市场国家难以独善其身。意识到“危”，把握住“机”，发展中国家必须关注发达国家的金融市场，并及时采取措施应对外来危机的冲击和影响。中国经济目前虽然面临过热问题，正在积极实施宏观调控，但宏观调控政策要留有余地，以减少外界突发因素给中国带来的意想不到的冲击。

每一次危机都是新的，但都是流动性危机。在全球金融一体化的今天，只要你是金融市场中的一员，其他国家如果发生金融危机，你就很难不受影响。发展中国家必须关注发达国家的金融市场，以助于采取措施应对外来危机的冲击和影响。但发展中国家金融开放必须积极推进，除了增强银行体系的稳定性，还要积极增强整个金融体系的稳定性和金融市场的稳健性。美国次级房贷只是美国房贷市场的很小一部分，目前次级房贷危机给金融机构带来的损

* 原文发表于2007年第8月第32期《证券市场周刊》。

失与已知的大危机相比相对较小。但它对国际金融市场造成的影响远比1998年美国长期资本管理公司危机时大，而且正在演变成继20世纪80年代拉美债务危机、90年代亚洲金融危机以来十年一遇的全球金融市场大危机。原因有二：金融风险指标和各国央行的反应。

先看金融风险指标：反映流动性紧缺程度的美国10年期国债利率，在短时间内就从5.3%下跌到4.7%以下，幅度超过了1998年长期资本管理公司危机的程度。VIX指数上周（8月17日）超过30，达到危机水平。VIX指数是描述金融体系波动性或风险增加的重要指标，金融市场运行正常之下的VIX指数在10~12。

危机已经迫使各国央行采取史无前例的联合行动。本次危机虽然产生于美国金融市场，但当德国产业投资银行和法国巴黎银行遭受危机的巨大冲击时，欧洲中央银行被迫率先（8月9日）向欧洲金融市场注入1 300亿美元。紧接着，美国联邦储备银行（简称美联储）也向美国的银行体系注入240亿美元；随后，澳大利亚和日本的中央银行也都注资救市。8月9日、10日两天，全球中央银行向市场注入3 223亿美元的资金。就在8月17日，美联储还被迫降低再贴现利率50个基点，将商业银行向中央银行融资的抵押品范围扩大到次级抵押债券，并鼓励商业银行通过中央银行贴现窗口融资，缓解危机的迅猛扩散。

21世纪新危机

这场危机爆发于2007年3月，在8月来势凶猛，让全球央行似乎有点措手不及。这是一场什么样的危机?

每一场危机都是新的，不变的是都有流动性危机的一面。

这里的“新”有几个含义：一是危机源自最发达国家，然后蔓延到全球。1929年以来发生的金融危机，基本都是源自发展中国家，比如拉丁美洲债务危机、亚洲金融危机。当然，美国20世纪90年代也发生过储贷危机，德国、西班牙也出现过银行危机，但没有造成全球影响。因此，我们把金融危机防范的重点都放在了发展中国家身上，对发达国家金融市场的问题有所忽视。但现在危机突然由发达国家爆发。

二是危机发生的机制是新的。从危机伴随的现象看，在这场新危机中，汇率不再是主要问题。在以前的拉美债务危机、亚洲金融危机中，危机发生国的货币往往会大幅贬值；但本次危机中，美元还在升值。坚挺的原因在于，美元不仅是各国政府的储备货币，也是全球交易的最重要度量单位，不可能对自身贬值。金融机构在危机中，纷纷抛售次级房贷债券等低信用级别债券，买入美国国债，从而形成对美元的需求。

从危机发生的传导机制来看，拉美债务危机等传统金融危机主要是通过流动性的断裂引起汇率变化，然后再影响到银行，或者先银行再汇率，最终进一步传导到实体经济，传导模式是“流动性 + 汇率 + 银行”，或者“流动性 + 银行 + 汇率”。

但本次危机首先是次级信用的房贷违约率增加，引起投资于次级房贷债券市场的数量分析对冲基金和共同基金巨亏，然后影响到国际大投资银行，进一步传导金融市场。其危机传导的机制是“流动性 + 信用 + 金融市场”模式。

挑战全球央行

各国央行在应对传统金融危机中，无论在理论上还是在实践方法中，都比较成熟。发展中国家也通过向发达国家学习，逐步掌握防范危机的知识和技能，比如增加外汇储备、控制财政赤字，完善银行体系的监管等。

本次危机中，受到冲击最大的是以数量分析为基础的对冲基金和共同基金，而以基本面分析为基础的基金损失相对较小。对冲基金和共同基金以数量分析工具对次级抵押债券定价，是目前最为复杂的金融工具，这让银行家全面认识了这场危机，而找出相应的解决途径颇具挑战。

在传统金融危机中，如果银行发生危机，中央银行救助金融机构就是在救中小储户，使企业免于倒闭，从而避免出现更大范围的失业。如果出现汇率/货币危机，中央银行直接动用外汇储备（如果还有的话），或向 IMF（国际货币基金组织）或其他国家央行求助，在汇率市场进行干预，比如 1994 年的墨西哥金融危机，虽然受到一些业内人士的批评，但相关举措都合情合理。

在本次危机中，如果央行拿纳税人的钱去救助非银行金融机构和市场则相对困难。参与次级贷款债券投资的都是大型非银行金融机构，并不向中小储户开放，"是有钱人玩的游戏"。中央银行直接救助资本市场相当困难，至少比干预汇率市场要困难得多。

促使金融机构之间彼此救助也是不容易的，因为这些金融机构之间都是竞争关系。当然也有例外，1998 年长期资本管理公司遭遇危机时，在美国纽约联邦储备银行的牵头下，被高盛、摩根等 13 家与之交易的金融机构巧妙救援。但这些机构与长期资本管理公司是客户关系，金融机构救助自己客户是说得通的。现在深陷危机的都是大投资银行，它们是竞争关系，相互救助无法向自己的投资人/合伙人交代。况且，本次危机给投资银行带来的巨大冲击远大于亚洲金融危机。

启 示

亚洲国家在亚洲金融危机之后，痛定思痛，都在努力改善自己的宏观经济政策，减少财政赤字，增加外汇储备，增强银行体系的稳定性，取得了有目共睹的成绩。但发展中国家如果以为这样可以避免危机，或者"独善其身"，答案并非如此！

在全球金融一体化的今天，只要你是金融市场中的一员，其他国家如果发生金融危机，你就很难不受影响。在过去的一周，亚洲股市出现全面暴跌就是一个证明：韩国和日本一周分别下挫 11.4%

和 9%，香港恒生指数在上周五也一度狂泄近 1 300 点。就在两周前，亚洲金融市场还弥漫着乐观情绪，认为本次危机不会对亚洲造成多大的冲击。

事实上，在本次危机中，全球最大的投资银行和全球的基金经理，就在全球范围内寻求变现的机会。恰恰是亚洲经济好，面临流动性危机的全球金融机构和投资者更要到亚洲市场变现，让亚洲的折价达到全球的水平，成为危机变现的“牺牲品”。

第二个启示是，发展中国家必须要关注发达国家的金融市场动态，包括里面的衍生工具及具体交易机制，以助于及时采取相关措施应对外来危机的冲击和影响。因为发达国家金融市场的“城门失火”，会殃及发展中国家的“池鱼”。

但发展中国家的金融开放必须积极推进，除了增强银行体系的稳定性之外，要积极增强整个金融体系的稳定性和金融市场的稳健性。

第三个启示是，每一次危机都是新的，但都是流动性危机。流动性是金。事实上，我们看到，美国在本次危机之前和初期，金融市场的流动性都十分充裕，但到了 7 月就突然紧张起来，以至于后来出现流动性枯竭。

流动性是具有内生性的，来如汪洋，去也匆匆，中国的货币政策调控也应该掌控节奏，让流动性留有一定的富余空间。随着法定存款准备金水平上调到 12%，中国商业银行的超额储备从 7% 已经下降到当前的 1% ~2%，流动性空间变小。同时，中国其他宏观调控政策也要留有余地，以减少外界因素对中国造成意想不到的冲击。

危机发生后的美国经济增长范式

导读

2007年的次贷危机周期见顶。危机发生后，新兴市场难以与美国脱钩，而美国经济不太可能陷入20世纪30年代的“大萧条”，或类似20世纪90年代日本的低增长、低通胀和低利率，或以低增长、高通胀和高利率为表象的类似20世纪70年代和80年代初的滞胀状态。全球失衡，尤其是美国的失衡虽然已经讨论多年，但失衡真正走向新平衡只有在大危机之后。

2007年爆发的次贷危机使全球面临金融危机风险。为了及时化解金融危机风险，美联储已经大幅、快速降息。次贷危机后，美国经济将告别20世纪90年代主要得益于全球化红利的高增长、低通胀和低利率的经济增长范式，进入低增长、高通胀和负（实际）利率的新范式。美国经济不太可能陷入20世纪30年代的大萧条，或类似90年代日本的低增长、低通胀和低利率，或以低增长、高通胀和高利率为表象的类似20世纪70年代至80年代初的滞胀状态。

* 原文发表于2008年5—6月《国际经济评论》，原标题为《美国增长新范式：负利率、高通胀、低增长》。原文完成于2008年初，基于年初发表的几篇与侯振海合作的全球投资策略报告。

引 言

2007 年的全球股市在资产价格高涨的欢乐中开始，却在美国次贷危机、房产泡沫破灭和经济衰退威胁显现中落幕。[①] 如果应对措施不力，美国经济甚至会陷入资产价格下跌、经济衰退、失业率上升、消费下降的经济恶性循环，甚至出现像 20 世纪 30 年代的大萧条。这种恶性循环在日本也出现过，即 90 年代“失去的十年”的通缩和与之相伴的零增长、零通胀和零利率。

次贷危机爆发以后，为了拯救美国金融业和实体经济，美联储采用大幅、快速降息的手段来支撑美国的经济。虽然对美联储的减息动向和美国经济是否衰退的关切是目前市场关注的重点，但我们应该关注的一个更为重要的问题是：发达国家尤其美国经济能否很快恢复过去十几年的高增长、低通胀的经济增长范式?

次贷危机平息之后，随着全球化和信息技术革命的双重红利进入回报递减阶段，我们认为全球通货膨胀的压力将继续上升，同时全球尤其美国经济增长的速度将会下滑。美国经济 90 年代的高增长、低通胀和低利息（图 1）的增长范式将难以重现。

全球尤其是美国经济在过去十几年的高增长、低通胀和低利息增长范式和两个重要的实体经济因素紧密相连：全球化和信息技术革命。得益于中国、印度等发展中大国通过改革开放以及俄罗斯和东欧国家变革，20 世纪 90 年代的全球化致使大约 5 亿廉价劳动力进入了以西方发达国家为核心进行分工的全球劳动力市场，这一数量甚至略大于原有发达国家的劳动力总额。信息技术革命也始于 20 世纪 90 年代。全球化利用新兴发展中国家较低的劳动力成本、较低的环境成本和较快的劳动生产率增长，通过增加廉价商品进口以减缓发达国家价格上涨，舒缓通胀压力。发达国家的跨国公司也从

---

① 黄海洲，侯振海．摘取带刺的玫瑰［J］．全球投资策略报告，中金公司，2008 年 1 月 15 日．

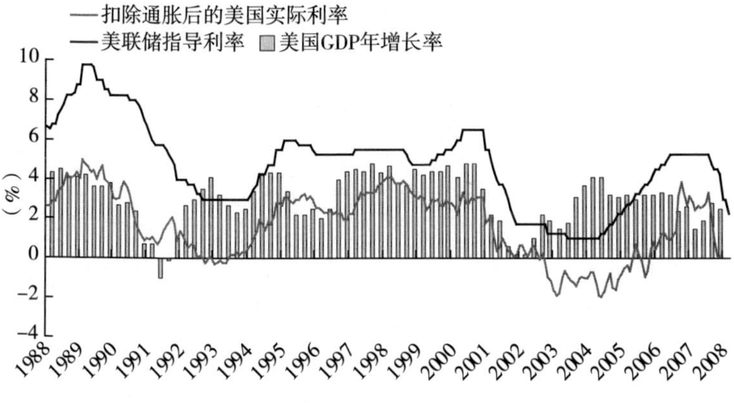

图1　美国20世纪90年代至今的经济增长、名义利率和实际利率

资料来源：彭博资讯，中金公司研究部。

全球化中得到巨大的经济效益，从而提高了生产率。信息技术革命也提高了发达国家的生产率。经过十几年的发展，全球化和信息技术革命的双重红利已经进入了回报递减阶段。

在此双重红利进入回报递减的大转折阶段，美国经济不仅受次贷危机的冲击，其基本面亦不容乐观；加之二战后婴儿潮出生的人正步入退休年龄，也面临着股市和房产这两类最主要家庭资产价值快速缩水的风险。连续多年的过度消费不但使美国积累了巨额外贸赤字，美国普通家庭的负债与美国GDP（国内生产总值）的比值也连年上升——从1990年的60%上升到2007年的100%，而储蓄率却接近零。在家庭财产性收入下降的情况下，美国民众的消费能力必然受到很大的冲击，而占GDP高达70%的消费一旦走软，将导致美国整体经济增速下滑甚至步入衰退。美国经济是否会进入类似20世纪70年代至80年代初以低增长、高通胀和高利率为表征的滞胀（图2）？

我们认为这种可能性不大，也不太可能出现像20世纪90年代日本式的零增长、零通胀和零利率（图3），或步入低增长、低通胀和低利率，或再现美国20世纪30年代的大萧条。而可能出现的新范式是低增长、高通胀和负（实际）利率。更确切地说是比美国

90年代较高的通胀、较低的增长和较低的名义利息，而相比美国80年代的滞胀则是较低通胀、较高增长和更低名义利息和负实际利率。

图2　美国20世纪70年代至80年代的经济增长、名义利率和实际利率

资料来源：彭博资讯，中金公司研究部。

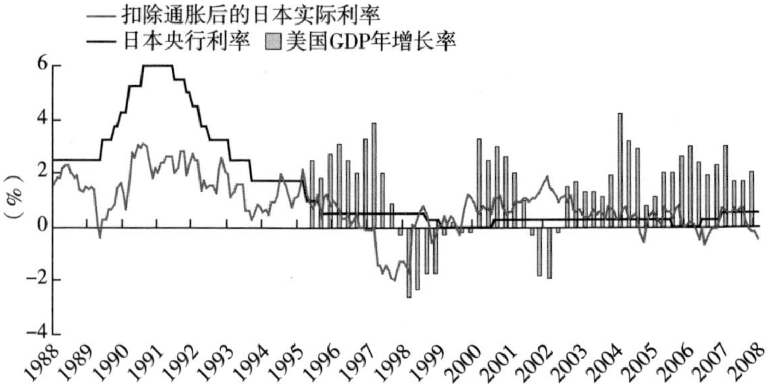

图3　日本20世纪90年代的经济增长、名义利率和实际利率

资料来源：彭博资讯，中金公司研究部。

尽管美国已经再次步入了实际负利率阶段，但是名义利率依然有下调的空间，这与20世纪90年代处于零利息的日本不同。由于美国自身制造业的空心化，大量消费商品依然依赖海外生产，当前全球因资源价格高企形成的通胀也将越来越多地传导到美国，因此美国负利率幅度将可能进一步扩大。负利率、通胀上升、美日公司治理结构不同以及美联储主席伯南克是研究大萧条的权威学者等因素都有助于美国采取有效措施，避免重现大萧条。

美国经济的低增长将给资产价格带来下行压力。但另一方面，低利息将支撑资产价格不至于大幅度回落，尽管房地产价格仍将继续面临回落的压力。就价格而言，美国 CPI（消费者价格指数）将可能维持较高水平；房价继续回落但速度逐渐减慢；在经历了市场价格调整之后，美国资产价格回稳甚至有所上升。就经济增长动力而言，美国消费拉动力减弱、进口减弱、出口增强，经济增长速度下滑。这一动态过程有助于美国经济从失衡走向新平衡，不仅对美国经济和资本市场，而且对全球经济和资本市场都将带来深远的影响。

全球化红利：降低发达国家通胀，推高全球经济增长

自从 20 世纪 90 年代以来，主要发达国家的通胀一直维持在很低的水平，并且在 90 年代之前通胀率与劳动生产率年增长率较为显著的负相关关系也大幅减弱（图 4）。对于这种现象，一种观点认为主要原因是欧美发达国家的央行货币政策的成功。但这一观点缺乏实际的依据。从劳动生产率看，2000 年的信息技术产业的确提升了劳动生产率，但是这一效应在 2004 年之后就已经明显减弱，2005—2006 年美国的劳动生产率增长接近于零，但是通胀并未出现上升。

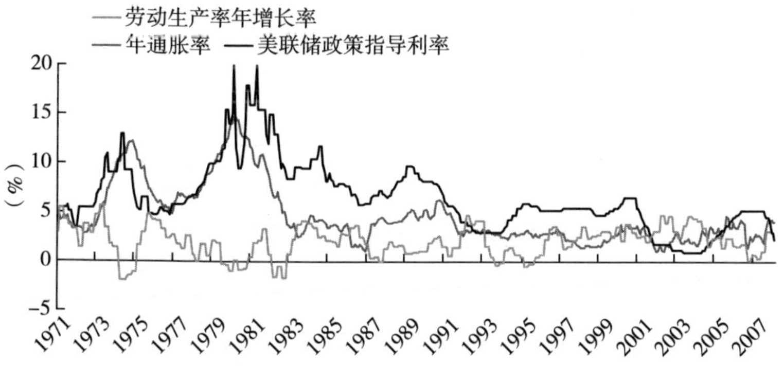

图 4 美联储政策指导利率、美国的年通胀率和劳动生产率增长率

资料来源：彭博资讯，中金公司研究部。

我们认为，20 世纪 80 年代末开始的全球化显著加速才是欧美发达国家在低利率和低劳动生产率增长环境下长期维持较低通胀率的最重要因素，即通过增加廉价商品进口来利用新兴发展中国家较低的劳动力成本和较快的劳动生产率增长，以减缓国内价格上涨，舒缓通胀压力。

过去 15 年，以中国为首的新兴出口型经济体的劳动生产率增长远远高于自身劳动力成本的上升，生产能力也远远大于国内实际消费能力，而且许多国家的汇率也基本保持稳定。因此，这些国家实际上一直在向发达国家出口通缩效应，从而抵消了发达国家的通胀压力。利用发展中国家这面阻挡通胀的“屏风”，即便在 20 世纪 90 年代中期世界出现较高整体通胀的情况下，发达国家的通胀率依然可以保持在非常低的水平。从图 5 我们可以明显地看出，1990 年以后，发达国家的通胀率与全球整体通胀率就出现了明显的脱钩，而图 6 显示中国劳动生产率和工资水平增长的脱钩也始于这一时期。

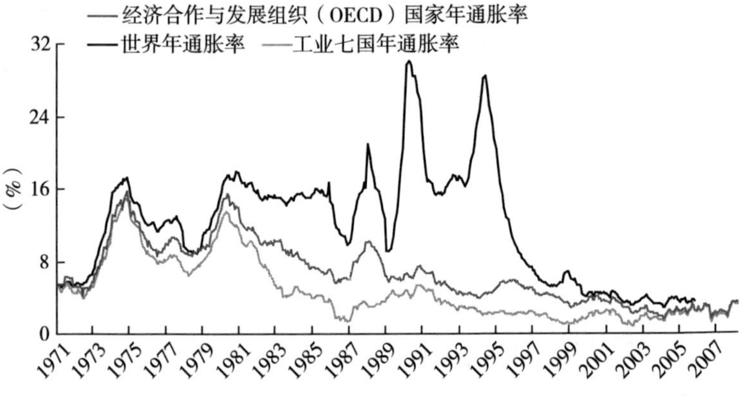

图 5　全球和发达国家通胀率比较

资料来源：彭博资讯，中金公司研究部。

国际清算银行的一份研究报告对 1980 年以来的世界通胀相关数据进行了分析并指出：以美国为首的发达国家的通胀率与国内生

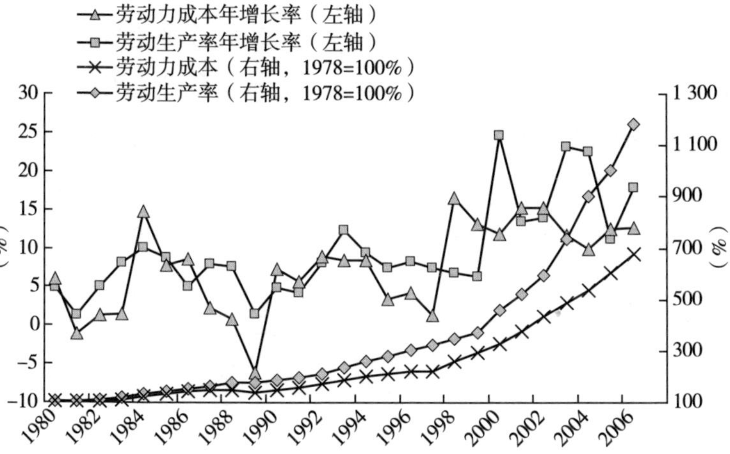

图6　中国劳动生产率和劳动力工资水平变化（扣除通胀因素）

资料来源：彭博资讯，中金公司研究部。

产是否过剩的关系不显著，但与国际生产过剩状况有显著的关系。①另外，分析还发现：不但在商品价格通胀中有这种现象，与过去认知不同的是，在发达国家的服务价格通胀中，海外因素依然有着显著的作用，尽管这种关联度要略小于商品。这种情况可能源自随着全球化的深入，服务价格也呈现可贸易化和全球定价性，印度外包经济的高速发展就是一个证据。另外，海外的服务价格也更多地通过各种渠道影响发达国家国内的服务价格，尤其是对于那些接纳移民（包括合法和非法）较多，服务行业工会势力较弱的国家，比如美国。而主要发达国家中，只有日本对输入价格通胀因素不敏感，这是因为日本自身的高劳动力成本、高物价但进口廉价商品和外来移民的比例都相对较低。在此情况下，日本经济受益于全球化的程度较小，低通胀主要源自自身经济长期的低迷。

根据哈佛大学的理查德·费里曼（Richard Freeman）教授的研究，自20世纪90年代的全球化以来，发展中国家约有5亿廉价劳

① Claudio Borio and Andrew Filardo. Globalisation and Inflation: New Cross-Country Evidence on the Global Determinants of Domestic Inflation, BIS, May 2007.

动力进入了以发达国家为核心进行分工的全球劳动力市场，这一数量甚至略大于发达国家原有的劳动力总额。① 这些新增劳动力在整个产业链中所占的成本极低，所付出环境成本较低，因此发达国家将劳动密集型产业和生产型企业转移到国外后，大大降低了本国通胀水平及其波动性。如果以经典的菲利普斯曲线来表示，全球化下发达国家经济体的曲线变得接近垂直（图7）。

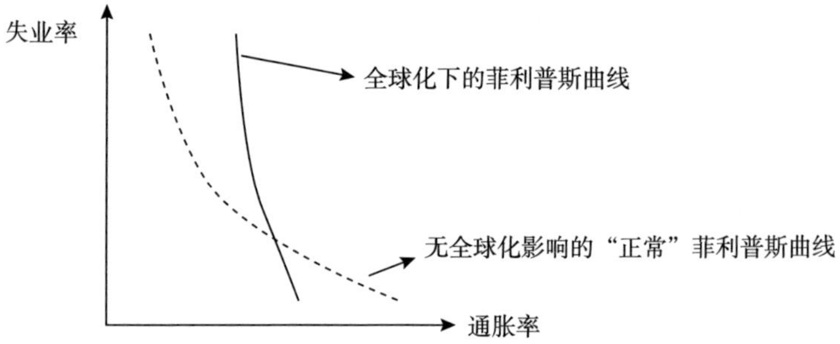

图7　全球化下的菲利普斯曲线

资料来源：彭博资讯，中金公司研究部。

全球化红利递减：发达国家通胀上升，经济增长速度下降

我们认为在未来几年，全球化红利递减将导致发达国家尤其是美国的通胀上升、经济增长速度下滑。这一判断是基于以下的一些因素。

一是国际化带来的新兴市场国家劳动生产率提高的边际效应开始下降。过去五年是全球经济发展最快的一段时期，但同期美国的

① Richard Freeman（2004）. Doubling the Global Work Force: The Challenge of Integrating China, India and the Former Soviet Bloc into the World Economy, Harvard University, manuscript, Nov 8, 2004。费里曼教授的计算表明，2000年发达国家的劳动力大约4.6亿人，自20世纪80年代以来，已经纳入全球市场的欠发达国家劳动力大约有10亿人，总数为14.6亿人；中国、印度、俄罗斯和东欧的劳动力大约为15亿人。一种比较角度是，到2000年，全球化带来的新增劳动力（15亿人）略大于原有的全球劳动力；另一种比较角度是，自1990年以来，全球化带来的新增劳动力中大约5亿纳入全球劳动力市场，略大于发达国家的总劳动力。我们认为后一种角度更为合理。

劳动生产率增长水平一直处于历史的较低水平，拉动全球生产率水平上升的主要是以金砖四国为代表的新兴市场国家。而随着主要新兴国家与发达国家劳动生产率水平之间的差距缩小，未来新兴国家生产率水平的上升速度将逐渐放缓。

二是美元贬值。美联储将不得不在较长的时间内实行较为宽松的货币政策，因此美元对主要新兴市场国家的货币在未来一段时间内会维持弱势。在这种情况下，美国进口商品的价格将可能继续上升，而与美国自身经济状况的关联度降低。因此，即便美国经济出现下滑，对整体通胀压力的释放作用也会较为有限。

三是全球劳动力成本上升加快。粮食价格、能源价格、环境成本依然可能继续上升，从而导致新兴市场国家劳动力成本上升。目前，几乎80%以上的新兴市场国家和发达国家都呈现通胀上升的态势。这将使发达国家利用海外廉价劳动力产品来规避国内通胀的能力大幅降低。从美国最大的五个进口贸易伙伴的进口物价指数可以看出，稳定的进口价格对维持美国国内物价水平做出了积极的贡献。但从近期看，加拿大和墨西哥的进口物价水平已经开始快速上升，而进口自中国的产品价格涨速也开始向上加速。

输入性通胀

作为全球化的反作用力，未来一段时期内，美元弱势和新兴市场国家的通胀将通过全球贸易逐渐渗透到美国，输入性通胀将成为宽松货币政策下美国经济的威胁。在房地产价格见底之前，美联储通过升息来降低通胀的能力已经被弱化，而反全球化和国内生产无疑只能使生产成本增加进一步推动商品价格上涨，因此美国在未来的一段时期内很可能难以推出有效应对通胀上升的政策。海外进口物价水平对美国通胀的影响非常巨大，远远超过美国自身劳动力水平的影响（图8）。

对美国出口额最大的五个经济体中，中国、欧盟和日本的自身

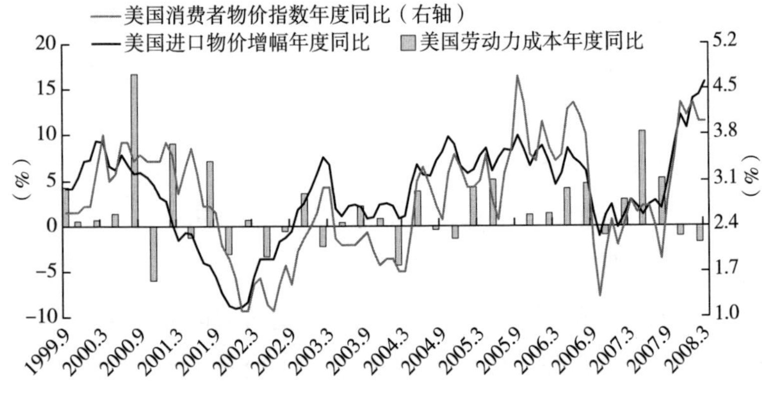

图8　美国进口物价指数与通胀水平高度相关

资料来源：彭博资讯，中金公司研究部。

通胀正在上升，其中中国的通胀上升明显。如果以美元计价，从美国的角度看，这些国家价格上涨的趋势更加明显（图9）。除了加拿大和墨西哥，美国主要进口物价上涨的压力大多由出口国的生产者来承担，也就是说生产者以本币计的价格在下降，利润空间在缩小。我们认为这种趋势不可能一直维持下去，因为出口国生产者的价格不可能无限压低，尤其它们自身劳动力成本在生活必需品价格显著上涨的背景下，美国消费者必然要在以后更多地承担价格上涨带来的压力。因此输入性通胀将成为美国未来通胀压力的重要来源。

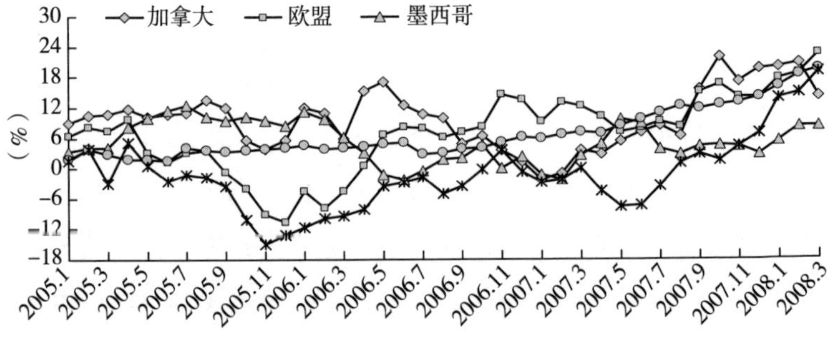

图9　折算为美元后美国五大进口贸易伙伴价格水平年涨幅

资料来源：彭博资讯，中金公司研究部。

综观美国的各大类进口商品，占进口总量和造成赤字总额最大的四类商品分别为石油、汽车、机械产品和电子产品。

石油产品。石油产品的进口价格取决于国际油价，因此这部分产品的价格压力已经主要由美国消费者来承担。尽管目前受美国经济放缓影响，美国石油进口需求有所放缓导致赤字增速下滑，但是由于石油需求刚性较大，加之在经济放缓的背景下欧佩克组织（石油输出国组织）增产可能性相当渺茫，因此期望未来石油产品进口赤字大幅下滑的希望不大。

汽车。汽车是相对需求弹性较大并且对汇率较为敏感的产品。因此我们可以更明显地看到较大幅度的赤字减负，尤其是美国对加拿大和德国这些本币相对美元升值幅度较大的地区，出口上升、进口下降，赤字减速较快。因此，汽车产品的进口压力仍将主要由出口生产者来承担。

机械产品。美国机械产品贸易的显著特点是对中国赤字的大幅上升。在2005年人民币升值之前，美国对华贸易赤字的年增幅在50%左右。尽管2006年后对华贸易赤字的年增幅开始快速回落，以及2008年人民币相对美元升值的速度有所加快，但由于中国产品的竞争力较强，美国对中国产品依赖度仍然非常大，美国消费者将要和中国出口商共同承担该类产品的价格上涨压力。

电子产品。该类产品的特点较类似机械产品。尽管日本在某些高端电子产品上依然保持优势，但是更多增量出现在中低端电子产品，中国和墨西哥在此领域有一定竞争优势。总体上，在全球劳动力成本上升的情况下，美国消费者将逐渐承担更多的价格压力。

上述四大类美国主要进口产品，除了汽车以外，美国消费者都将面对越来越大的输入性通胀压力。除了美元汇率因素外，全球劳动力成本增速的上升也将最终传导至美国的通胀。尽管过去的十多年里，发展中国家一直通过控制劳动力成本来提升自身竞争力并吸引外资，但是在生活必需品尤其是粮食价格大幅上升的背景下，继续进行这种劳动力成本控制将变得十分困难。

目前，世界各种主要粮食的存需比都已经降到了 20 世纪 60 年代以来的最低水平，上次在 70 年代全球粮食存需比达到如此低的水平时，曾经爆发粮食危机，并引发美国经济长达 10 年的滞胀。而近期，国际各主要农作物价格都开始快速上涨（图 10）。[①]

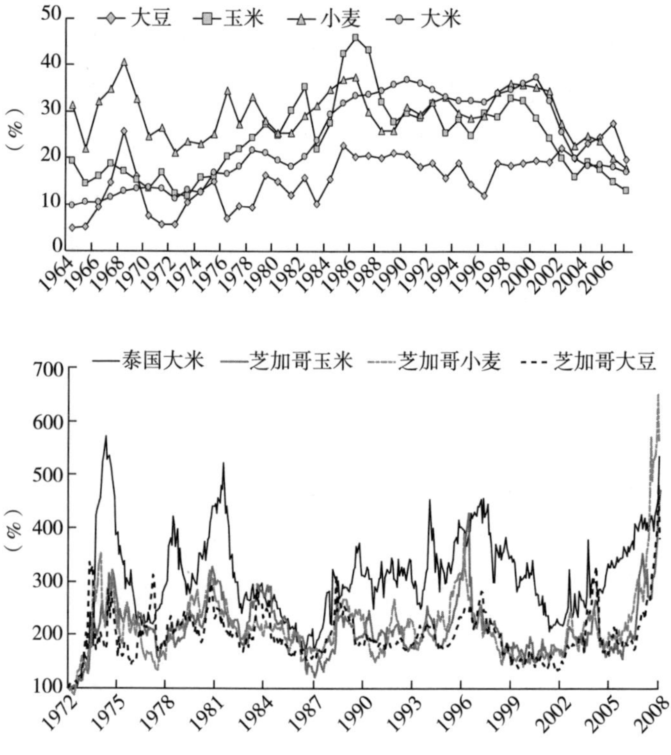

图 10　全球粮食存需比（上）以及主要的农作物价格指数（下）

资料来源：美国农业部，中金公司研究部。

贸易保护和工会

全球化在未来的几年内将受到比以前更严峻的挑战。而美国总

① 黄海洲，侯振海．国际粮价将继续上扬［J］．2008 年国际粮价走势分析，中金公司，2008 年 2 月 15 日．

统大选的因素可能会增加这一可能性。这种挑战主要的表现形式是（直接的）贸易保护主义抬头和（间接的）工会势力上升。

贸易保护主义。贸易保护主义是对全球经济和股市的重大潜在威胁。而2008年全球经济增速放缓形势确定，美国金融风险加大、失业率上升和大选，将使得这一威胁更加凸显。另外，由于美国近年来的国内收入分配不平衡局面也日益严重（图11），高低端收入差距持续扩大，中低层民众对全球化的受益感受不多，部分民众因全球化失去工作，反全球化对于纾解美国经济不振导致的国内政治压力或许有一定帮助，因而可能成为经常被使用的政治工具。

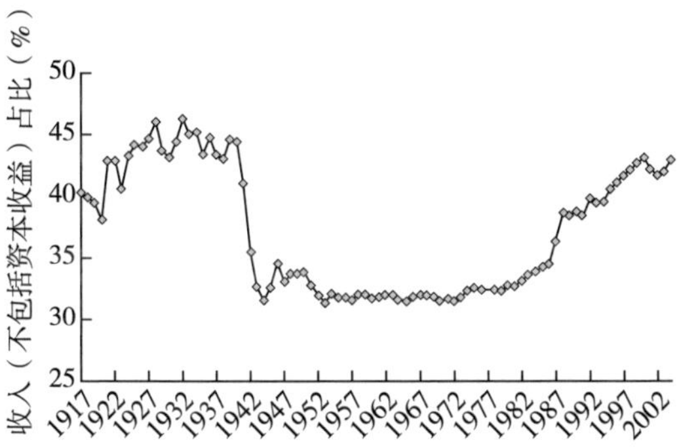

图11　美国收入最高10%人群收入占总收入的比重

资料来源：Piketty 和 Saez。

工会势力抬头。一旦全球化出现倒退，美国的工会势力可能抬头。过去十几年来美国工会势力的大幅削弱主要源于企业主对劳动力选择的自由度大幅提升。在美国对海外劳动力市场采取限制政策时，国内工会势力将抬头，这将可能进一步推升美国国内包括服务业在内的生产成本。在这种情况下，美国经济会有部分西欧化的倾向，整体经济部门的灵活性和未来货币政策空间将显著下降，长期经济增长率下降。同时，通胀率的波动性将显著加大，菲利普斯曲线将由垂直方向向水平方向转动。

负实际利率：挽救美国经济增长和支持资产价格

美联储将继续执行宽松的货币政策

2008 年前两个季度巨额的浮动息（ARM）次贷的利息重置（图 12）可能会导致次贷危机的总爆发。对于使用了次级按揭贷款的购房者而言，在按揭息重置时，高达 8% ~14% 的固定利率是他们无法承受的。在购房之初，几乎所有使用次贷的购房者都希望在优惠利息期结束时通过再融资而非重置为固定息。因此，再融资的利率就成为决定次贷利息重置的购房者是否会因违约导致房产被没收的关键因素。一般而言，再融资的浮动按揭利率是挂钩于 LIBOR（伦敦银行同业拆借利率）的，而 LIBOR 与美联储的指导利率关系很大。因此，只有美联储继续降息，才能压低 LIBOR 利率和再融资的按揭利率，使得更多购房者不至于违约。

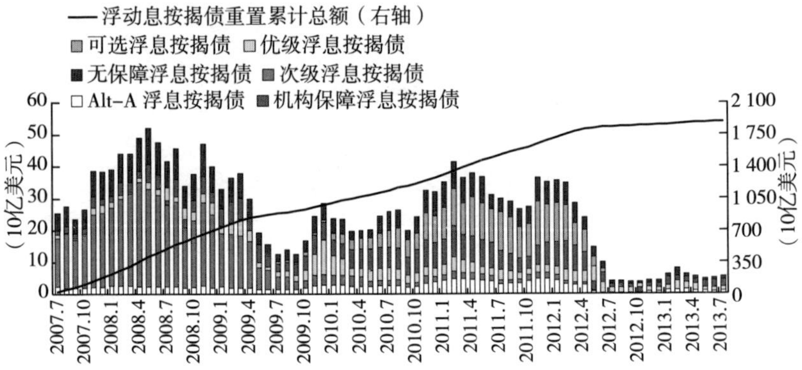

图 12　美国浮动息按揭债利息重置时间表

资料来源：美国房产按揭协会，瑞士信贷，中金公司研究部。

美联储在 2007 年 9 月首次降息后，LIBOR 不降反升，LIBOR 与联邦指导利率的利差持续扩大，直到美联储在当年 12 月开始采用每周 200 亿美元（2008 年 1 月份升为 300 亿美元）的期限拍卖（TAF，Term Auction Facility）的公开市场操作才有效地将 LIBOR 利率降低（图 13）。

图 13 美联储实际利率与 LIBOR 利率的变动

资料来源：彭博资讯，中金公司研究部。

负实际利率与通胀共舞

我们不认为未来美国通胀压力会有显著的下降。尤其是非核心通胀，在油价和食品价格依然高位运行的国际背景下，甚至有继续上升的压力。事实上，2007 年下半年以来，包括美国在内的全球各国都出现较为明显的通胀上升势头，目前美国 4% 的通胀依然显著高于过去十多年来的平均水平。

美国已经再次进入了负实际利率。由于房价下跌回归合理价格将有较长一段时间，因此我们预计美联储在较长一段时间内将被迫维持低名义利率和负实际利率。当利率上升到较高水平，依赖浮动息再按揭融资的购房者就会立刻再次面临困境，房产违约和消费下降的危机就可能再次爆发。尽管控制通胀也是美联储两个政策目标之一，但是目前的低利率政策乃是无奈之选。未来一段时期内，负实际利率和高通胀在美国很有可能成为一个新常态。

结　论

2007 年爆发的次贷危机使 2003 年开始的全球资产价格上升周期见顶，而通胀压力正在全球蔓延，这使得 2008 年起全球经济和资本市场面临金融危机风险扩散和通胀风险上升的双重挑战。

为了及时化解金融危机和减少其对经济、金融和政治带来的风险，我们认为美联储将继续实施宽松的货币政策。未来一段时期内，负实际利率和居高不下的通胀在美国可能成为一个常态。次贷危机过后，发达经济将告别高增长、低通胀和低利率的增长范式，美国经济将可能进入低增长、高通胀和负（实际）利率的发展新范式。我们认为美国经济既不太可能陷入低增长、高通胀和高利率为表象的类似20世纪70年代和80年代初的滞胀，也不太可能进入低增长、低通胀和低利率，或像90年代日本式的零增长、零通胀和零利率的范式，或重现美国30年代的大萧条。

20世纪90年代以来，发达国家的高增长和低通胀主要得益于全球化的高红利。新兴市场提供的5亿廉价劳动力、丰富自然资源和较低的环境成本为发达国家输出通缩压力，降低了发达国家的通胀。全球化高红利和信息技术革命同时提高了发达国家的生产率和经济增长速度。随着全球化和信息技术红利进入递减阶段，新兴市场国家大规模进入成本推动型的高通胀环境，全球通货膨胀压力将继续上升，而增长速度将下滑。

美国通胀压力主要来自输入性通胀。美国的前四大类主要进口产品（石油、汽车、机械产品和电子产品）之中，除了汽车以外，其他产品的进口价格上升压力都难以化解。美国最大的五个进口贸易伙伴（加拿大、中国、欧盟、墨西哥和日本），进口价格也均面临上升压力。

尽管2008年美国经济增长的前景堪忧，但是我们对美国经济不必过分悲观。① 如果美国政府和经济部门能够有效降低金融危机对信贷市场和消费市场的冲击，美国经济可以避免衰退。即便美国经济出现短暂衰退，我们认为这对美国中长期经济增长的趋势——次贷危机后美国经济的长期增长率会回落到低于20世纪90年代的水平——影响也不大。我们维持2008年上半年的总体投资策略，即

---

① 黄海洲，侯振海．清明时节雨纷纷：调整未完、联动加强、资产置换［J］．全球股市投资策略报告，中金公司，2008年3月3日．

“用好放大镜，留足流动性，等待清明节，增加灵活性”。

在美国经济是否衰退和全面信贷危机是否会爆发的问题上，新兴市场难以摆脱美国的影响。在目前的国际经济背景下，新兴市场与美国市场所谓的长期“脱钩”是难以实现的。我们认为在二季度市场对美国次贷危机以及经济走势产生更为明确判断后，通胀问题会成为决定之后尤其是2008年下半年全球投资策略的一个核心问题。

总体上，我们的判断是：美国经济将显著放缓，通胀水平将继续上升，美国经济将进入高通胀、低增长和负利率的新范式。虽然这种“经济增长下降，通胀水平上升”的格局总体上不利于股市，[①] 但是与导致美国20世纪70年代股市大萧条的“滞胀经济”仍有较大的差别，主要体现在利率水平：70年代是高名义利率和正实际利率，现在是低名义利率和负实际利率。

美国的高通胀、低增长将给资产价格带来下行压力，但负实际利率将可能避免资产价格出现大幅度回落。美国CPI将可能维持高水平；房价继续回落但速度逐渐减慢；在经历了此轮市场价格调整之后，美国股市资产价格可能上升。随着通胀风险上升和美国经济衰退风险的化解，部分发达国家资金将转而寻找增长性明确的投资，如转向新兴市场，支持新兴市场特别是资源型经济的快速发展。

美国经济消费拉动力减弱、进口减弱、出口增强，增长速度回落。低增长和高通胀将可能导致发达国家的贸易保护主义和美国工会势力抬头，进一步增加美国经济中的刚性和全球市场的风险。由于全球化的因素不可能瞬间扭转，而且美国实体经济依然保持着弹性和活力，因此整体实现软着陆的可能性依然较大。

全球失衡，尤其是美国的失衡已经讨论多年。实实在在地从失衡走向新平衡只有在大危机之后。美国经济将走向新平衡：负利率、高通胀和低增长。

---

① 黄海洲，侯振海．高通胀对全球股市的影响：以史为鉴、以邻为鉴［J］．全球股市投资策略报告，中金公司，2008年1月13日．

美国经济低迷何时休?

导读

在消除了“百年一遇的次贷危机将导致全球大萧条”和“美国经济在危机后将二次大探底”两大担忧后，市场对经历了一场巨大金融危机之后美国经济是否会陷入长期的衰退和通缩忧心忡忡。基于对美国经济概况、人口结构和核心竞争力的分析，结合国际外部环境和对美国在经济复苏过程中货币和财政等政策取向的评估，以及和日本“失去的十年”相比较，本文认为美国经济不会长期衰退和通缩，也难以陷入长期增长低迷。美国经济从现在开始可能还需要三年左右时间（到2014年）修复银行和家庭的资产报表，从而恢复常态经济增长。“固本”靠稳定经济增长，“治标”靠推高资产价格，美国将继续两条腿走路。

问题的由来

美国经济能否持续复苏是个非常重要的问题。美国是全球最大的经济体，对世界的影响非常大。20世纪90年代的日本在危机后，有十余年处于衰退和通缩阶段。所以，一直有评论家担心此次由美国引发的危机是否会导致全球的大萧条？现在看来不会。大萧条的

---

* 原文发表于2011年1月《国际经济评论》。作者感谢张明的评论，以及张博对本文的研究协助。

担心消除后，面临的第二个问题是美国经济会不会二次探底？目前也已经有答案了：不会。第三个问题是全球经历了一场巨大金融危机，美国是否就此长期陷入衰退和通缩，3 年、5 年还是 10 年？这是本文标题的由来。我们的分析显示美国不会就此长期衰退和通缩，也不会长期低迷。

美国主要经济指标显示，其经济在 2008 年一季度开始出现负增长，二季度到达谷底，三季度开始出现正增长。这次经济衰退经历了 18 个月——2008 年实际 GDP 增长率为 0，2009 年实际 GDP 增长率为 -2.6%——是二战以来历时最久、最严重的一次“大衰退”。

在此以前，二战后持续时间最长的经济衰退分别发生在 1973—1975 年和 1981—1982 年，为期都是 16 个月。而在 1982—2007 年的 25 年“大稳健”时代，美国只经历了两次小规模衰退。

此次金融危机导致美国财富缩水了大约 20 万亿美元。这是一个天文数字，相当于当年 GDP（14 万亿美元）的 1.5 倍。回答“美国经济低迷何时休?”，关键是首先看美国的经济结构，潜在经济增长率如何，有无大的结构性问题。其次是看美国货币、财政政策取向，名义利率会保持在什么水平，有无进一步财政刺激。① 最后是看未来美国通货膨胀水平，这么大的危机是否会使美国面临长期的通缩风险？分析清楚这三个问题，答案是不言而喻的。美国的潜在经济增长率无大问题；在经济复苏期间，美国的名义利率会保持在比较低的水平，财政政策也会继续保持宽松；全球性通胀——尤其来自新兴市场的通胀，会先起来，进而输入美国。

危机分析

这次衰退主要是由于资产价格（尤其是房屋价格）泡沫破灭造

① 进一步的理论分析参见 Haizhou Huang and Danyang Xie, “Fiscal Sustainability and Fiscal Soundness”, Annals of Economics and Finance, Vol. 9: 239 -251, 2008.

成的。美联储长期的低利率政策、金融机构过于宽松的信贷条件以及监管机构松懈的金融监管助长了过度借贷——尤其是房地产行业的过度信贷，致使金融风险不断累积。当资产价格开始下降，信心危机出现，金融机构资产负债表恶化时，危机从金融体系蔓延至整个经济体系，由美国蔓延至全球（图 1）。

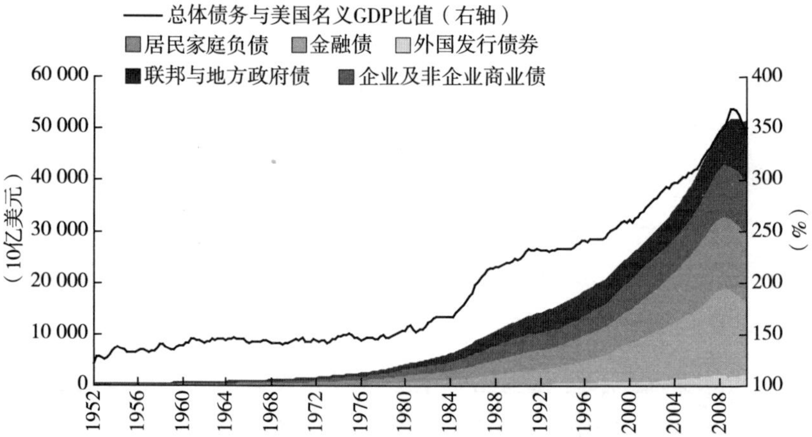

图 1　美国高额负债终于导致金融危机爆发

资料来源：彭博资讯，中金公司研究部。

过渡平滑经济周期催生的大稳健时代——诱人的 25 年高增长、低通胀，终以 2008 年爆发的“世纪金融危机”和之后的二战以来历时最久、最严重的一次“大衰退”结束。

危机过后，美国面临一系列的问题。比较严重的是失业人口达到 9% 以上。这段时期的失业率水平也是过去 30 年来最高的。联邦政府财政赤字已经达到 GDP 的 90%，这对未来的经济发展将产生负面影响。整个经济处于去杠杆化的过程。

衰退期间，私人部门投资和个人消费支出的贡献率为负。2009 年第三季度开始，个人消费和私人部门投资开始拉动 GDP 正向增长，同时随着经济好转，进口开始增加。政府部门消费和投资大多数时候对 GDP 的贡献率为正值（图 2 和图 3）。

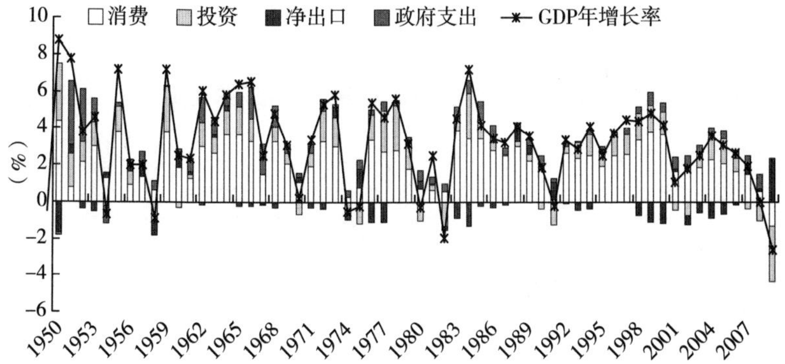

图 2　美国的经济增长结构

资料来源：彭博资讯，中金公司研究部。

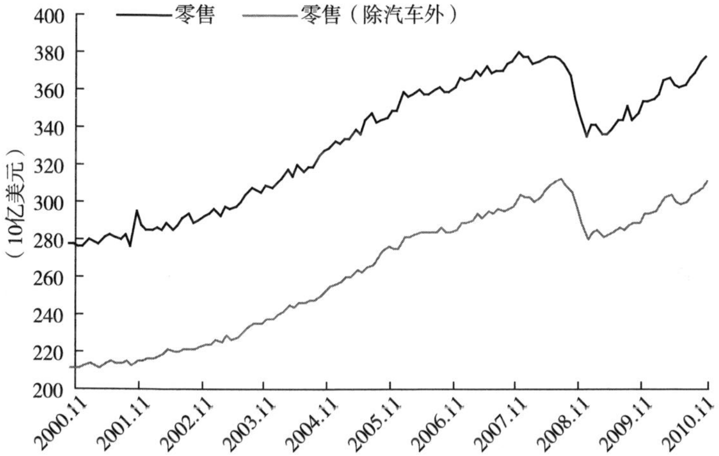

图 3　随着政府对经济的刺激，消费逐渐稳定

资料来源：彭博资讯，中金公司研究部。

美国经济为何不会陷入长期衰退?

经济概况

美国是全球最大的单一经济体，全球最发达的资本市场。美元是全球最重要的储备货币。美国是 IMF 成员国中唯一具有否决权的国家。IMF、世界银行、联合国的总部均位于美国。美国政治影响力和军事实力全球最强（图4）。

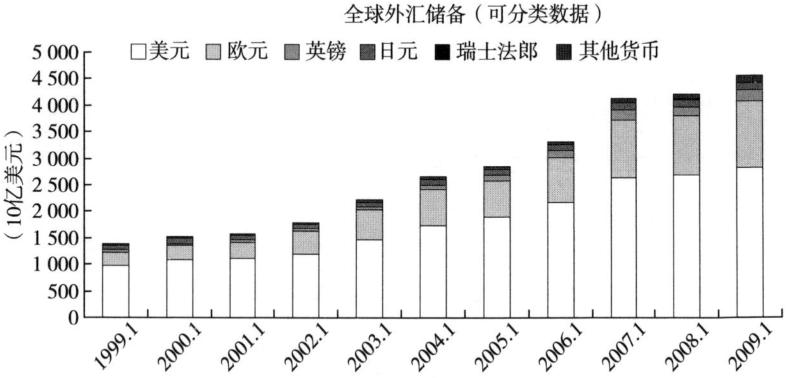

图4　近年来美元占储备货币的比率略有下降，但是仍然无法替代

资料来源：彭博资讯，中金公司研究部。

虽然金融危机过后很多学者甚至政府对美元储备货币的地位提出了各种疑问，但是短期来看美元霸主地位很难动摇。目前，无论是黄金还是欧元，都无法取代美元的储备货币地位。欧洲债务危机及欧元本身波动性过大等，使得欧元无法取代美元的储备货币地位。

与其他国家相比，美国以消费为主体的经济增长结构（占经济总量的65%左右），不存在太多的产能消化问题，这与日本和中国的情况不同。虽然美国处于净进口状态，但美国出口实力犹存。以服务业和商品出口为例，美国服务业全球最大，主要集中在旅游、专利、金融和教育领域。未来一段时间内，美国金融服务业实力将下降，但是专利、教育实力有可能会上升。全世界的好大学云集美国，美国的留学市场全球最大。如果美国进一步开放非机密的专利出口，交易数量可以很大。

美国的商品出口方面，机械出口占了35%，其他制造业出口占16%，实际上制造业占了51%。全世界范围内机械制造做得最好的是日本和德国，但美国也有最好的机械制造技术。美国在高端消费行业基于设计和制造的品牌优势也日益显现，苹果公司的iPad即是一例。

人口结构

经济增长靠人口、资本和技术。长期来看，美国人口、资本和全要素生产率对经济的贡献度大致为5∶3∶2（表1）。2000年以后，随着信息技术和网络革命对经济增长推动的边际效应逐渐下降，美国经济增长越来越依赖于资本和全要素生产率的贡献，2000—2006年间美国人口、资本和全要素生产率对经济的贡献度大致为3∶4∶3，三要素贡献分布更为均匀。美国基于劳动力、资本和技术进步的经济增长潜力有优良的基础。

美国是发达国家中人口最多的国家。与发达经济体欧洲和日本不同，美国是一个移民国家，且人口老龄化问题才刚开始，未来劳动力供应仍有扩张空间（图5）。

表1 1959—2006年美国经济增长要素分解

	1959—2006	1959—1973	1973—1995	1995—2000	2000—2006
私有经济体产出增长率	3.58	4.18	3.08	4.77	3.01
劳工工作时间的增长和劳工质量的提升	1.7	1.64	1.84	2.26	0.82
资本量的增长	1.14	1.4	0.85	1.51	1.26
全要素生产率的提升	0.75	1.15	0.39	1.00	0.92
劳工工作时间的增长和劳工质量的提升（贡献率）	47%	39%	60%	47%	27%
资本量的增长（贡献率）	32%	33%	28%	32%	42%
全要素生产率的提升（贡献率）	21%	27%	13%	21%	31%

核心竞争力

美国的核心竞争力在于体制、市场、人才和科技。美国开放的体制培育和吸引了全世界优秀的人才和公司。完善的知识产权保护政策，给予科技创新足够的法律保障。良好的教育体系和数百所高

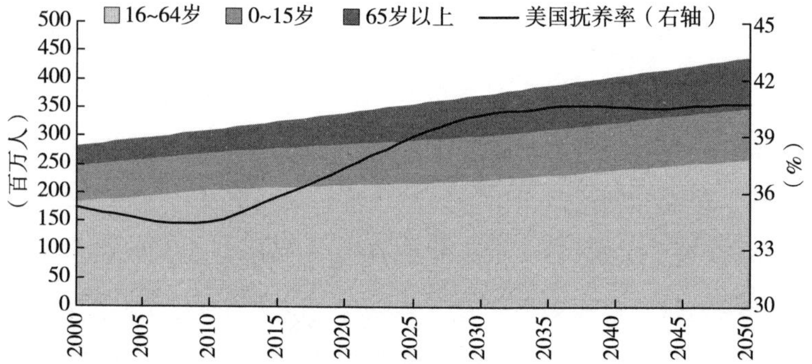

图 5　美国人口结构的变化

资料来源：彭博资讯，中金公司研究部。

质量的大学都为美国的人才培养和技术研发提供了坚实的基础。

美国是最大的独立主权发达国家，而欧盟只是经济联盟。欧盟政治约束力不足，内部分歧长期难以解决；各国经济实力差距很大；劳动力流动性不足；只有统一的货币政策，无统一的财政政策。

美国具有全球最大的国内市场。美国的资本市场也是全球最具吸引力、最完善的。美元的货币储备地位有助于资本流入。

虽然科技进步有很大的不确定性，但对研发和教育的巨大投入、巨大资本市场，使得美国仍是全球最有可能出现和培育新技术革命的地方。未来电子通信、医药和新能源等领域均有希望为美国经济增长做出重大贡献。

外部环境

全球环境发生了非常大的变化。20 世纪 90 年代日本确实压低了利率，当时国内的货币传导机制中断，通胀传导机制从国外到国内无法完成，因为当时全球处于低通胀的“大稳健”时代。现在全球格局发生新的变化，发展中国家，包括中国、印度的通胀势头比其他发达国家还要猛烈。中国、印度等新兴市场国家过去的低价出口政策有助于全球的大稳健，但新兴市场国家目前自身通货膨胀的快速上升，间接地为美国输出通胀——这正是美国需要的。

国际外部环境大格局的变动，对美国的通胀上升有益。在这个过程中，可能会有货币战，也有可能引发贸易战。但美国需要美元持续贬值，希望其他国家货币升值。虽然美国也是贸易战的受害者，但贸易战带来的通胀恰好是美国所需要的。新的全球格局和国际环境对美国提升通胀有利，而当时的日本既没有国内能力也没有外部环境。

报表分析：美国和日本

可以从四个报表对比分析美国和日本：国家资产负债表、银行资产负债表、企业资产负债表和家庭资产负债表。当日本出问题时，日本银行和企业出了很大的问题，企业在海外的投资收益非常差。因此日本用了10年的时间来平衡和修复银行、企业的资产负债表。这对经济本身的核心竞争力是非常大的打击。危机过后，美国银行的资产负债表和家庭的资产负债表出了大问题，但美国的企业并没有因为在海外扩张投资或在国内过多投资导致维系不下去。股市2009年开始反弹反映了市场对美国企业的乐观（图6）。虽然现在美国企业不愿意扩张投资，但这些企业本身并未出大问题。作为国家核心竞争力的一个体现，如果企业病入膏肓，那恢复起来就很困难了。

全世界不少国家都可能通过国内政策推升国内资产价格，从而有意或无意地制造国内泡沫。但美国有能力通过国内政策，借推升国内资产价格之力，进而推升全球资产价格，形成全球泡沫。日本20世纪90年代之后——即使其货币政策极度宽松——为什么通货膨胀起不来？原因之一是日本自身宽松的货币政策难以推升全球资产价格。

虽然美国和日本面临的危机情形相似，但是仔细分析会发现，其中的深层次结构性问题完全不同。

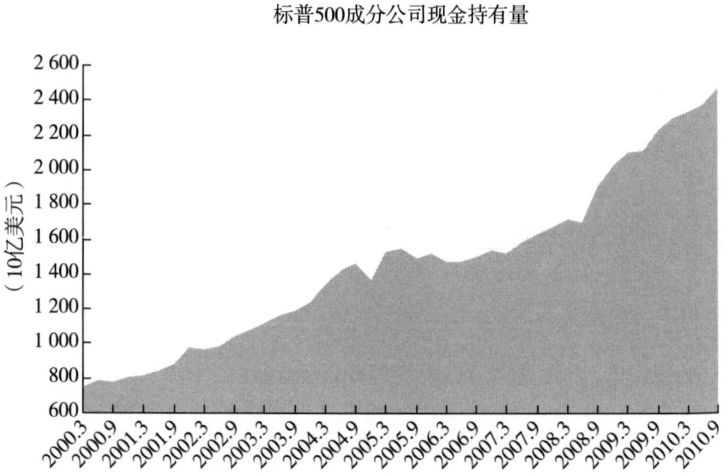

图 6　标普 500 企业的现金及等价证券值创新高

资料来源：彭博资讯，中金公司研究部。

政策取向

危机之后，美国货币政策的反应是非常迅速的。美国的“央行”可能是全世界独立性最好的银行之一。可以期待，伯南克领导的美联储在经济复苏期间——甚至在失业率降到 7% 之前——将继续执行宽松的货币政策，虽然也时受批评。量化宽松政策第一阶段过后有第二阶段，如果有必要，可能有其他备用政策。

美国财政政策也将继续维持积极。虽然中期大选之后，由于共和党取得国会的多数席位并积极反对，所以美国短期内难以推出新的财政刺激政策，但是奥巴马政府的减税延期等于为全民发放消费券，事实上等同于未来两年推出新的财政刺激政策，每年达 6 000 亿美元规模。

同时，美国中期会利用一系列政策把经济朝着更多投资、更多出口和更稳健增长的方向调整。长期来看，美国已经采取的政策措施包括：（1）改革现有的医疗保健体系，增加医学研究，降低医疗保健成本的增长率；（2）提高劳动力质量，增加教育投资，改善基础教育和社区大学的教育质量，开发创新性的教育项目，增加学生补贴，到2020年美国要再次成为大学毕业生比例最高的国家；（3）开发新能源技术，向清洁能源经济转型，降低对石油能源的依赖，减少对气候的危害；（4）鼓励研发创新和加强国际贸易，促进生产力增长。包括对关键的研究机构投资加倍，对研究和实验活动永久免税；（5）努力扩大出口。[①]

简单匡算：美国走出本轮经济低迷需要的时间

“美国经济低迷何时休?”的答案主要取决于未来美国的增长速度、通胀水平及相关的政策取向。相比较，日本的金融危机造成的财富缩水相当于日本年GDP的3倍。日本经历了十余年通缩，需要时间修复公司和银行的资产负债表，同时国家和家庭的资产负债表恶化。简单匡算，假如其他条件不变，美国可能面临5年左右的通缩和低增长（如果通缩风险继续），以逐步修复银行和家庭的资产负债表，同时国家和公司的资产负债表逐渐恶化。

日本十余年既无增长，又无通胀。考虑到这个因素，如果美国增长率维持在2%以上，通货膨胀率逐步上升到3%，则可能需要4年时间修复银行和家庭的资产负债表，减轻和消化25万亿美元的私人债务和14万亿美元的公共债务，以恢复到常态经济增长。如果美国增长率维持在3%以上，通货膨胀率上升到3%以上，则可能需要3年或更短时间修复银行和家庭的资产负债表，更快地减轻和消化私人和公共债务。从政策取向而言，3年或更短时间有助于奥巴马总统在2012年谋求连任。

在上述的简单匡算中，我们没有考虑国际政治纷争、地区冲突爆发、贸易摩擦加剧以及欧洲债务危机恶化等风险因素。这些风险因素——欧洲债务危机严重恶化除外——大都会提升美国通货膨胀

---

① 详细分析参见赵锡军，顾苏秦. 美国当前宏观经济形势评论（草稿）. 2010年12月。

水平，有些也有助于提高美国经济增长率。

基于美联储推出第二轮量化宽松和奥巴马最近对布什减税政策的两年延期，不少经济学家纷纷调高美国2011年的GDP增长率预期到4%以上，同时逐步调高美国2011年和2012年的预期通胀水平。全球大宗商品价格快速上升，油价在2010年底已经超过90美元/桶。美联储2010年12月议息会议记录显示美联储认为增长有力，就业乏力，通胀可控。

固本靠增长，治标靠通胀。我们的分析表明，美国不会就此长期衰退和通缩，也难以长期低迷。美国危机后需要3年左右时间修复银行和家庭的资产负债表，恢复常态经济增长。

美国经济复苏和欧洲债务危机

导读

全球危机的结局取决于大国自身的改革及大国之间在政治、经济、规则等方面全方位的博弈。解决美国国债问题的关键在于美国经济增长的前景，美国经济增长的潜力取决于美国自身改革的力度和全球的博弈。如果欧洲危机恶化，欧洲的资金到美国投资，有利于美国经济早日恢复常态。

李稻葵教授认为美国经济得了绝症，是全球将要发生的下一次危机，需要做类似变性之类的大手术，否则难以根治。按照汪涛和马骏的分析，欧洲的经济也遇到了非常严重的问题，可能得了严重的心脏病。我的观点在下文中会详细阐述。

美国国债问题：治本靠增长，治标靠通胀

全球危机带来的大洗牌仍在进行，结局取决于大国自身的改革以及大国之间的博弈。大国之间在政治、经济、规则等多方面进行博弈，其均衡结果是自身政策、实力以及各方策略实施的综合体现。分析这一结果有助于我们判断全球危机的演化，以及美国和欧洲的发展前景。美国经济现在得的不是癌症，而是痨病，而欧洲则

---

* 原文发表于2011年6月《国际经济评论》，原标题为《美国经济复苏：兼论欧洲危机的作用》。

得了严重的心脏病。综合美国和欧洲的博弈，未来五年美国应该没有李稻葵讲的那么悲观。

全球股市8月出现罕见暴跌，德国跌得最严重。为什么会发生这么大的危机？美国经济放缓、两党关于国债上限问题出现分歧是危机的导火索。美国债务问题的关键是对美国经济增长前景的担忧。

美国国债问题由来已久，冰冻三尺非一日之寒。美国在讨论国债上限的过程当中，两党争论的差异很小，但奥巴马没有展现应有的领导能力。6月之前，美国两党认为奥巴马2012年连任总统的可能性还是很大的。共和党不少人当时甚至认为奥巴马在大选上是不可战胜的。所以两党在国债上限问题上没有太大争议，短期内没办法解决美国的债务问题。

美国要想解决这个问题，治本靠增长，治标靠通胀。通胀是广义上的通胀，第一是物价水平上升，第二是资产价格通胀，第三是货币贬值。当然还有经济结构上的调整，以及引入金融压抑机制。这个过程实际上是规则的重新修正。

美国经济增长的潜力取决于美国自身改革力度和全球博弈

美国经济增长到底有多大潜力，研究日本会有很多启示。美国此次危机是资产负债表性质的危机。全球范围近期出现大的资产负债表式危机的国家是20世纪90年代的日本。把一个国家的资产负债表分开来看有四个项目：政府、金融部门、居民和企业。比较日本与美国，两国在危机过程中的资产负债表其实很不一样。第一个不一样是日本的金融体系与实体经济是通过银行绑在一起的。危机一发生，金融和实体经济都搭进去了，日本只能靠居民的储蓄来消化金融层面的问题；再看美国，美国金融危机中金融体系也出问题了，但实体经济没有搭上。资产负债表中有问题的是金融体系、政府和居民部门，但企业没有太大的问题。第二个不一样是在金融危机中的损失，两国各自到底有多大？在2007年的最高点与2009年的最低点之间美国的金融财富损失了20万亿美元，为当年GDP的1.5倍；日本当时的金融财富损失是当年GDP的3倍。第三个不一样是日本在危机后十几年既没有通胀也没有增长，美国危机后可能有2%的GDP增长，并或有3%以上的通货膨胀。

在危机后四五年内美国经济确实有问题，但经济增长起伏有多大，恢复有多快，既取决于美国自身的改革力度，也取决于其在全球的博弈。如果欧洲出现问题，欧洲的银行会被迫买美国国债，以充实流动性和资本充足率。美联储在危机发生后给美国银行提供了大量的流动性，希望银行对实体经济发放贷款。但由于实体经济前景不明，企业相对资金充足，对贷款需求相对不够，银行有款贷不出去，银行利用得到的流动性购买美国国债，流动性增加实际上通过银行购买国债储存在联邦储备银行，从而导致整个量化宽松政策对实体经济的影响不大。中国和日本将来大量购买美国国债的新增量可能难以期待。美国银行持有的国债如果要卖出则一定要有人去托盘。什么地方有钱而且还必须托这个盘？唯有欧洲。欧洲有钱，但欧洲一般条件下不一定愿意买——事实上危机前，欧洲银行从美国借钱，再投资到更高回报率的美元金融产品上。欧洲银行持有大量的欧元国债。在欧元国债评价下调后，银行的资本充足率、流动性都会出问题。怎么才能回到一个较好的状态呢？购买美国国债成为欧洲银行的自愿选择。

马骏讲的两点我赞同。第一点，欧洲银行的钱有不少存在欧洲央行。第二点，如果欧洲债务问题恶化，欧洲银行将加大购买美国国债的额度。

美国问题从来就不是一个孤立问题，而是世界性问题。美元是世界上最重要的储备货币。要把美国问题讲清楚一定要结合欧洲问题，尤其是在全球经历危机后再平衡的过程中。全球再平衡是大势所趋，任重道远，洗牌继续，赢者先活。美国得了痨病，欧洲得了心脏病，美国可能比欧洲先活过来。欧洲第一强国德国与欧洲其他国家相对立。德国的贸易盈余占 GDP 的比例在 2010 年底已超过中国，其中的原因有两个：第一个是德国在 2008 年之前的十几年结构改革做得好；第二个是德国躲在欧元后面，欧元危机后马克兑美元出现贬值。欧元区现在的状况符合德国的核心利益。欧元完了，马克重现江湖，对德国不好。但如果要让德国花很多钱解决欧元区问题，对德国负担太重，也不好。所以，德国没有意愿真正解决问题。欧洲得的不仅是急性心脏病，还是会反复发作的心脏病。欧洲的问题层出不穷。

美国经济：五六年后将恢复常态

全球大的经济体谁会成为下一个日本？美国会不会成为下一个日本？中国会不会成为下一个日本？我的答案是欧洲最有可能成为下一个日本。如果欧洲成为下一个日本，可能面临长期的衰退，不过不一定是大幅度的衰退。如果欧洲成为下一个日本，有利于美国康复。美国的问题确实很大，但有能力将部分问题转移到别的国家。只有美国有这种能力。美国与欧洲的政策有直接的竞争关系，美国与新兴国家在发展中有一定的互补关系。从这个角度看，美国与欧洲是此消彼长的关系。如果欧洲危机恶化，欧洲人有钱，要找投资和避险的地方，只能到美国投资。如果五年内来自欧洲的新增量资金解决了美国问题，美国在这五年当中可以更好地疗伤，有条件慢慢好起来。换一句话说，美国化国内危机于国外，以空间换时间，在未来几年内经济会有低速增长，五六年后美国经济会恢复到常态，GDP 增长达到 3%。从这个意义来讲，五年以后美国经济反而可能不会出现大的问题。美国在修复资产负债表期间重要的就是降低杠杆率，需要欧洲银行托盘。美元作为国际货币的地位目前难以动摇。

第三轮量化宽松猜想与“伯南克期权”

导读

虽然伯南克并未明确进一步刺激政策是否要出台，但美国经济复苏黯淡的前景增加了美联储推出新一轮资产购买计划的可能性，即QE3。联储要想实施进一步量化宽松，需要重点考虑下面四个条件：失业率居高不下，美国政府的财政紧缩将给经济带来较大负面影响，股票价格大幅下挫，通胀预期下降。

美联储主席伯南克在8月26日杰克逊霍尔（Jackson Hole）的演讲没有对短期货币政策做出明确阐述，而把政策的想象空间留到了9月延长至两天的联邦公开委员会（FOMC）会议，伯南克期权继续存在。

美国2011年二季度GDP增长只有1.3%，远低于市场预期的1.8%，经济增速放缓的迹象非常明显。美国GDP全年增长很可能低于市场先前2.5%的预期，甚至可能低于2%。

比GDP本身更加令人失望的是，美国居民部门的消费增速大幅下降，从2010年四季度的3.6%和2011年一季度的2.1%下降到0.1%。居民的消费是经济复苏的主要动力，并且因为占美国经济的比例最大而凸显其重要性。

---

* 原文发表于2011年9月4日《财经》。

虽然伯南克并未明确进一步刺激政策是否要出台，但美国经济复苏黯淡的前景增加了美联储推出新一轮资产购买计划的可能性，即 QE3（第三轮量化宽松）。美联储要想实施进一步量化宽松，需要重点考虑下面四个条件，当然，这四个条件并不需要同时满足：失业率居高不下、美国政府的财政紧缩将给经济带来较大负面影响、股票价格大幅下挫和通胀预期下降。

问题是，如果真推出经济刺激计划，将以何种方式面世？我认为，QE3 的推出可能是循序渐进地进行。首先，通过发言给市场传达信息和信心——伯南克在 8 月 9 日的议息会议上和 8 月 26 日杰克逊霍尔会议上承认经济数据低迷，并且明确表示美联储会采取行动。

随后，美联储承诺将低利率维持到比“延续期”更长的时间，并同时维持资产负债表的规模。8 月 9 日的议息会议纪要明确表示“低利率将维持到 2013 年年中”。

美联储可以在利率曲线上做文章，包括出售短期国债而买入长期国债，以此压低国债长端收益率。

另外，美联储可以选择降低付给银行超额准备金的利息，从目前的 25 个基点降低到 10 个基点。

美联储可以决定额外购买大额资产——比如 6 000 亿美元或以上。此种选择不但可以宽松现在的货币政策，且可在未来 8 个月中锁定宽松政策。

如果美联储决定尝试更大胆的手段，则可直接到债市或股票二级市场上进行操作，比如购买标普 500 指数，就像香港金融管理局在亚洲金融危机期间的操作，或者类似日本央行购买银行股票那样的举措。

美联储可以采用一些组合，比如在使用较为强硬语言的同时，对利率曲线进行适当的操作，并把所持组合中到期的证券用来购买长期资产。

如果推出 QE3，看涨的资产类别主要包括大宗商品（能源、工业金属、贵金属)、大宗商品货币(澳元、加元、巴西里尔等)、美国股票，而有价格下跌风险的资产主要是美元和美国国债。新兴市场方面，资源类和政策有回旋空间的经济体股票看涨，反之看跌。

第一轮量化宽松时，美联储主要购买按揭抵押债券(MBS)；第二轮量化宽松时，主要购买目标集中在长端国债。

在 QE 开始执行后，由于持续的流动性注入，市场情绪逐渐改善，投资者对未来增长和通胀的预期也开始升温，从而推高了国债利率。

在货币市场，美元更具备避险属性，从而使欧元呈现某种风险资产的属性(相对于美元)，澳元则是典型的大宗商品货币。前两轮 QE 对美元指数有明显的压低作用，对欧元和澳元则推动明显，不过欧洲金融体系不稳定和周边国家主权债务危机消耗掉了市场对欧元的信心，澳元表现更为强势。值得注意的是，此次如果推出 QE3，对欧洲经济的作用可能跟前两次 QE 不同，甚至相反。

对于大宗商品市场来说，QE 的效果十分明显，各主要类别均呈现趋势性上涨态势，总体来看，在 QE1 时基本翻了 1 倍，在 QE2 期间则有 50% 左右的涨幅。

刚推出 QE1 的时候，可以观察到中国股市明显的估值提升驱动的股市上扬。随着 QE 对新兴市场国家的通胀作用愈来愈明显，中国在 2010 年初开始增加法定存款准备金(RRR)，标志着货币紧缩周期的开始。自那之后的 18 个月内，A 股和港股都在一个区间内震荡，尽管上市公司盈利增长显著，但在紧缩政策的打压下，市盈率持续下降，市场总体回报基本为零。

推出 QE3 之后，新兴市场在中期将可能持续面临一定通胀压力，那些有资源或政策有回旋空间的新兴市场股市有上涨机会。反之，如果政策放松的空间有限，通货膨胀压力挥之不去，经济增长乏力，则市盈率水平可能维持在低位，股价面临继续下滑的风险。

欧洲债务危机和长期再融资操作效应

导读

欧债危机更多是流动性短缺所致还是偿付能力出了问题？如果只是流动性不足，那么长期再融资操作能够很好地缓解这个矛盾，从而使欧洲走向正轨；如果是根本性的偿付能力不足，那么长期再融资操作做到的仅是为最终进行结构性改革、提高偿付能力提供更多宝贵的时间。如果 QE 是无限期“特赦”，长期再融资操作只是三年期“缓刑”。美国的银行在 QE“特赦”之后得以轻装上阵，重新开始承担风险和加杠杆，而长期再融资操作之后欧元区银行仅获得三年“缓刑”，去杠杆和补充资本金仍必须痛苦地进行。

由于希腊债务危机陷入僵局，欧债危机不断恶化，欧洲央行推出了为期三年的长期再融资操作（LTRO）以缓解欧洲银行流动性短缺。第一轮长期再融资操作总规模达到 4 892 亿欧元，第二轮达到 5 295 亿欧元。

事实上，欧洲央行在此前已多次进行类似公开市场操作。正常情况下，欧洲央行会定期提供 7 天、1 个月和 3 个月的回购操作。在 2008 年雷曼兄弟倒闭后金融危机最严重的时候，欧洲央行曾推出了 6 个月的长期再融资操作，并在 2009 年下半年三次进行了一

---

* 原文发表于 2012 年 3 月 18 日《财经》，原标题为《LTRO 效应》。

年期长期再融资操作。

随着欧债危机的不断升级，市场对欧洲周边国家主权债务偿还能力产生更为广泛的质疑，而由于欧洲银行普遍大量持有欧洲主权债务，这导致交易对手方风险急剧上升，表现为银行间拆借市场基本冻结，同时银行发债筹资的能力也受到极大制约。在此背景下，欧洲央行推出三年期长期再融资操作实为明智之举，也是欧洲央行政策的合理延续。

在此轮长期再融资操作之前，欧洲央行公开市场操作存量即已达到6 000亿欧元，说明欧洲银行已普遍依赖欧洲央行提供的流动性。在欧洲央行实施此次三年期长期再融资操作之后，整体公开市场操作存量规模已超过8 000亿欧元，超过了2008年金融危机最为严重时的水平。同时，伴随着此轮长期再融资操作，欧洲银行存放在欧洲央行的存款也显著增加，因而除去存款的净存量（亦即欧央行对欧洲金融市场的净资金注入）反而呈下降走势。

长期再融资操作与QE的异同

市场有不少人把长期再融资操作描述为欧洲央行版本的间接量化宽松，因为它们同样压低了国债收益率并提振了市场信心。让我们分析一下欧洲央行的长期再融资操作与美联储的QE究竟在推出目标、期限规模、实施方式等方面有哪些异同。

它们的相同之处是，都利用扩大央行的资产负债表化解了流动性紧张，将流动性风险和市场风险一定程度上从私人部门转移到公共部门（央行），随之降低了金融体系风险。

它们的差异之处，最明显的是期限。如果我们把三年期长期再融资操作看作是三年期逆回购，QE可以被看成是永久性逆回购。有如此差异的根本原因在于，美国是一个财政和货币统一的国家，美国财政部和纳税人最终为央行的货币发行买单，而欧盟目前并没有统一的财政联盟，因此限制了欧洲央行可操作的空间。如果我们将 QE 视作父母对子女的无限期“特赦”，长期再融资操作就可以被看成是哥哥姐姐对弟弟妹妹们的三年期“缓刑”。

美国的银行在 QE“特赦”之后得以轻装上阵，有条件重新开始承担风险和再杠杆，而长期再融资操作之后欧元区银行仅获得三年“缓刑”，去杠杆和补充资本金仍必须进行。鉴于此，QE 对美国经济的推动作用不言自明，一旦信心转好，贷款需求上升，信贷供应量随之上涨，就业—消费的正向循环步入正轨，经济有望重拾升势；对欧洲来说，去杠杆仍将是主导未来经济发展的一个既漫长又痛苦的过程，不排除步日本后尘的可能性。

此外，长期再融资操作是由欧元区银行提出需求量，欧洲央行大幅降低抵押品标准，按固定利率 1% 无限量供应流动性，这意味着欧洲央行负债表的规模由银行决定；而 QE 是由美联储预先确定规模，直接出面在二级市场上购买资产。从这个角度来说，以解决流动性不足为目标，长期再融资操作在规模上做得比 QE 更为激进。总体上可以认为，长期再融资操作确定退出日期，但不限规模；QE 不定退出日期，但限制规模。

另外一个重要不同点在于，QE 的实施方式是美联储在公开市场上直接购买国债和抵押支持债券，而长期再融资操作是欧洲央行为银行提供低成本贷款，希望它们转手从市场购买政府债券。这样的操作相对间接，效果要视各个银行的自主选择而定。最重要的问题是长期再融资操作的资金究竟流向了何方？

根据公布数据，第二轮三年期长期再融资操作共有 800 家银行获得总额为 5 295 亿欧元的贷款。与第一轮相比，这一轮增加了 400 多亿欧元，而获得资金的银行从第一轮的 523 家上升至 800 家。这可能是由于欧洲央行放宽了七个国家（奥地利、塞浦路斯、法国、爱尔兰、意大利、葡萄牙和西班牙）合格抵押品级别（如房贷和其他贷款等也可以作为抵押品），使得更多中小型银行可以用质量较低的资产作为抵押品，从欧洲央行体系获得贷款。

根据我们的分析，有相当部分长期再融资操作资金回存到欧洲央行，囤积现金以备将来偿还巨额债务。“欧猪五国”（葡萄牙、意大利、希腊、西班牙、爱尔兰）和其他核心国家（如德国、法国）的主要大型银行在 2012 年和 2013 年将面临大量债务到期压力，其中仅 2012 年上半年就达到 3 320 亿欧元而全年超过 6 200 亿欧元，而“欧猪五国”银行的债务到期量占全部到期量将近一半。鉴于目前欧洲周边国家银行仍无法进行大规模市场化融资，银行因此更倾向于储备资金以应付巨额债务到期，或是直接回购即将到期的银行债券，而不会大规模应用从长期再融资操作获得的资金介入资本市场或是放贷给实体经济。

但可能确实有部分资金参与了套利交易，即从长期再融资操作以 1% 成本获得资金，买入周边国家中短期债务（2010 年 12 月底收益率为 4% ~6%），赚取利差。从事这种套利交易的资金规模不会特别大，估计可能占第二轮长期再融资操作全部资金的 1/5 左右，其中，西班牙和意大利银行业最有可能进行此类交易。即使购买，也主要集中于流动性风险占主导的本国国债，如意大利银行用三年期长期再融资操作资金购买意大利国债，但不包括偿付能力受到广泛质疑的国家，如希腊。

然而，一个关键的问题是，无论 QE 还是长期再融资操作，银行拿到钱之后，在看到由经济增长带来的贷款需求增长之前，更多是存回央行而不是投入市场或是放贷给实体经济，这点可以从美联储和欧洲央行负债方大量堆积的超额储备和存款工具，以及不断下滑的货币乘数得到印证。这解释了为什么货币宽松之路有助于解决短期流动性问题，但治标不治本。治标靠通胀——解决短期流动性危机可以防止通缩、维持通胀预期；治本靠增长——长期增长有赖于进一步结构性改革，包括欧洲银行业的去杠杆化。

救急不能替代改革

长期再融资操作的推出极大地缓解了欧洲在短期内发生大规模

金融危机的可能性，而近期通过针对希腊的第二轮救助方案也有望避免事态的进一步恶化。笔者认为，欧债危机最危急的时刻已经过去，目前的关键问题是，欧债危机更多是流动性短缺所致还是偿付能力出了问题。如果只是流动性不足，那么长期再融资操作能够很好地缓解这个矛盾，使欧洲走向正轨；而如果是根本性的偿付能力不足，那么长期再融资操作做到的仅是为最终进行结构性改革、提高偿付能力提供更多宝贵的时间。

笔者认为，欧洲需要做出艰苦卓绝的改革，提高自身竞争力，而在其货币受限无法大幅贬值的情况下，唯有降低本国劳动力成本。这个过程无疑将是痛苦的，可能需要较长的时间才能完成。

此外长期再融资操作无法降低银行系统杠杆率，而根据欧洲银行监管局（EBA）要求，欧元区银行需在 2012 年年中以前融资 1 147 亿欧元以满足一级核心资本充足率 9% 的要求，以抵御资产减记产生的冲击。

QE 当时起到一个关键作用是极大地刺激了市场的风险偏好，同时美国财政部也做了一些刺激性开支，协助美国银行业平稳度过了去杠杆。目前的欧洲，长期再融资操作对市场中长期风险偏好的刺激作用仍有待观察，而各国的财政紧缩也在继续进行，经济可能已经迈入衰退，这种情景下银行业能否较为平稳地实现去杠杆仍存在很大的不确定性。

与此同时，在拥有足量而又便宜的融资渠道（三年期长期再融资操作）的情况下，银行有多大动力去杠杆也存在一定疑问。目前除了意大利裕信银行宣布了配股融资计划外，其他欧洲主要银行仍未拿出明确的股权融资或是资产出售计划。

最后，长期再融资操作在减低流动性迫切需求的同时，也降低了各国继续进行结构改革的紧迫性，包括约束财政支出、削减福利、欧盟财政一体化等。只有各国领导人拿出魄力，坚持推进必要的结构性改革，提高整体竞争力，才能为将来经济恢复增长铺平道路。

资产价格短期向好

由于相当部分长期再融资操作资金可能将被用来偿还银行债务，长期再融资操作对资本市场的作用主要是通过降低尾部流动性风险（如欧债危机再次大规模爆发）、提高投资者风险偏好实现的。

欧洲央行2010年12月底推出的长期再融资操作给全球风险资产带来了类似QE2的效果。

在2011年12月20日正式推出三年期长期再融资操作之后，欧洲央行的资产负债表上长期再融资操作的占比，由12月16日的15%于一周之内迅速攀升至12月23日的26%。欧洲周边国家的主权债务收益率显著下降，特别是中短期国债。以意大利为例，其2012年的收益曲线与2011年12月7日（宣布三年期长期再融资操作之前）相比，明显变得更为陡峭，短端（三个月）收益率下降了392个基点，而长短收益率（十年期）则仅下降51个基点。同期，新兴国家主权债券价格也有所攀升、收益率下降。

货币市场基本重现了前两轮QE的走势，即美元走弱，大宗商品货币（如澳元）走强。在大宗商品之中，黄金价格、原油、工业金属等和经济增长相关性较大的品种受到明显推动，但工业金属期货近期价格出现明显回调，显示投资者对经济前景仍存疑虑。

由于长期再融资操作对银行放贷意愿的促进较为有限，而银行在资产端继续增加国债持有量也使得能够真正进入实体经济的贷款能力依旧不足，总体看来对经济增长的刺激作用仍有待观察。因此，对于股票市场来说，近期大幅上涨更多是在流动性压力缓解、金融体系崩溃得以避免之后，由股票风险溢价下降驱动，而非投资者对未来经济和盈利增长变得更乐观。

但市场情绪的好转的确大幅推动了股票市场上涨，美国股市（标普500指数）已经处于2008年金融危机以来的新高。港股受外围资金持续流入的影响，年初至今涨幅约为15%，主要得益于市盈率的扩张，而盈利预期仍一致维持下调。

长期再融资操作推动风险资产价格上扬的传导机制与 QE 并不相同。长期再融资操作更多是在尾部风险大幅降低的情况下，投资者风险偏好上升，风险溢价下降，从而推高了资产价格，而投资者对中长期经济前景和盈利预期并未发生重大根本性改变。从估值模型角度来说，推高了净现值（资产价格）的主要因素是分母（贴现率）变小而不是分子（盈利）变大。

从中长期来看，长期再融资操作结束日期明确，使得市场对欧洲央行能在多长时间内保持扩张资产负债表规模也存在一定疑问。如果将来没有持续推出更多轮长期再融资操作来替代即将到期回流的资金，则欧洲央行资产负债表注定要缩小进而导致金融体系流动性收缩。

同时对于欧洲银行来说，长期再融资操作只是一个资产抵押换取流动性的过程，相当于逆回购，并未能将其持有的不良资产剥离资产负债表，而银行杠杆率维持在高位，去杠杆和补充资本充足率仍是必须要进行的操作。

因此，这两轮三年期长期再融资操作并不能持续地推动风险资产价格的上涨。在缓解了紧绷的流动性状况后，经济能否恢复增长将重新成为焦点。以股票市场为例，当投资者从较为恐慌的情绪中恢复过来，相信大规模危机爆发可能性降低之后，市盈率得以从非常低的水平扩张；但当市盈率恢复到一定程度之后，市场会重新把焦点放回基本面，如果没有持续的政策支持（特别是财政政策）以扭转投资者对未来经济下滑的预期，则市盈率持续扩张的能力将受到限制。

第二部分

全球经济再平衡

全球化透支与欧洲问题

导读

全球金融危机和全球治理凸显了当下全球经济和金融方面最大的矛盾。现在资金全球化充分，但人口全球化不足。面对全球危机对全球化带来的巨大挑战，中国很难独善其身。目前市场非常关注的欧洲问题有三种可能的前景。第一，问题在解决之前变得非常大，不少国家出现大的社会动荡，有少数国家的极右翼政府上台。第二，少数国家、边缘区的国家被甩出欧元区，但操作起来很难。第三，大家抱成一团，但“老大”出力不足，危机反复，但欧元区难破——这是最可能的前景。

欧洲目前的状况，指望“老大”出面解决问题是不容易的，因为德国的经济利益从一定程度上受益于现在欧洲的波动。

全球经济正处在一个大调整的前沿。过去两三周（9 月），欧洲的问题很值得关注。一是全球经济危机（或金融危机），二是全球治理，这两方面凸显了当下全球经济和金融方面最大的矛盾。

第一，全球经济危机。从 2008 年美国发生危机以来，美国问题至今尚未完结，欧洲问题又风起云涌，非常值得关注。做一个初步的概括：欧洲 9 月开始的大跌目前尚不见底；相比之下，美国的问题还足以让人抱有一些信心。有人担心美国会很快成为下一个日

* 原文发表于 2011 年 10 月 19 日《财经》杂志，原标题为《求解全球化透支》。

本，但我个人认为，欧洲可能在美国之前“日本化”，而欧洲的“日本化”可能会使美国免于“日本化”。

1990 年之前，不管哪个党选出的德国总理都是支持欧元和欧洲进一步整合的。1990 年以后到现在，德国和欧洲的事情就变得很难。对此，不少人认为是默克尔的问题。默克尔虽有自己的问题，但只是问题的一小部分。要分析德国在欧洲经济和政治方面的地位，1990 年是一个重要的分水岭。二战中，纳粹德国蹂躏了很多欧洲国家，德国战后要向邻居赔礼道歉，所以要积极推进和援助欧洲进一步整合，这是其一。道义和情感上的道歉不会支持德国在欧洲进一步整合之道路上走得很远，除非欧洲整合符合它们的核心利益。1990 年之前德国的核心利益是实现民族统一，不管哪个党出任德国总理，都把德国的统一作为政策要务。这个要务有助于团结德国民族，支持和援助欧洲的进一步整合，包括对其他欧洲国家进行援助和补贴，因为实现家庭团圆需要邻居支持。联邦德国和民主德国合并之后，德国再也没必要因此反复向邻居赔礼道歉，对其他欧洲国家进行大量援助和补贴的动力也因此逐步消失。

其二，联邦德国和民主德国合并之后，德国经历了十几年的痛苦改革。2007 年、2008 年之前的十几年里，德国工资房价基本没涨，德国是唯一没有资产泡沫问题的大国。德国的制造业工人的工资只有美国的 70%，所以德国的实体经济很有竞争力。另外，危机之后发生了欧元兑美元贬值，德国躲在欧元后面，没有受到汇率方面的指责。德国经济在目前的欧元状态下有两方面的优势：第一，德国经济有实际竞争力，得益于过去十几年中没有涨工资和房价；第二，如果马克今天还在的话，2008 年之后马克兑美元可能升值 50%。这样的话，德国 2010 年的贸易盈余不可能那么大。从这个意义上讲，欧洲出现目前的状况，指望“老大”出面解决问题是不容易的，因为德国的经济利益从一定程度上受益于现在欧洲的波动。如果德国花钱把问题解决了，德国经济花费太大，同时欧元会升值，德国出口会因此受损。但如果德国什么都不做，最终导致欧元区破裂，一来德国政治成本太大，会背负“老大”不负责的骂名；二来马克升值，会引发欧洲其他国家对德国的不满，德国出口也将蒙受损失。另一种选择，也是德国现在的态度，德国可以出力，但不积极做“老大”，于是欧洲其他国家再怎么折腾，在经济层面上难以找到应对目前欧洲危机的实质解。由此分析得出，欧洲危机可能反复，但欧元区难破，欧洲可能变成“日本”。

假设欧洲变成下一个“日本”，欧洲银行面临危机，那么欧洲大量的流动性资金可能会去买美国的国债。美国银行持有大量的美国国债，最好有人接盘让银行得以扩大贷款业务。如果欧洲愿意接盘，就等于帮了美国。从而我们得到了如果欧洲先“日本化”，美国经济的恢复速度会比预期快一点儿，会免于“日本化”的结论。

欧洲问题有三种可能的解。第一种可能是问题在解决之前变得非常大，不少国家出现大的社会动荡，甚至有少数国家的极右翼政府上台，欧洲开始担心希特勒思潮是否回来了，迫使政客和普通民众联手起来解决问题。第二种可能，少数国家、边缘区的国家被甩出欧元区，但操作起来很难。第三种可能是大家抱成一团，但“老大”出力不足，危机反复，但欧元区难破——这是最可能的前景。如果是这样的话，未来五年欧洲难翻身。全球经济 70 年发生一次大调整，我们现在可能只是刚刚看到了一些调整开始的表面迹象。

谈到中国未来的经济发展，国际市场上有些人认为中国的经济增长是不可持续的。包括秦晓先生讲的社会问题以及其他问题，如果得不到解决的话，中国发展将难以持续。同时，面对全球危机对全球化带来的巨大挑战，中国很难独善其身。

秦晓先生还提到了全球化透支的问题，我觉得这是一个很好的概念。全球化如果以现在的模式进行下去，是难以为继的。这一轮全球化和上一轮全球化有本质的区别。上一轮全球化是从 18 世纪开始，以欧洲人——主要是英国人主导的全球化，在这个过程中，人和资本一起走，移民是重要的手段。英国人和欧洲大陆人到了北美、南美、澳洲，人跟着资金和技术走，资金和商品交易量却不是很大。

到这一轮全球化，全球治理问题变得更为艰难，也更具挑战。上一轮全球化是最强大的国家——英国主导的全球化。此轮全球化，中国、印度这些国家从中获益非常大，但中国人、印度人无法移民到美国和欧洲去。我们今天讲的许多问题，根本问题是人口全球化的不足。如果中国移民到美国和欧洲 5 亿人口，印度也移民出去 5 亿人口，那全世界的不平衡问题就更容易解决了。归根结底，现在的状况是资金全球化发达，人口全球化不足。美国经历这么大的危机，美国的企业盈利却非常好，其中来自海外的过半。以苹果公司为例，其很大的一块盈利是来自亚洲和欧洲，而非美国本土。

如前所述，此轮全球化中人口基本不能大量流动，因此只能通过外包和相对应的资金和商品进行流动。而像这样，由中国、印度等人口大国参与的，通过大量资金和商品流动主导的全球化，是以前没有发生过的。这两个发展中国家虽然在全球化中得益，但不是“老大”，没有权力修改规则以保护自身利益，从而违背了由“老大”主导全球化的常规。

至于解决之道，很重要的一点是如何在“一国一票”和“一元一票”中找到平衡。如果在 2020 年前后中国能达到和美国一样的 GDP，IMF 能给中国 18% 的份额吗？这个问题很难解。诚然，最近中国在 IMF 的地位有所提升，比如朱民成为首位中国籍副总裁。我以前也在 IMF 工作过一段时间，有中国人进入 IMF 的管理层，这在当时是很难想象的。可见形势发展得比我当时想象的好，未来发展的形势也可能比我现在想象的好。

全球经济复苏之路：艰难前行?

导读

金融危机也是资产负债表危机；而走出金融危机的过程，就是修复资产负债表的过程。从2009年经济复苏以来，美国经济表现出三大趋势：公共部门杠杆率攀升；金融行业再注资、严监管、降杠杆；居民部门降杠杆；企业杠杆率维持相对稳健。美国经济体中各个部门之间杠杆率调整是通过大幅提高政府部门的赤字水平来达到的，这个过程接近完成。但日本和欧元区受债务困扰的国家需要经历漫长的资产负债表修复才能恢复经济活力。新兴市场国家则需要在结构转型及全球治理方面尽快取得重大进展。全球经济在复苏之路上艰难前行。

金融危机以来的复苏进程

金融危机结束以来市场反弹的速度、幅度和广度之大，充分反映了市场从对第二次经济大萧条的恐惧，回归到对经济恢复增长的憧憬和期待。新兴国家经济在政府刺激政策和国内需求的拉动下率先复苏。作为新兴市场代表的中国，第一个走出经济低谷。发达国家经济也逐渐摆脱金融危机带来的严重衰退，但与新兴市场相比，

* 原文发表于2011年7月《国际经济评论》，与李志勇和王慧合作。

复苏仍较缓慢（图 1 上）。金融危机期间各国超发货币也导致新兴国家面临资产价格泡沫和通胀的压力。食品、能源和原材料价格上涨是推高通货膨胀的主要原因，而 2010 年末美国新一轮量化宽松政策的推出，更助推热钱涌入新兴市场，加重了新兴市场的通胀压力（图 1 下）。

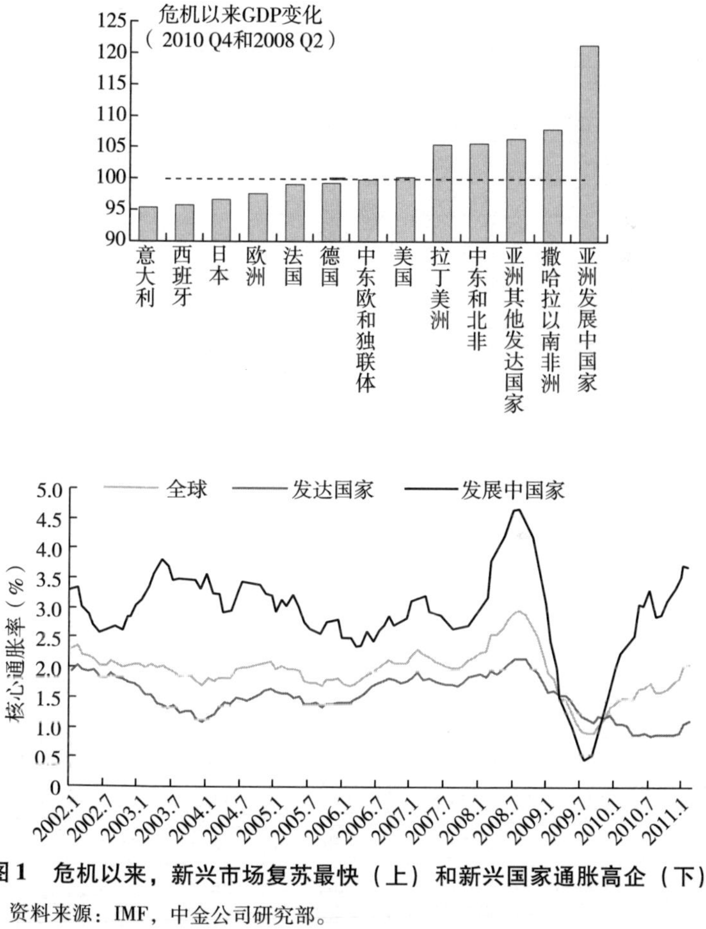

图 1　危机以来，新兴市场复苏最快（上）和新兴国家通胀高企（下）

资料来源：IMF，中金公司研究部。

伴随着经济复苏，投资者的风险偏好也逐渐增强，投资者的资产配置开始从金融危机期间的美元储备、美国国债等安全资产转向股票市场、大宗商品以及新兴国家的金融市场。国际金融市场的动向都反映了风险偏好增加的趋势：股指从底部反弹；大宗商品价格飙升；大量资金流出造成美国国债市场出现供需缺口，国债收益率提高；资金流出也降低了对美元的需求，美元继金融危机中相对其他货币升值的历程之后开始贬值（表1）。

表1　危机以来世界股指、大宗商品、外汇汇率、国债收益率表现

	价格/单位			资产表现		
	2008.12.31	2009.12.31	2010.12.31	FY2009	FY2010	2009&2010
股市						
俄罗斯	620	1 370	1 688	121.1	23.2	172.5
印度	9 647	17 465	20 509	81.0	17.4	112.6
巴西	12 540	21 673	22 240	72.8	2.6	77.4
中国	1 821	3 277	2 808	80.0	-14.3	54.2
德国	4 810	5 957	6 914	23.8	16.1	43.7
美国	903	1 115	1 258	23.5	12.8	39.2
英国	4 434	5 413	5 900	22.1	9.0	33.1
法国	3 218	3 936	3 805	22.3	-3.3	18.2
日本	8 860	10 546	10 229	19.0	-3.0	15.5
货币						
日元	0.01	0.01	0.01	-2.4	14.6	11.8
英镑	1.46	1.62	1.56	10.8	-3.5	7.0
美元指数	81.31	77.86	79.03	-4.2	1.5	-2.8
人民币	6.83	6.83	6.61	-0.0	-3.2	-3.2
欧元	1.40	1.43	1.34	2.5	-6.5	-4.2
大宗商品						
铜	139.5	322.8	444.0	138.5	33.4	218.2
棉花	49.0	75.6	144.8	54.2	91.5	195.4
银	11.3	16.8	30.9	49.3	83.7	174.3
糖	11.8	27.0	32.1	128.2	19.2	172.0
WTI 原油	44.6	79.4	91.4	77.9	15.1	104.9
铝	1 513.8	2 203.5	2 459.3	45.6	11.6	62.5
黄金	884.3	1 096.2	1 421.4	24.0	29.7	60.7
玉米	407.0	414.5	629.0	1.8	51.7	54.5

续表

	价格/单位			资产表现		
	2008－12－31	2009－12－31	2010－12－31	FY2009	FY2010	2009&2010
大宗商品						
大豆	972.3	1 039.8	1 393.8	6.9	34.0	43.4
小麦	610.8	541.5	794.3	－11.3	46.7	30.0
天然气	5.6	5.6	4.4	－0.9	－20.9	－21.6
国债收益率						
中国	2.8	3.6	3.9	0.9	0.3	1.2
美国	2.2	3.8	3.3	1.6	－0.5	1.1
日本	1.2	1.3	1.1	0.1	－0.2	－0.0

资料来源：Bloomberg，中金公司研究部。

经济复苏背后的政策刺激

这次全球性金融危机的导火索是美国的次贷危机，其根源则是资产价格，尤其是房地产价格的泡沫破灭。美联储长期的低利率政策、金融机构过于宽松的信贷条件以及监管机构松懈的金融监管助长了房地产行业的过度借贷，金融机构和居民两大部门的杠杆和负债水平自1980年以来不断提高，金融风险不断累积。当资产价格开始下降、信心危机出现、两大部门的资产负债表恶化时，危机就从金融体系蔓延至整个经济体系，由美国蔓延至全球。

危机爆发后，全球主要经济体为了应对危机、维护金融体系稳定和刺激经济增长，一方面采取了常规的货币和财政政策以期挽回经济颓势，包括大幅调低利率至近百年来的低位（主要经济体包括美国、英国以及日本的利率都已经接近于零）、实施减税或退税计划、直接补贴家庭收支、扩大政府公共支出等；另一方面，主要经济体都采用了注入市场流动性、注资金融机构、剥离问题资产、担保信贷等各种方式力图使信贷市场恢复正常运作，并在传统政策对于刺激经济已经捉襟见肘的情况下，陆续宣布实施量化宽松货币政策。许多新兴国家在面临恶劣的国际环境和经济下行的困境时，也纷纷采取各种抗周期的宏观政策（表2）。至2010年，受通货膨胀的困扰，一些新兴国家和部分发达国家央行开始逐步退出刺激政策，甚至开始加息。

表 2　危机以来，主要经济体的救市政策

国家/机构	政策类型	政策内容
美国	货币政策	降息，美国联邦基金目标利率由 5.25% 降低至 0 ~ 0.25%，并长期维持不变；直接的流动性支持；量化宽松政策，即美联储通过直接购买证券的方式向金融市场注入流动性
	财政政策	主要包括 1 680 亿美元的退税计划、7 000 亿美元对陷入困境的资产救济计划、7 870 亿美元的振兴经济方案，以及公私合营坏账银行方案等
欧洲央行	货币政策	为了满足银行再融资的需要，欧洲央行提高了贷款额度，贷款期限也从原来的三个月延长到一年；在八个月内七次下调基准利率，基准利率已经从 2008 年 7 月的 4.25% 降至 2009 年 5 月 1.00% 的历史最低点，但降息时点和幅度滞后于美国；量化宽松政策
中国	货币政策	“适度宽松的货币政策”：中国人民银行自 2008 年 9 月到 2008 年底连续六次下调基准利率，调低法定准备金率 400 基点，并加大了对中小企业的信贷支持
	财政政策	“积极的财政政策”：中央政府提出扩大内需、促进增长的十项措施，并推出“四万亿”主要用于基建的财政刺激方案。同时政府还调整了出口退税，以及增加对农民增收的支持

资料来源：中金公司研究部。

从四张资产负债表分析发达国家的经济复苏前景

一个经济体通常被划分为政府、金融、居民和企业四个部门。要回答发达国家和全球经济复苏前景如何的问题，我们要分析四大负债表及其相互关联作用，并结合政策取向判断。事实上，金融危机也是资产负债表危机。走出金融危机的过程，也是修复资产负债表的过程。①

① 关于国家层面资产负债表的讨论，参见 Richard Koo，Balance Sheet Recession：Japan's Struggle with Uncharted Economics and its Global Implications，2003。黄海洲．美国经济低迷何时休？［J］．国际经济评论．2010（6）．

从2009年经济复苏以来，以美国为首的全球经济表现出三大趋势：公共部门负债水平高攀；金融行业再注资，严格监管，信贷趋于谨慎，信贷成本提高；居民部门降低债务水平。在政府、金融、居民和企业四大负债表中，只有企业负债表维持相对稳健，为经济持续复苏奠定了一定基础。

自1980年以来，美国私人部门特别是金融机构和居民家庭的债务水平不断高升，储蓄率不断走低，但企业和政府部门在国内借贷相对有限。美国的债务水平已经从20世纪50年代初占GDP的120%上升到2009年第二季度的360%（图2上）①；如果将海外净投资计算在内，这个值实际上更高，为382%。在这四个部门当中，金融机构和居民部门的债务水平在过去30年中上升明显（图2下）。居民部门的借贷，在2000年之后大都流向了房地产市场，直接推动了房地产市场的繁荣和房价的持续上涨，以至于形成了规模空前的房地产泡沫。在其他主要发达国家，包括英国、德国、法国等，都不同程度地存在这样的问题。然而当房价下跌时，居民部门的资产负债表就出现了危机，直接后果就是按揭贷款的还款风险由潜在变成了现实。

金融机构在全球化背景下的杠杆率也不断提升。金融监管的放松、全球范围长期的低利率以及金融创新日益发达加快了这种杠杆率的提升。而且实际情况经常更糟糕，原因在于随着复杂金融衍生产品的增多，资产负债表中的资产隐含的风险并不是账面值能反映的。金融危机爆发后，金融机构产生了大量的损失，从而导致了金融机构资产负债表的危机。

居民部门资产负债表危机会导致消费需求的放缓，而金融机构

① 图中债务总水平为四项之和。由于数据所限，未能精确减记相互持有部分。对美国而言，美国国债国外持有部分超过1/2，远高于欧元区和日本国债的国外持有部分；美国企业债海外持有部分也高于欧元区和日本企业债海外持有部分。详细精确减记留待进一步研究。

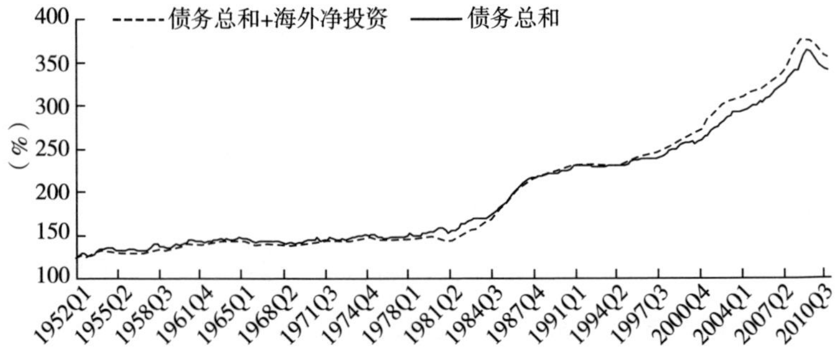

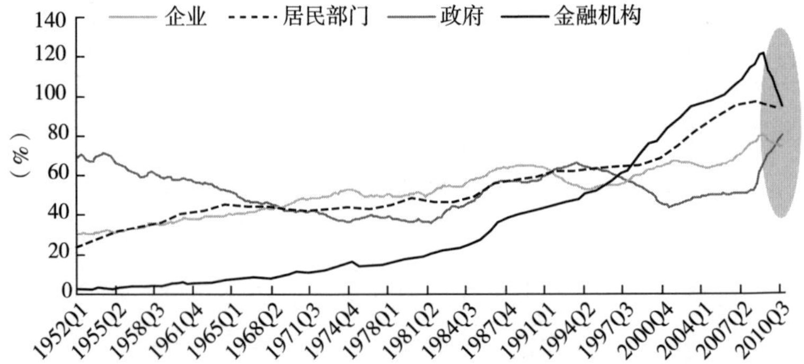

图 2　美国 1952—2010 年整体债务占 GDP 比重（上）和各个部门占 GDP 比重（下）

资料来源：Federal Reserve，IMF，Haver Analytics，中金公司研究部。

资产负债表的危机会导致信贷的放缓，因此就从需求和投资两个方面影响了实体经济，从而使实体经济中的企业资产负债表也陷入危机状态。而企业部门的危机又会通过居民收入降低、失业人数增加和储蓄降低、投资和融资活动等反过来影响居民部门和金融机构的资产负债表，从而使三个部门的资产负债表进入恶性循环。

危机爆发后，全球主要经济体推出的经济刺激计划实际上就是通过加重政府资产负债表受损的程度来修复另外三个部门的资产负债表，这必将大幅提高政府部门的赤字水平。金融危机期间，除了发展中国家政府的负债水平没有明显变化外，主要发达国家政府债务占 GDP 的比重均出现了明显的提升。

那么，资产负债表修复的持续性如何？以美国为例，政府部门的资产负债表已经大幅膨胀，债务总额由 2007 年底的 8.74 万亿美元上升到 2010 年底的 14.05 万亿美元，是危机前的 1.6 倍，与此相关的是在金融危机之后其他三个部门债务水平明显下降（图 2 下）。在四个部门当中，通过坏账减记、政府的资产注入和主动降低杠杆率，金融机构的债务水平在过去三年已经明显下降（债务占 GDP 的比重从 2009 年第二季度最高点的 121% 下降到了 2010 年底的 96%）。但该部门的债务占比仍为 28.2%，高于 30 年的长期平均值（24%）4 个百分点，这预示着金融体系的去杠杆化进程仍有继续的空间（图 3 上）。居民部门的债务占比已经降至长期平均值以下，表明该部门的债务占比已趋合理。企业的债务占比在过去 30 年中一直处于下降趋势，并远低于长期均值，表明企业增加债务水平的程度低于其他部门，同时也表明企业的资产负债情况相对良好，财务结构合理。当然，最显著的变化还是政府负债占比的大幅上升，已经超过了长期均值。

如前所述，美国经济体中各个部门之间债务占比的调整是通过大幅提高政府部门的赤字水平达到的，这个过程已经接近完成。但是在此之外，美国仍将长期承受降低债务总量的压力。如果债务总量下降这一趋势能够持续，根据我们的计算，美国的总体债务水平有望在 2019 年初降至 30 年的长期均值（图 3 下）。这一结果能否实现，在很大程度上取决于金融机构和政府能否继续降低债务。对于金融机构来说，情况较为复杂，与美国的利率环境、经济发展前景、房地产市场能否复苏以及银行系统在新的监管体制下的业务模式变化有关。对于美国政府来说，则在很大程度上取决于经济增长水平、通货膨胀水平和政府的进一步负债能力。市场上有人认为美国政府进一步负债的空间依然很大，他们拿今天日本政府负债占 GDP 比重达 220% 来说明美国政府进一步负债的能力。但我们认为有两方面的因素制约美国政府进一步负债的能力。第一，政府进一步负债必将依赖居民和企业部门的储蓄，同时挤压私人部门的信贷。这与日本等其他国家公共部门债务高升的情况相当不同。当年日本政府债务大幅攀升的时候，日本居民的储蓄率很高，远高于当下的美国。第二，美国政府进一步发债的能力在很大程度上也取决于外部市场的接受能力。在过去历年发行的国债中，来自新兴市场外汇储备和石油出口国的石油美元为认购这些国债提供了很大的资金来源，也压低了美国长期国债的收益率。但美元资产对这些资金的吸引力在下降，美元作为国际储备货币的相对地位也可能进一步下降。

从美国各个部门负债与资产的比例（即杠杆率）来看，我们也

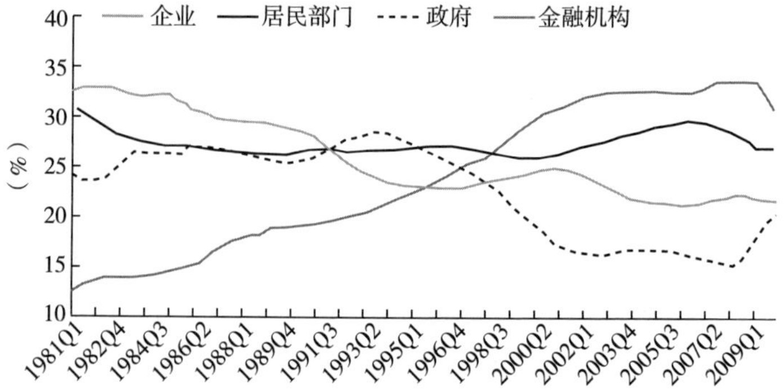

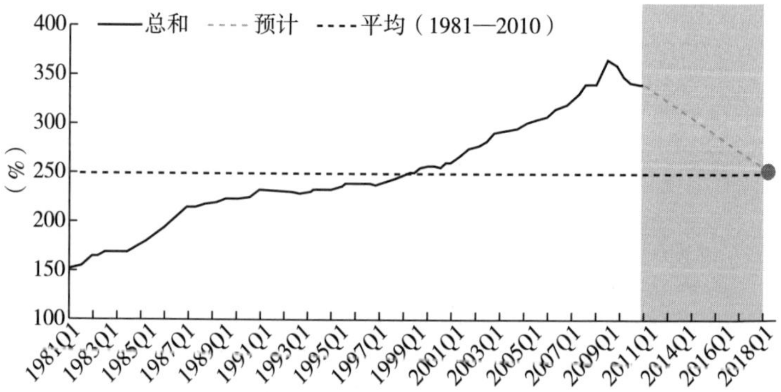

图3　美国四个部门负债占总债务的比重(上)和长期承受降低总体债务水平的压力(下)

资料来源：Federal Reserve，Haver Analytics，中金公司研究部。

可以得出类似的结论（图 4）。政府的负债/资产比在过去几十年中基本在均值附近徘徊，但在金融危机后有所上升；企业的比例呈下降趋势；居民部门和金融机构的比例走势接近，在过去 30 年中持续上升，表明这两个部门的杠杆率在不断加大。可是在金融危机之后，这两个部门的杠杆率都有较大幅度的下降（下降幅度约为 25%），并仍处于向长期均值回归之中。

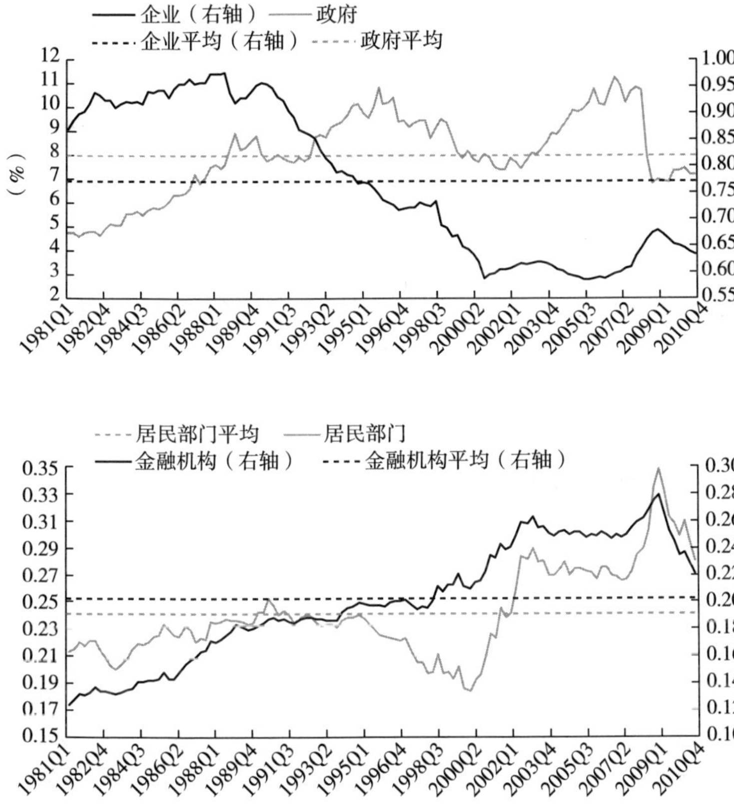

图 4　美国四个部门负债与资产之比

资料来源：Federal Reserve，Haver Analytics，中金公司研究部。

和美国的情况相似，欧元区债务水平不管从总量来看，还是从各个部门来看，在过去几十年中也大幅上升，其债务总量已经从 1999 年初占 GDP 的约 300% 上升到了目前的约 450%；如果将海外净投资统计在内，则总和占 GDP 的比重高达 530%。但和美国不同的是，在金融危机之后，欧元区债务水平并没有下降（图 5）。从各部门占债务总量的比例来看，金融机构的占比一直处于上升趋势；企业和居民部门的负债比例有所下降，但这是以政府的负债比例在金融危机爆发后明显上升为代价的（图 6 上）。总体来说，虽然居民部门的负债低于美国的居民部门，但欧元区的债务水平大幅高于美国（债务占 GDP 的比例比美国高出 100%），各部门的去杠杆化也不明显。这表明欧元区在降低债务水平方面比美国面临更加严峻的挑战，而从 2010 年初开始爆发的欧债危机正是这种调整的开始。欧元区各个部门的杠杆率也显示，金融机构和居民部门的负

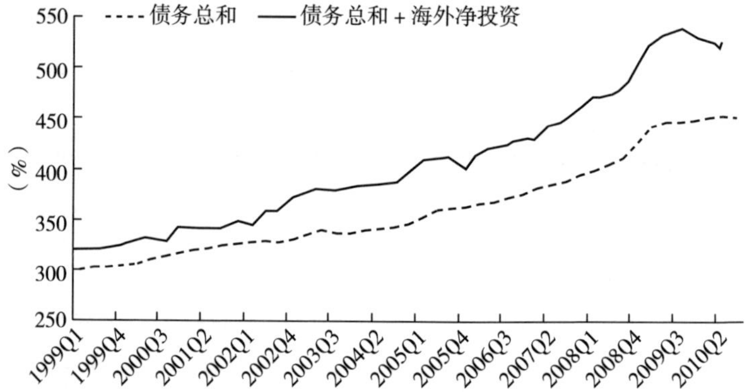

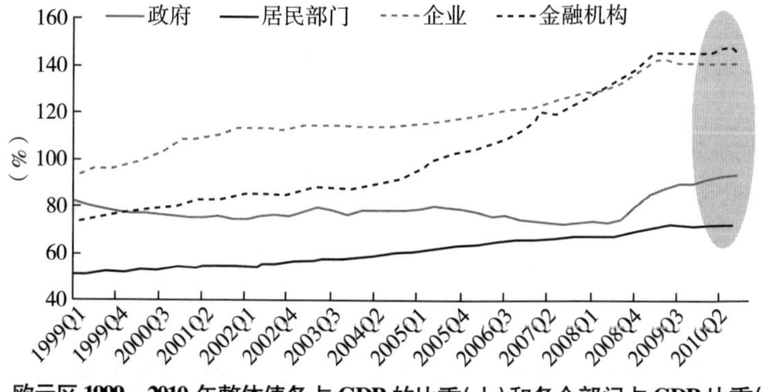

图 5　欧元区 1999—2010 年整体债务占 GDP 的比重(上)和各个部门占 GDP 比重(下)

资料来源：Statistical Office of the European Communities，IMF，Haver Analytics，中金公司研究部。

债/资产比在过去的20多年中持续上升，虽在金融危机后上升势头受阻，但尚无明显的调整（图6下）。

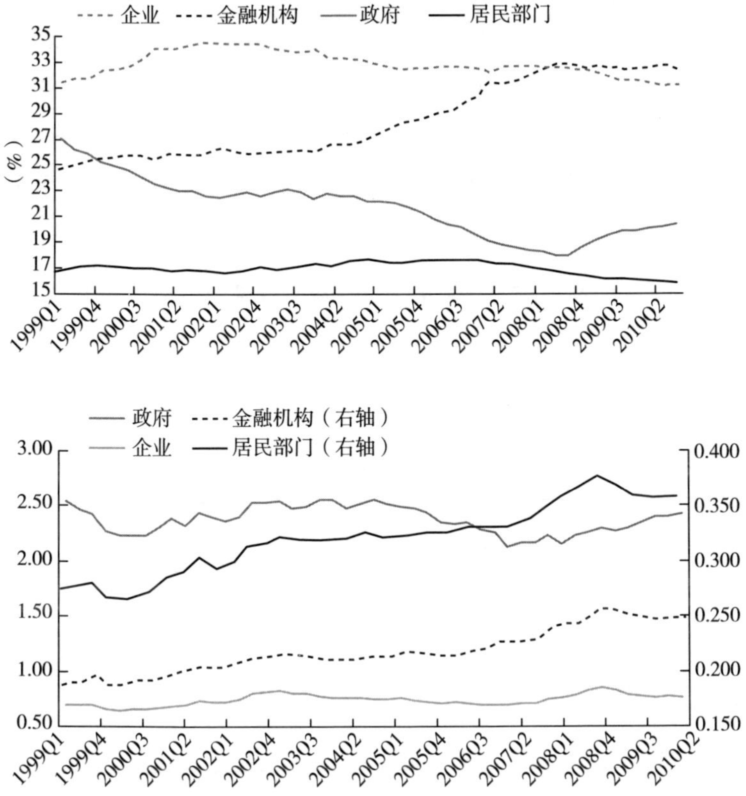

图6　欧元区四个部门负债占总债务比例（上）和负债与资产之比（下）

资料来源：Statistical Office of the European Communities，Haver Analytics，中金公司研究部。

和其他主要发达国家相比，日本的情况最为令人担忧。日本的债务总量不但已经达到了GDP的约610%（高出美国近300%，但如果同样将海外净投资统计在内，则占GDP的比重下降至约560%，和欧元区相当），而且其政府债务仍呈明显的上升趋势（图7）。这是由于在过去约20年中，为了应对持续的经济衰退，日本政府不断加大支出的结果。随着日本人口的日益老龄化和居民储蓄率的下降，日本国内的债券市场能否继续承受不断增大的公共债务压力将令人担忧。目前大部分（95%）日本国债由国内投资者持有，但如果未来日本国债需要到国际市场上寻求投资者，那么日本经济多年享受的低利率环境将发生变化，融资成本上升，不利于经济发展。但值得注意的是，日本企业的负债水平从2006年开始企稳并逐渐小幅上升。这表明日本经济似乎终于摆脱了长期的经济衰退，企业的资产负债表得到了良好的修复，企业开始更多地借债，用于扩大生产，这无疑是日本经济中的亮点。负债/资产比同样显示，日本政府的负债前景堪忧（图8）。

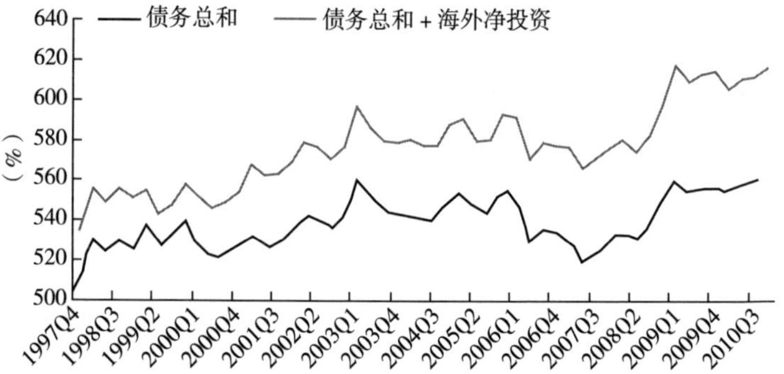

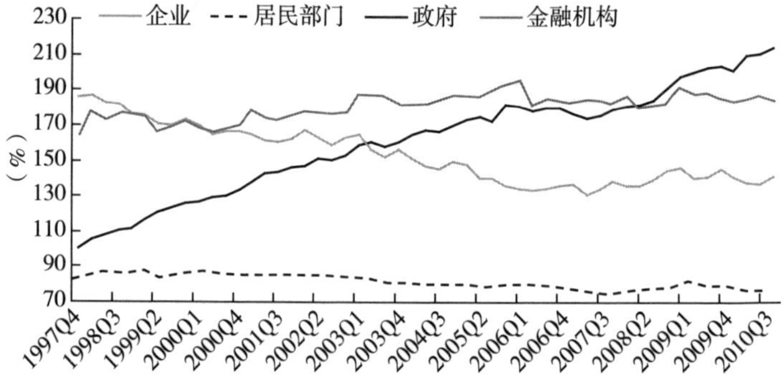

图7　日本1997—2010年整体债务占GDP比重（上）和各个部门占GDP比重（下）

资料来源：Bank of Japan，IMF，Haver Analytics，中金公司研究部。

政府驱动型复苏和资产膨胀型复苏不仅难以形成自我修复的内生增长动力，也可能对未来经济的复苏之路带来一系列不可预知的风险。从目前的情况看，德国、法国和意大利等欧元区国家的居民

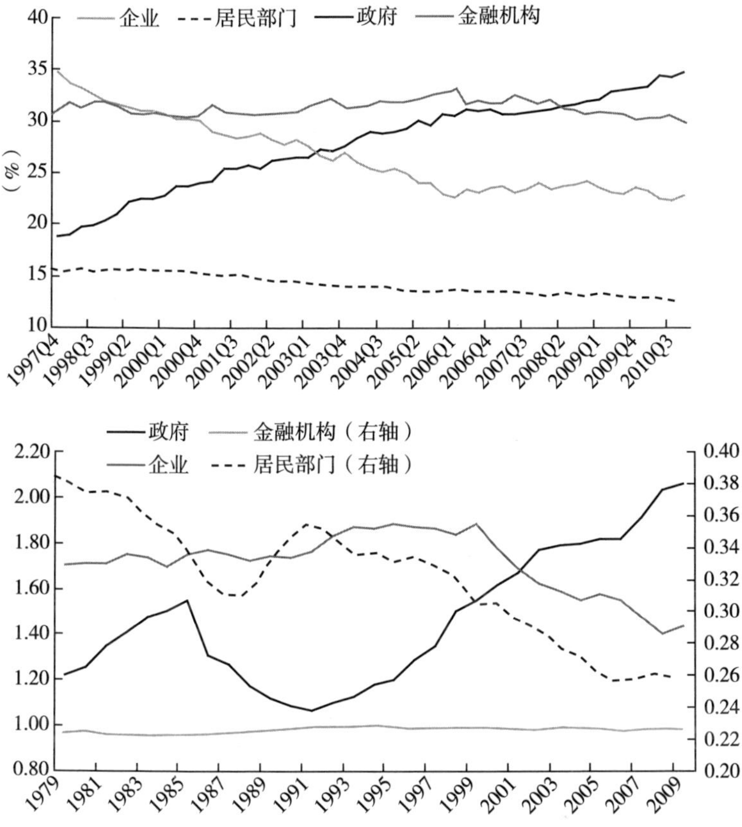

图 8　日本四个部门负债占总债务比例（上）和负债与资产之比（下）

资料来源：Bank of Japan，Haver Analytics，中金公司研究部。

部门负债较少，而美国居民仍在降低债务水平之中；在企业负债方面，美国、英国和欧元区核心国家的财务状况更健康一些，但多数也处于去杠杆化的过程之中，而日本企业债务水平稳中有升；在政府债务方面，英国、德国和法国的债务水平较低；日本银行的杠杆率在大幅下降之后，有开始回升的趋势，而美国银行仍处于去杠杆化的过程当中（图 9 和图 10）。

综合来看，多数国家各个部门的债务水平仍然高于长期历史均值，因此债务水平向均值回归将是修复资产负债表的关键。但是这不免将降低经济增速，除非发达国家的科技进步和结构改革、新兴

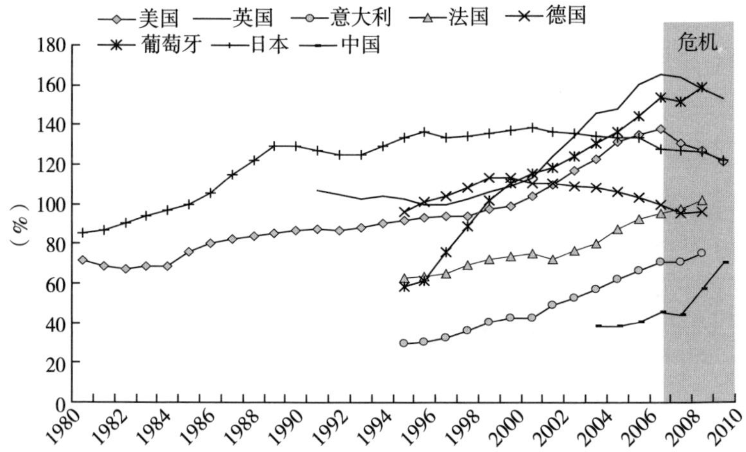

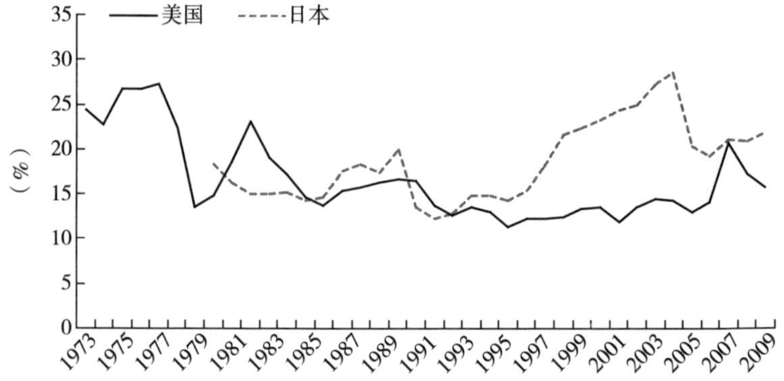

图9　各国居民部门负债占居民可支配收入的比例（上）和银行杠杆率（下）

资料来源：IMF，中金公司研究部。

市场国家的结构转型、全球治理方面尽快取得重大进展。

各国经济面临的风险和政策导向

美国财政刺激政策的退出将导致其经济复苏放缓，但货币政策将维持宽松

由于面临高赤字和高债务的困境，美国政府在金融危机期间实施的财政刺激政策将逐渐退出，这将导致未来经济增速放缓。

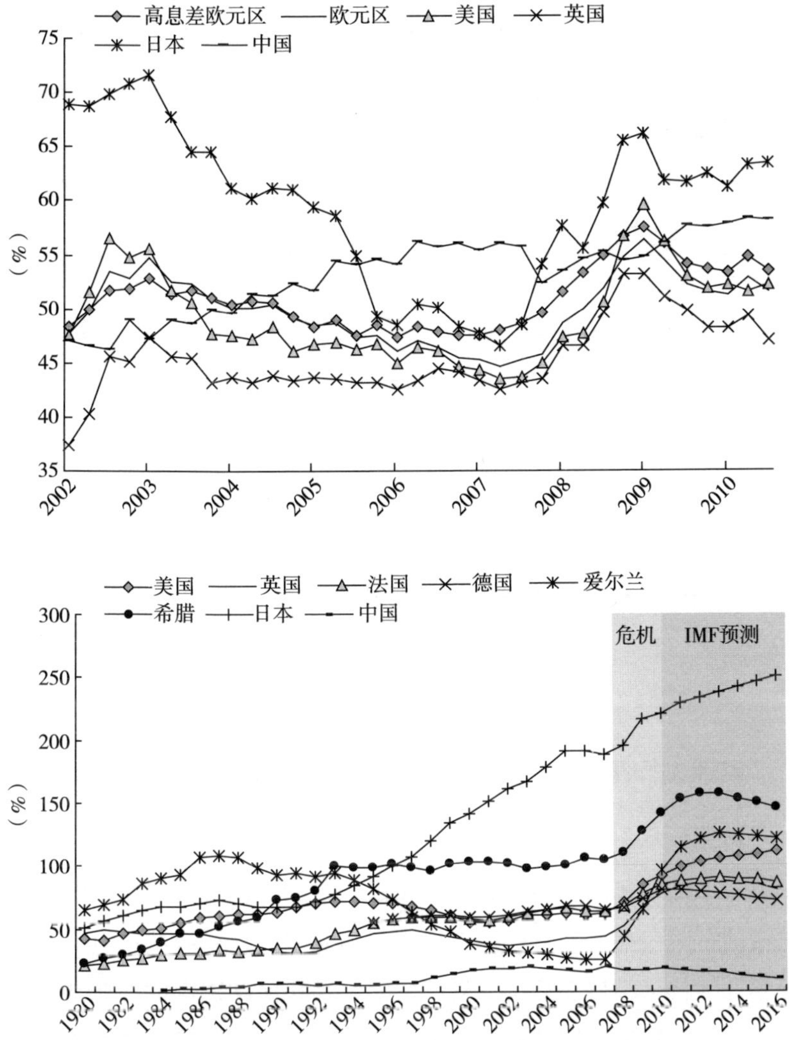

图 10　各国非金融企业负债率（上）和政府债务占 GDP 比重（下）

资料来源：IMF，中金公司研究部。

在过去的两年多里，美联储先后推出了两轮 QE 大规模购买资产，将基准利率降到低得不能再低，想尽了办法刺激经济的复苏。在将经济从“大萧条”的泥潭中挽救出来的同时，伯南克本人竭尽全力，并获得了全球范围内的声誉。在这种情况下，美联储和伯南克都不愿意看到因为退出得太早，经济受到损伤而重新面临“二次探底”的风险。而且2012年是美国的总统大选年，现在来看奥巴马连任的可能性较大，继续维持宽松的货币政策也有利于奥巴马连任。

美联储在2011年6月末如期结束QE2后，推出QE3的可能性很小。但美联储对于退出异常宽松的货币政策将会非常谨慎，并将在很长一段时间内维持低利率。虽然美联储有维持充分就业和价格稳定两个任务，但在目前的情况下，由于通胀仍然不是主要威胁，美联储更加看重的是就业市场的复苏。目前经济复苏的环境还比较复杂：从内部来看，就业市场不振、房地产市场脆弱；从外部来看，中东、北非的政治乱局和欧元区的债务危机都有可能打击美国消费者的信心，延缓经济复苏的进程，美国2011年一季度GDP增长就大幅放缓，近来公布的一系列数据也显示经济增速明显下滑，复苏前景不确定性增大。在这样的环境下，进入所谓的“政策观察期”是美联储明智的选择。

欧洲央行开始加息，但部分欧元区国家债务危机可能是致命伤

数据显示，欧元区核心国家德国在经济强劲复苏的同时，也面临着较大的通胀的压力。和美国相比，欧洲经济受大宗商品和能源价格的影响要更大一些，而近期中东和北非的地缘政治冲突有可能导致原油价格维持在高位。受此影响，欧元区和德国的通胀还将进一步攀升。和美联储的双重任务不同，欧洲央行把稳定通胀作为首要任务。从历史情况来看，欧洲央行对于通胀的容忍度比美联储低，因此欧洲央行也必然比美联储较快加息，事实上它也已经启动了加息程序。

但欧元区的债务问题仍将在较长时间内挥之不去，并成为2011年影响全球市场的主要风险之一。欧猪各国在上半年面临较大的债务到期压力，并在3月达到上半年的高点，直接导致葡萄牙被市场

抛弃，不得已向欧盟申请救助。下半年，形势将变得更加严峻，因为债务到期的年内最高点是8月，届时将有560亿欧元的债务到期（图11）。从目前的情况来看，虽然希腊已经宣布了大规模的财政紧缩计划，但市场显然并不相信这样就可以解决问题，希腊债务重组的可能性大幅增加，而爱尔兰和葡萄牙也很有可能步希腊的后尘。

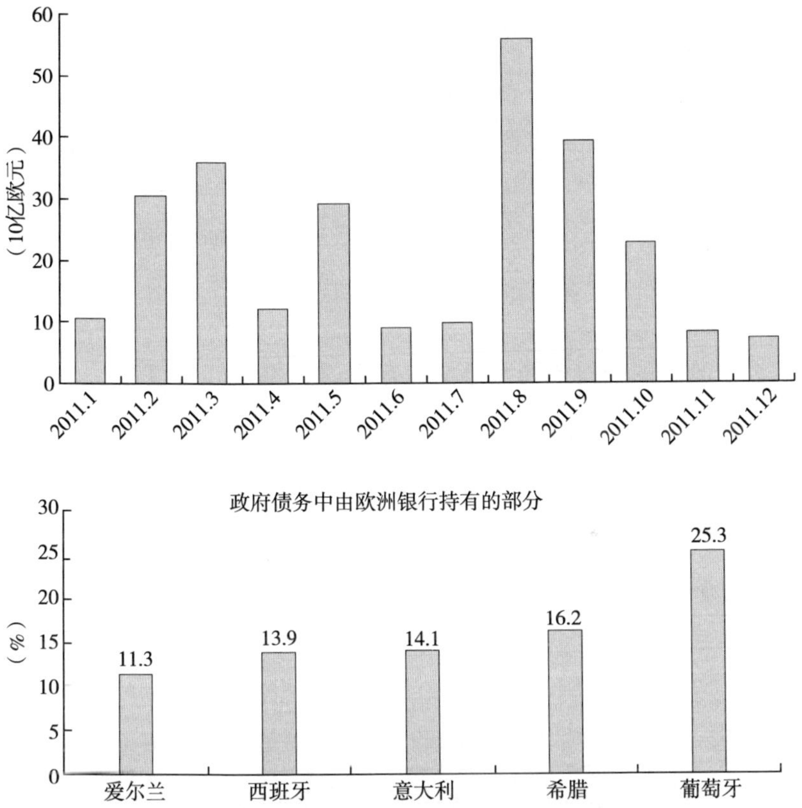

图11　欧猪各国2011年面临较大债务到期压力（上）和欧洲银行持有大量欧元区国债（下）

资料来源：Bank for International Settlements，Bloomberg，中金公司研究部。

债务重组的过程复杂，有可能引发欧洲银行系统的危机。希腊的国债余额共计2 980亿欧元，如果假设50%的债务重组损失，那么债券持有人的损失将超过1 000亿欧元。如果仅是希腊违约，对于市场的冲击将有限。但是希腊、爱尔兰和葡萄牙三国的债务合计高达5 610亿欧元，西班牙的债务也达5 300亿欧元。如果这些国家同时进行债务重组，假设坏账计提接近8%，欧洲的银行可能遭受高达820亿欧元的损失，这大致相当于一家全球性银行（比如花旗）两年的全部营业收入。为避免银行危机，政府必将注入大量资金以帮助银行系统渡过难关，进一步加大财政方面的压力。因此，限制欧债危机风险的关键是在欧盟的协调下进行有序的债务重组。在启动债务重组之前，希腊等国还将尝试出售国有资产、鼓励债务持有者允许延长债务期限、降低券息等“软重组”，但这些措施只能暂时缓解压力，不能从根本上解决问题。另外，值得注意的一个风险是，债务危机的深入会造成这些国家的政府频繁更迭，这类政治风险也会给经济复苏的前景带来不确定性。

核风险影响日本特大地震灾后重建，拖累经济复苏

日本特大地震对于全球经济的影响是多方面的。第一，地震和海啸造成的直接经济损失可达25万亿日元，巨额的重建成本将拖累震后日本经济的复苏。第二，灾后重建将增加对能源和大宗原材料的需求，并带动其他地区对日本的出口，可能在世界范围内提升通胀压力。第三，与以往的常规地震相比，这次日本地震为第一次有核风险的地震，因此其影响有待进一步观察，核危机扩散范围还不清楚，余震可能带来的损失难以预估，核危机对经济带来的确切损害难以估算。第四，得益于全球化和日本自身的优秀管理能力，包括及时供货系统（JIT，just-in-time），日本在高端制造业的一些关键部件——如汽车电子部件、精密仪器元件等的生产上具有产品质量、供应和价格方面的综合优势，在全球供应链上起着非常重要的作用，不但远远超过台湾地区和中国大陆等竞争对手，也超出美国和德国这样的发达国家，产品的地位暂时难以被替代。日本出口此前表现良好，在2011年2月同比增长9.2%，但在3月突然掉头

向下，环比下降了3.2%。正是受此影响，在未来数月内，如果核风险或地震风险进一步扩大，预计市场供应链可能会面临相当大的挑战，并进一步推高全球通胀。

中国和其他新兴国家控通胀任务艰巨

新兴国家从基本面看，产出缺口消失，经济过热迹象仍然明显。中国一季度已公布的实际GDP同比增速达9.7%，高于市场预期。同时，大部分新兴国家5月的PMI（采购经理人指数）都还在扩张区域，投资驱动仍然明显。近期新兴国家CPI同比、环比均大幅上升，能源通胀上升显著。不但中国公布的5月CPI通胀率达5.5%，处于年初以来的新高位，其他新兴市场，包括印度、巴西、韩国、泰国等5月CPI同比增速也多处于高位。因此，新兴国家政策调控还将继续深入。多数新兴国家的实际利率多在-5%至0附近，这说明了过去一年多的加息步骤仍然滞后于通胀的上升，货币条件仍然未能达到压低通胀的程度。新兴国家经济过热的迹象能否扭转，在内部取决于调控政策的深度与力度，而在外部取决于大宗商品价格走势以及发达国家的货币收紧程度。但从目前的美联储货币政策和国际大宗商品价格走势来看，前景并不乐观。

全球经济复苏道路曲折

从2009年初以来，全球经济复苏走过了V形反弹，但在经济复苏两周年之际，前瞻地看全球经济复苏面临的挑战有以下几个特点。

量化宽松政策在刺激经济复苏方面遭遇瓶颈

在应对金融危机方面，大萧条的经验给了我们很多启示。金本位制在大萧条的传播中起到了关键的作用。众多国家都是在放弃金本位、增加货币供应量后，经济才逐步摆脱通缩、走出衰退的。对于货币政策灵活度限制的国家来说，越早摆脱金本位制，越早走出经济通缩。包括现任美联储主席伯南克在内的众多学者都对大萧条有着深入的研究和深刻的理解，因此和大萧条时不同，2008 年金融危机发生后，美联储的反应非常迅速，除了将基准利率降到了接近于零的水平，还推出了两轮量化宽松计划，购买抵押支持债券和美国国债等资产，在短期内向市场注入了大量的流动性。事实证明，美联储采用的注入市场流动性、注资金融机构、剥离问题资产、担保信贷等各种力图使信贷市场运作恢复正常化的行动避免了经济陷入萧条。

欧洲、日本和英国央行也都及时实施了异常宽松的货币政策，并在传统的利率政策已经捉襟见肘的情况下，纷纷实施量化宽松货币政策。量化宽松货币政策在全球主要国家如此广泛地实施，还是历史上第一次。在此之前，自 1999 年以来在面对流动性陷阱时，日本量化宽松货币政策对于降低资金成本、扩大货币供应量、防止通缩起到了一定的作用。但是日本企业长期处于去杠杆化过程中，对信贷需求极低，这抑制了量化宽松货币政策对国内物价和需求的刺激作用。日本量化宽松货币政策也受制于国内金融行业的坏账和庞大的政府债务。实际上，量化宽松货币政策要顺利起到作用，前提是金融机构逐步完成坏资产处置、注资等活动，愿意逐步增加信贷。只有在这样的情况下，金融机构间的借贷才能够不因担心彼此的资产负债表问题而逐步恢复正常，对私人部门的信贷才能够恢复。但是，日本在实施量化的宽松货币政策期间，在处置银行坏资产方面进展缓慢。

如果依靠量化宽松货币政策来防止通缩，那么一个几乎可以肯定的结果是加大货币供应，短期刺激需求，长期推高通胀；而难以确定的是能否保证经济进入持续增长的轨道。量化宽松货币政策带来货币的大幅贬值，相对稳定的增长和物价预期已经被打乱，而恢复到一个新的稳定的增长和物价轨道需要新的增长动力。实际上，大萧条后很长一段时间内，货币政策稍有收紧，经济增长立刻就会陷入停滞。1937年的衰退就是由于当时美联储出于对通胀的担忧而提高银行准备金率、政府开始放慢支出导致的。美国经济真正步入持续的上升通道，也是直到第二次世界大战爆发，依靠战争对需求的拉动，特别是在1942年后才实现的。

治标靠通胀，固本靠增长。发达国家必须在科技进步和结构改革，以及全球治理方面尽快取得重大进展才能提高经济增长率。

发达国家债台高筑

主要发达国家几乎无一例外地面临高赤字、高债务的问题。从2010年初开始爆发的欧债危机，实际上为我们敲响了警钟。截至2010年底，希腊财政赤字占GDP的比重为15.4%，英国11.4%，日本7.3%和意大利5.3%。在公共债务方面，希腊债务占GDP的比重为127%，意大利116%，法国78%，而日本更是高达220%。但最令人担心的还是美国的赤字和债务问题（图12）。

经济学家对于什么才是合适的债务水平是有争议的，尽管都关注债务可持续性和经济增长水平之间的联系。[①] 莱因哈特和罗高夫认为，发达国家的债务与GDP之比如果超过90%将是十分危险的，因为如果债务水平超过这个"警戒线"，经济的发展速度将会大幅降低，降低幅度超过一个百分点；对于发展中国家，这个危险水平降低到60%，如果被超越，那么经济发展将会降低两个百分点。[②] 可是，克鲁格曼持有不同观点。他认为，划定债务的危险水平是不合理的，因为高债务水平是由低经济增长引起的，而非高债务水平阻碍了经济发展。[③] 美联储现任主席伯南克也认为，没有证据和理

---

① Haizhou Huang and Danyang Xie, "Fiscal Sustainability and Fiscal Soundness", Annals of Economics and Finance, Vol. 9, 2008: 239 – 251.

② Carmen Reinhart and Kenneth Rogoff, "This Time Is Different: Eight Centuries of Financial Folly", 2009.

③ Paul Krugman, "Bad analysis at the deficit commission", The New York Times: The Opinion Pages, May 27, 2010.

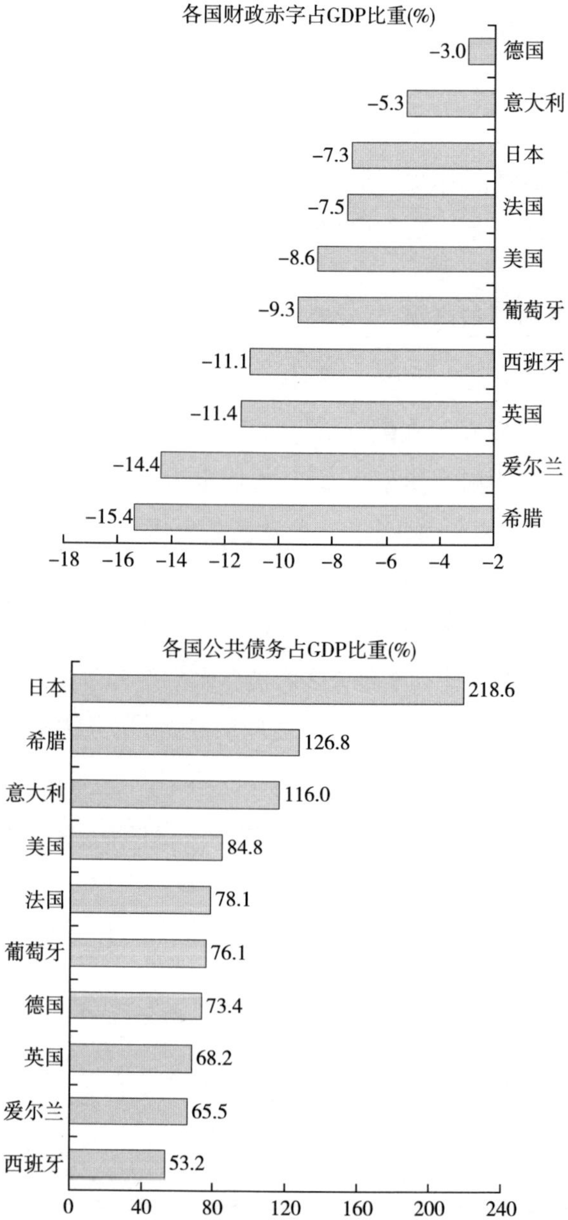

图 12　发达国家普遍面临高赤字和高债务的困境（数据截至 2010 年底）

资料来源：Bloomberg，中金公司研究部。

论能够清楚地表明在什么水平上，高债务会对经济发展带来不利影响。但他同意，高债务带来高成本，因此美国政府应该采取措施将财政赤字削减到可持续的水平。① 无论如何，发达国家的高债务水平，将会在很长一段时间内限制财政政策的灵活性，阻碍经济的复苏。金融危机期间为了拯救美国经济，美国政府也不得不通过增加政府支出和扩大赤字来刺激经济。美国国债总额出现爆发性增长，目前达到了14.31万亿美元，占GDP的比重为97%（图13）。美国政府2011年有约1.6万亿美元的赤字，2012年也有约1.1万亿美元，直到2013年之后才可能逐步“正常化”。虽然美国政府和国会都表示要在未来的数年削减赤字约4万亿美元，但美国国债还将继续大量增加，并在6年内达到20万亿美元左右；如果算上资产负债表外承担的大量债务责任，美国联邦政府债务责任已达60万亿美元以上。这也是评级机构标普在近期将美国“AAA”长期信用评级的前景从“稳定”调降至“负面”的重要原因。除此之外，美国的州和地方政府也是债台高筑。据估计，美国2011年可能有大约100个城市或州要破产，需要修改财政平衡法案。

虽然短期内美国不会陷入类似欧元区那样的债务危机，但如果美国不能有效削减财政赤字和降低债务水平，美国国债问题将是影响全球经济和金融市场最大的系统性风险。经济复苏的进程是能否降低债务的关键。如果经济持续、稳定复苏，则美国的财政赤字有望降低，市场将重新恢复对于美元资产的信心。但如果经济增长受阻，甚至再次陷入衰退，美国爆发债务危机也许只是时间问题。

发达国家经济缺乏新的增长点

美国经济在20世纪90年代末的高速发展靠的是以信息技术为代表的高科技拉动；从2003年到2007年的经济高速增长靠的是消

---

① Ben Bernanke, “Speech before the National Commission on Fiscal Responsibility and Reform: Achieving fiscal sustainability”, Federalreserve. gov, April 27, 2010.

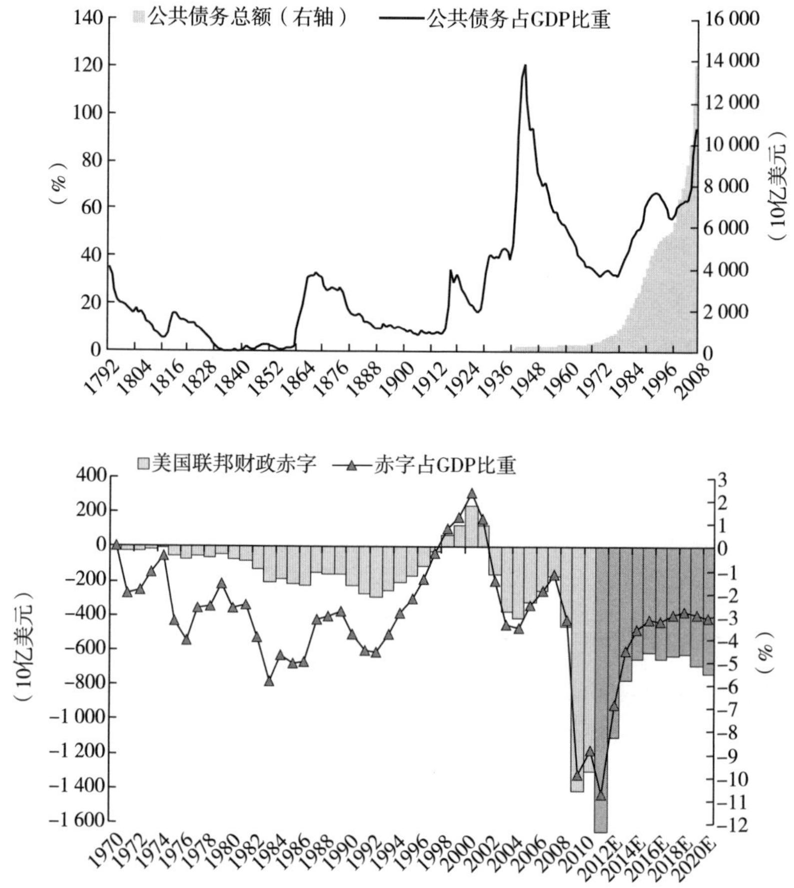

图 13　美国国债总额在近年来爆发性增长（上）和美国长期面临高赤字问题（下）

资料来源：BEA，TreasuryDirect，Bloomberg，中金公司研究部。

费和房地产市场。但现在看起来，发达国家缺乏新的经济增长点。

新能源、新信息技术和基于干细胞研究的生物制药均可能是潜在的增长点，但目前还不足以带动整体经济的增长。

结构转型在全球再平衡中举步维艰

全球不平衡是全球需求过度扩张在以美元为中心的国际金融体系下的必然产物。全球经济不平衡还表现在包括中国在内的一些新兴国家储蓄率过高，而消费不足，经济的发展主要靠政府和私人部门的投资拉动，而美国则是过度消费，投资不足，并继续吸收新兴国家的大量出口。

在金融危机爆发之后的一段时间内，美国的经常账户赤字确实有所下降，而同时美国居民部门的储蓄率有所上升。但是这种被动性的再平衡并没有持续多久，在经济开始复苏大约两年之后的今天，全球经济的发展似乎又走上了老路，依然是中国生产、美国消费（图 14）。中国的经济依然受投资主导，而美国的经济复苏依然要靠消费拉动。

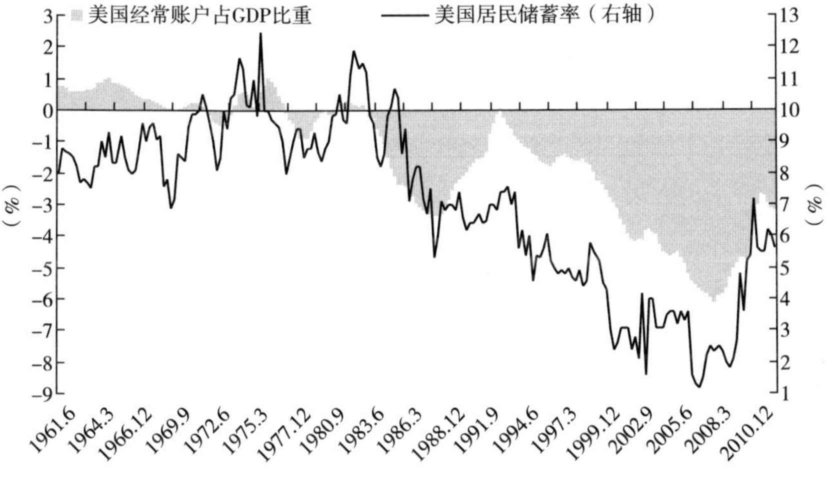

图 14　美国经常账户赤字和美国居民储蓄率难以继续改善

资料来源：Bloomberg，中金公司研究部。

除此之外，日本和欧元区受债务困扰的国家，都需要经历漫长的变革才能恢复经济活力。日本经济受国内需求不足和人口老龄化的困扰，长期陷于通缩，如果不变革将前景黯淡。造成希腊等国高负债的根本原因是其经济基础的缺陷，比如经济增长对信贷消费的依赖度太强、经济结构不合理且竞争力不足、用工制度十分僵化等。要想根本解决债务问题，就必须对其经济动“大手术”，进行大规模的改革，即“希腊需要进行国家重组”，而不仅仅是债务重组。可以预料，全球经济再平衡的过程将痛苦而漫长。

能源问题制约经济复苏

中东和北非的政治乱局在短期内推高了原油价格，全球正在经历一个温性的石油冲击。这表明能源问题仍将在很长时间内制约全球经济的复苏和发展。由于自身的问题和各国政府出于本国利益的考虑，被市场寄予厚望的新能源，在很长一段时间内仍难以替代传统能源，石油仍然绑架全球经济的未来。

摆脱经济发展困境的出路

全球经济虽然面临困境，但并非没有出路。首先发达国家需要致力于解决高赤字和高债务的问题。历史上曾经有很多国家都是在有效解决了债务问题之后走上经济稳定复苏和繁荣之路。目前，对欧元区来说，最为切实可行的方案就是在欧盟的协调下进行债务重组，减轻受债务困扰国家的债务压力。当然，这些国家同时需要对实体经济进行大的改革，增强竞争力。对日本来说，同样面临削减债务和改革经济结构的重任，唯有如此才可能在人口老龄化等问题加重的同时使经济出现活力。美国政府早就认识到了平衡财政的重要性，只是要付诸行动仍然困难重重。奥巴马政府计划在未来十年内将赤字削减 4 万亿美元是付诸行动的第一步，今后美国政府仍需在社保福利、医疗保险、税收和军事上有所改革，才能控制住财政赤字膨胀的势头。

科技的发展仍然是提高生产力和推动社会发展最重要的驱动因素。因此，增加在科学技术研发上的投入，寻找新的经济增长点是解决全球发展困境最根本的办法。如果技术能够在新能源、新式交通工具、生物医药和新一代计算机及通信系统等方面取得突破，则有望改变未来人类的生活、工作和出行方式，从整体上提高人们的生活水平，带动经济的飞跃发展。同时，发达国家还应该打破壁垒，放宽对新兴国家的技术出口，扩大技术转移范围，这将是在货物和服务贸易之外，发达国家可以很好利用的另一经济增长点。在这方面，美国等西方发达国家应该起到领头作用。美国仍然有着世界上最好的科技研发条件（人才、设施和资金）和将科技商业化的环境（公司结构、奖励机制和资本市场）。而包括中国在内的新兴国家则需迎头赶上，这样才能逐渐实现产业升级和经济结构转型。

全球经济要想取得可持续的均衡发展，全球再平衡不可省略。这种再平衡首先要包括打破过去那种旧的发展模式，即新兴国家生产而发达国家消费的格局。要改变新兴国家过度储蓄而消费不足的情况，新兴国家加大社会福利制度和税收制度的改革是必不可少的；而发达国家需要增加投资以进一步促进生产力的提升。目前全球范围内的投资水平不是太高，而是仍然不足，尤其是许多新兴国家在基础设施方面还严重缺失，制约着经济的发展（比如印度），而发达国家由于投资不足，基础设施陈旧而落后（比如美国）。

随着全球化的深入发展，包括冲突、环境、生态、资源、气候等许多问题的解决都非一国政府所能及，因此全球治理受到愈来愈多的重视。全球治理是在保留现有各国政府管理机制和力量的基础上，加强彼此的沟通和协调，以解决一些共同面临的问题。未来世界经济要想有更加均衡和持续的发展，发达和新兴国家需要在全球治理方面进一步合作和探索，减少摩擦、加强合作，优化全球物流链，进而实现财富共享。在这方面，G20（二十国集团）曾在协调各国实施刺激性财政政策、确保经济复苏方面发挥了重要作用。往后看，全球化需要继续和深入，各国切不能因为经济复苏面临困境就采取各种形式的保护主义。

结 论

这次全球性金融危机的根源是房地产泡沫；结构性条件是美国和其他发达国家金融行业和居民部门的负债水平和杠杆率自 20 世

纪90年代以来的不断提高——不仅在美国是如此，在大多数发达国家都是如此；政策条件是货币政策过于宽松，监管过于松懈。

从2009年经济复苏以来，以美国为首的全球经济表现出三大趋势：公共部门负债水平高攀；金融行业再注资，严格监管，信贷趋于谨慎，信贷成本提高；居民部门降低债务水平。在政府、金融、居民和企业四大资产负债表中，只有企业的资产负债表维持相对稳健，为经济持续复苏奠定了一定基础。

基于分析四大资产负债表及政策取向，我们认为全球通胀上升、资金和其他成本上升、经济增速减缓但波动加大是必然结果，除非发达国家科技进步和结构改革、新兴市场国家结构转型及全球治理方面尽快取得重大进展。

全球经济复苏道路曲折。在影响经济复苏的因素中，刺激政策效果降低、发达国家高债务和缺乏经济增长点，能源制约及全球再平衡难以实现是最主要的原因。这些因素都将在较长的时间内制约经济的发展。

道路虽然曲折，但并非没有出路。出路就在于切实推进全球经济的结构转型和再平衡。发达国家经济经历结构改革阵痛，降低财政赤字和债务水平，而新兴国家进行经济结构转型，提升效率。同时，发达和新兴国家都需要在全球治理方面进一步合作和探索，减少摩擦、加强合作；在研发上大力投入，解决能源瓶颈，寻找新的经济增长点。

全球经济需要准备在复苏之路上艰难前行。

全球再平衡的新特点

导读

欧洲经济结构问题深重，国家之间分化加大、矛盾加剧；美国去杠杆化基本完成，长期增长具备优势；新兴市场国家增长潜力巨大但改革滞后。欧洲、美国和新兴市场三大板块呈现明显分化特征：欧洲正在“殴”，美国将更“美”，金砖要“贴金”。对中国经济而言，只有尽快通过进一步改革开放找到提高劳动生产率和投资效率的途径，通过对内的结构性改革和对外的开放新布局恢复国际竞争力，才是中长期的制胜之道。

目前国际经济局势复杂多变。欧元区危机反复不断、旷日持久。随着经济政策向左转、西班牙银行问题的恶化以及财政整合步伐的缓慢推行，欧洲是否会成为下一个日本？美国经济增长放缓，财政悬崖年底将现，复苏艰难。但经历短周期的复苏荆棘之后，美国是否会出现新的长期繁荣？金砖国家在本轮危机中面临外资撤离、货币贬值和经济增长放缓等一系列压力，风光不再。随着全球化和改革红利的递减，金砖国家将如何维持增长？

基于对欧洲、美国和新兴市场三大板块的系统分析，我们认为全球再平衡任重道远，三大板块呈现明显分化特征。可以用三句话概括全球再平衡新特点：欧洲正在“殴”、美国将更“美”、

* 原文发表于2012年5月《国际经济评论》。

金砖要“贴金”。

国际经济：短期增长动能显著减弱，长期增长速度分化

2012 年第二季度以来，全球金融市场动荡加剧，避险情绪上升。欧洲消费者及投资者信心下降，影响经济增长动能。短期内，全球经济增长偏弱，政策应对的急迫性增加。中长期看，全球不同国家和经济体的增长速度将呈现明显分化。

欧元区。欧债危机仍是影响全球经济和金融市场的最大风险因素。短期内，欧盟峰会成果超出市场预期，希腊继续留在欧元区，西班牙银行危机暂获缓解，欧洲救助基金即将启动，欧盟朝银行联盟迈出第一步，欧债危机在第三季度相对平静。但形势依然非常严峻，任何新的风险因素的出现都有可能打击脆弱的市场信心，包括西班牙地方政府财政危机浮出水面，希腊、西班牙等国削减开支不达目标，或需要接受持续和全面的救助，欧元区经济下滑严重，第四季度西班牙、意大利的偿债高峰到来等，债务危机随时都有可能重新升级。欧洲央行政策仅仅治标，而可以治本的欧盟财政联盟措施却因为政治原因举步维艰。与此对应，欧元区的实体经济 2012 年四季度触底，2013 年几无增长（表 1）。

长期看，欧洲问题将在十年内反反复复，成为全球经济增长的长期波动根源。欧洲变成下一个日本可能是最好的结局。

美国。经济增长短期放缓，但动能尚存，全年温和复苏应能持续。从更长的经济周期看，美国经济从房产泡沫破裂到完全复苏是漫长的过程，其间实际 GDP 每年增长 2% ~2.5% 将是常态。两党能否及时达成妥协，缓解国债上限和“财政悬崖”① 的威胁，受大

① 美国国债上限可能在 2012 年 12 月再次触顶。“财政悬崖”指的是，诸多财政刺激政策将在 2012 年底到期，如果这些政策得不到延期，财政紧缩将严重拖累美国经济增长。根据国会办公室的估算，如果所有现行政策都得不到修改，那么将拖累 2013 年经济增长 3.0 个百分点，导致美国 2013 年上半年陷入衰退（-1.3%）。

选年政治因素制约，不确定性增大；但美联储有能力和决心进一步推进宽松货币政策，支持经济增长。受到“财政悬崖”的影响，美国经济增长的底部将出现在2013年一季度（表1）。

长期看，美国经济增长前景远比欧洲光明，也要好于不少新兴市场国家。

表1　2012—2013年欧美经济增长及政策利率预测

	2012				2013			
	Q1	Q2	Q3	Q4	Q1	Q2	Q3	Q4
GDP增长								
美国（QoQ SAAR）	2.0	1.7	1.9	1.6	1.3	1.8	2.6	2.6
欧元区（QoQ）	0.0	-0.2	-0.3	0.0	0.1	0.1	0.3	0.3
德国	0.5	0.3	0.2	0.2	0.3	0.3	0.3	0.4
法国	0.0	0.0	0.0	0.1	0.1	0.1	0.1	0.2
意大利	-0.8	-0.7	-0.7	-0.5	-0.2	0.1	0.1	0.2
西班牙	-0.3	-0.4	-0.8	-0.7	-0.4	-0.1	0.0	0.1
政策利率								
美联储	0～0.25	0～0.25	0～0.25	0～0.25	0～0.25	0～0.25	0～0.25	0～0.25
欧央行	1.00	1.00	0.75	0.50	0.50	0.50	0.50	0.50

注：Q1、Q2、Q3、Q4分别为第一季度、第二季度、第三季度、第四季度。

资料来源：中金公司研究部。

新兴市场。增长动能放缓，与发达国家的增长差缩窄。对于制造业出口国而言，外贸依存度高的国家压力较大；对于大宗商品出口国而言，则面临中国经济放缓和商品价格回落的双重压力。目前各国在财政刺激与货币放松上都存在空间，预计下半年开始有所反弹（表2）。

长期看，不少新兴市场国家由于自身改革滞后，受欧元区危机风险的影响——尤其是依赖外资的部分国家，将可能面临明显的经济和金融危机的风险。

主要风险。相对以上基准情形的判断，短期主要风险来自欧债危机和美国政治。欧债危机通过金融、贸易、信心渠道影响全球，如果升级为全球金融危机，那么欧美都将陷入衰退，新兴市场硬着陆，全球政策应对将可能极度放松。美国方面，我们期待两党能达成一定的妥协，缓解国债上限与“财政悬崖”的冲击。但大选年政治因素是一个重要不确定性因素。如果共和党人罗姆尼在总统角逐中胜出，或两党彼此完全不妥协，美国经济有可能在未来两年维持低速增长，不排除2013年上半年陷入衰退。

表2　2012—2013年主要新兴经济体增长及通胀预测　（单位:%）

国家或地区	实际GDP增长		CPI通胀	
	2012	2013	2012	2013
中国	7.6	8.0	2.7	3.0
印度	5.8	6.0	8.8	7.5
巴西	1.7	4.1	5.2	5.3
俄罗斯	3.9	3.9	5.0	6.6
新加坡	2.4	3.8	4.4	3.0
马来西亚	4.5	4.7	2.0	2.3
印尼	6.0	6.0	4.6	5.0
泰国	5.4	4.6	3.0	3.1
菲律宾	5.0	5.1	3.5	3.9
香港地区	2.1	3.9	4.1	3.5
韩国	2.8	3.4	2.5	2.8
台湾地区	2.0	3.8	1.7	1.8

资料来源：中金公司研究部。

欧洲正在“殴”

经济衰退尚未见底，前路依然坎坷

2012年二季度欧元区GDP下降0.2%，加上一季度的零增长和

2011年四季度下滑0.3%，欧元区经济已经连续三个季度萎缩。虽然欧洲央行实施的两轮三年期长期再融资操作短期内大幅缓解了银行间流动性，在一定程度上防止了欧元区信贷紧缩的恶化（图1），[①] 但由于长期再融资操作的主要功用是刺激市场情绪，其效果到4月初时已开始见底。同时，希腊大选和西班牙银行资本问题导致金融市场再次动荡，抑制了企业投资和居民消费信心，对实体经济的影响或将持续到2012年四季度以后。

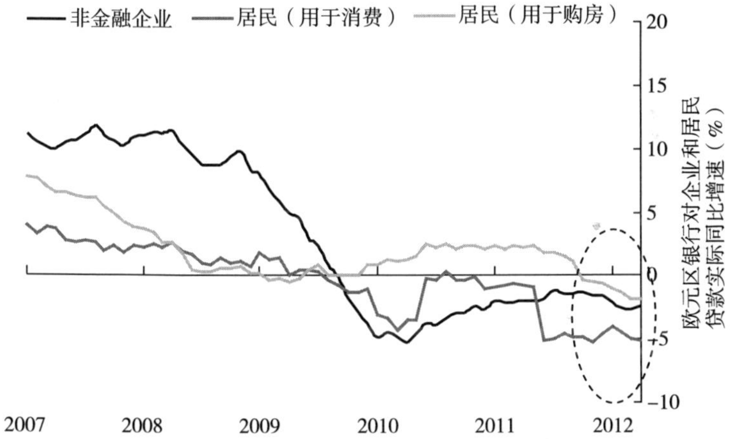

图1 欧洲央行两轮三年期长期再融资操作之后，企业和居民信贷仍旧低迷

注：实际同比增速是经名义同比增速剔除CPI通胀因素所得。

资料来源：ECB，Eurostat，中金公司研究部。

目前市场对欧债局势最大的担忧有两点，即希腊退出欧元区和西班牙银行系统的脆弱性。从成本收益的角度分析，我们认为希腊退出欧元区的概率仍旧低于50%。其次，在西班牙银行系统获得最高可达1 000亿欧元援助贷款后，市场对西班牙银行系统

① 根据欧洲央行公布的数据，2011年12月欧元区银行对非金融企业贷款存量大幅减少了375亿欧元，表明2011年底欧元区出现了明显的信贷紧缩现象。欧洲央行实施LTRO之后，1—6月贷款月均下降37亿欧元，在一定程度上逆转了2011年底信贷大幅紧缩的现象，但相对1997—2006年月均增加160亿的水平来讲，相差还是很远。

的担忧也将下降。① 此外，由于欧洲通胀压力有所缓解，欧洲央行于7月5日降息25个基点。总体来说，三季度两大不确定性因素的缓解以及利好的货币政策，对实体经济的正面影响将体现在2012年四季度。因此，我们认为欧元区将在2013年一季度开始脆弱的复苏（图2）。

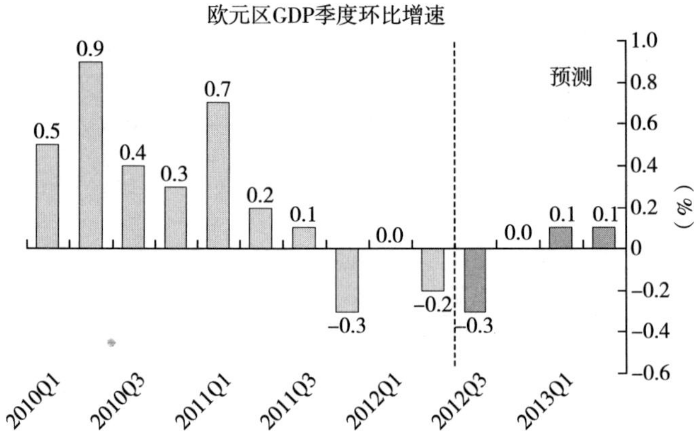

图2　预计欧元区经济增长将在四季度见底，2013年一季度开始脆弱复苏

资料来源：Eurostat、中金公司研究部。

然而，未来几年欧元区经济增长仍无法回到债务危机爆发前的水平（欧元区2001—2007年平均增长2%，IMF预计欧元区到2017年才能恢复到1.7%），前路依然坎坷。持续了两年多的欧债危机，对实体经济的打击是“慢性”和中长期的。在经济改革的效果尚未显现之前，2013年欧元区仍缺乏强劲增长的动力。预计未来几年欧元区将进入一个脆弱的“休整期”，GDP无法回到危机爆发前2%以上的增长。

在经济增长低迷的同时，欧债危机依然看不到结束的迹象。虽然在2012年6月希腊选举后，希腊退出欧元区并导致欧元区解

① 最高达1 000亿欧元的援助贷款显著高于IMF估计的370亿欧元（风险情形下），也处于市场普遍估计范围（330亿～1 190亿欧元）的高位。我们认为1 000亿欧元应该足以应付西班牙银行系统的问题。

体的风险大幅下降，但围绕希腊财政如何实行紧缩、满足欧盟救助条件等问题仍将持续困扰市场。2008年西班牙房地产泡沫破灭后，银行系统，特别是地区性储蓄银行，成了西班牙经济最脆弱的一部分。由于房地产价格远未见底，并呈加速下滑之势，西班牙政府上半年接连两次要求银行提高资本金比率，希望以此增强市场对西班牙银行的信心。但这也导致一些银行出现存款外流，增加重建资产负债表的难度。西班牙获得欧盟贷款将银行重组后，有效缓解了市场的紧张情绪，但2012年10月又是西班牙政府的偿债高峰，假若到时宏观数据表明经济衰退超于预期，有可能导致欧债危机再度升温。

当西班牙问题持续升温时，另一低增长的欧元区国家意大利是难以置身事外的，特别是意大利国债存量已接近2万亿欧元。然而，意大利国债的可持续性比西班牙高。首先，在没有房地产泡沫破裂的阴霾下，意大利银行系统较西班牙健康，拖累政府财政的可能性较小。其次，扣除利息支出，意大利政府财政状况并不太差。多年来，意大利基本财政余额经常出现盈余，IMF预计2012—2017年意大利基本财政盈余年均将超过4%。相比而言，西班牙基本财政余额到2017年都难以实现盈余（图3）。最后，意大利居民部门净金融资产显著高于西班牙，这使得意大利抵御冲击的能力强于西班牙（图4）。当然，在投资者情绪急剧恶化时，意大利政府在一定程度上会由于利息高企而加大财政负担。若情况持续，难免陷于财政困境，最后需要国际援助。

欧盟积极寻求解决债务危机的方案

2012年6月底结束的欧元区峰会在应对欧债危机方面取得新的进展，成果超出市场前期的预期。第一，将通过欧洲金融稳定基金和欧洲稳定机制向西班牙银行系统注资，而且这些贷款将放弃优先级别，这是稳定市场信心的重要因素。第二，欧元区向银行联盟迈

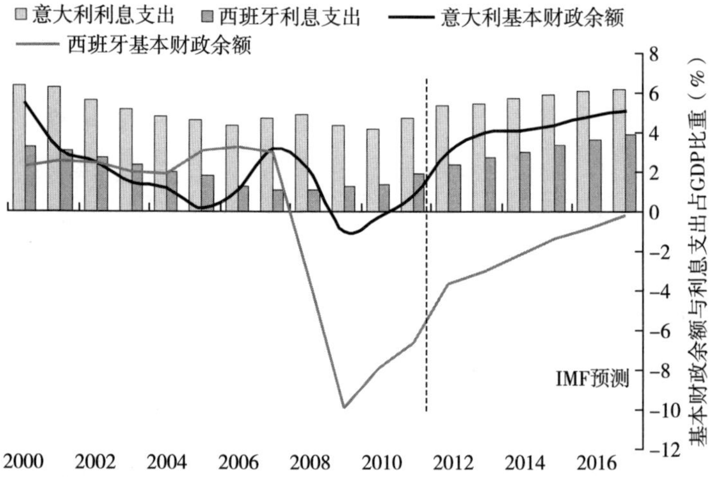

图3　2011年意大利基本财政余额已实现盈余，预计2012年后仍将维持盈余

资料来源：IMF，Eurostat，中金公司研究部。

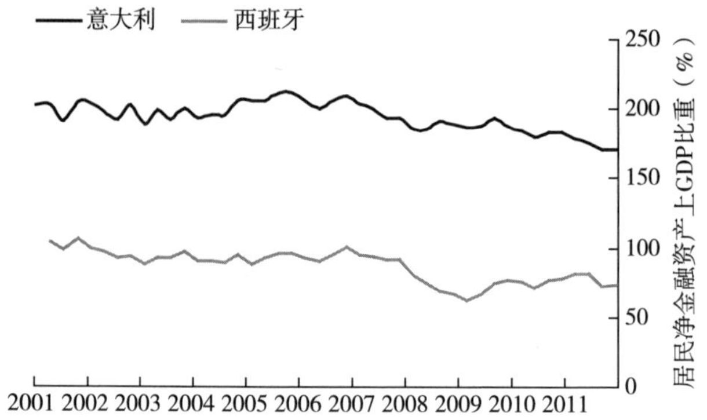

图4　意大利居民部门净金融资产始终显著高于西班牙，表明意大利抵御冲击的能力强于西班牙

资料来源：Haver Analytics，Eurostat，中金公司研究部。

出了第一步，将建立以欧洲央行为中心的区域银行监管系统，并且一旦框架建立，欧洲稳定机制可以直接向银行注资，这将有助于切断银行系统和国家财政之间的联结，而且为今后将欧洲稳定机制设立成一家银行机构打开了方便之门。第三，重申此前通过欧洲金融稳定基金/欧洲稳定机制到市场购买政府债券来稳定金融市场的承诺。欧元区峰会之所以取得较大的进展，是和德国做出较大的让步分不开的。在危机不断升级、面临被欧元区其他国家孤立的情况下，德国的让步使得这次峰会的结果超预期，因此这是妥协的成果。

但形势依然严峻。欧元区的形势虽然随着西班牙银行系统风险下降有所缓解，但由于不时有新的风险因素出现打击市场信心，债务危机随时都有可能重新升级。近期因德国暂缓批准欧洲稳定机制，西班牙地方政府财政危机浮出水面，希腊、西班牙等国削减开支不达目标，或需要接受持续和全面的救助，欧元区经济下滑严重等因素，希腊能否留在欧元区内，以及西班牙能否成为欧元区的“最后一道防线”，又成了市场的焦点，氛围骤然紧张。

长久以来，在应对危机的态度上，欧元区的国家分裂成两派，并没有达成共识。德国和北欧国家为一派，主张解决债务危机的唯一途径是持续财政紧缩和大规模的经济结构改革；而法国和周边国家为另一派，主张欧盟加大救助力度，放宽财政紧缩的条件，暂缓改革，把增长放在更重要的地位。近来欧元区有形成新共识的迹象，即只有进一步的整合才可能拯救欧元区；目前热议的三个欧元区联盟，即财政联盟、银行联盟和政治联盟，都与进一步的整合有关。财政联盟提议已久，目前正在向这个目标迈进；银行联盟是近几个月随着西班牙银行危机才浮出水面的计划；政治联盟将赋予欧盟更大的权力，使其在协调欧元区各国之间政治、经济关系中发挥更大的作用。虽然新的共识正在形成，但分歧仍然很大。对于受困国家来说，欧元区的进一步整合，理想的结果是一个“转移联盟”，即德国通过某种方式的财政转移支付（比如欧元统一债券）来帮助解决债务问题；而德国也深知这种方式的整合将把自己拖下水，因此仍然坚持以削减支出和财政紧缩为核心的财政联盟，拒绝任何形式的转移支付。

自欧债危机爆发以来，欧洲央行一直积极应对，因为欧洲央行政策弹性大，能解燃眉之急。先是在 2010 年 5 月启动证券市场购买计划（SMP），随后在2011年下半年两次降息，并实施了两次三年期长期再融资操作。2012年7月，欧洲央行主席德拉吉承诺要“竭尽全力”维持欧元的稳定，并在9月6日推出新的政府债券购买计划——即“直接货币交易”计划（OMT，Outright Monetary Transactions）。然而，所有这些措施只缓解流动性，治标不治本。往前看，如果欧债局势再次大幅恶化，欧洲央行仍旧可能采取上述三种措施，但欧洲央行货币政策的空间和成效都受到限制。例如前两轮的经验表明，长期再融资操作只会在短期内刺激市场情绪，缓解流动性危机，对实体经济的影响有限。欧洲稳定机制能否正常启动，“直接货币交易”计划效果如何，求援国家是否接受额外条件，都存在很大的不确定性，但欧洲央行的计划是短期内能够限制危机升级的最优方案。

各国政府的财政联盟才是治本之策，但举步维艰。受财政状况和政治环境的双重限制，在过去两年欧元区政府基本上是说得多做得少。往前看，欧元区政府至少在三个方面可以更有作为。首先，加快欧洲稳定机制预付或加大资本金，① 尽快建立一面有效的防火墙。其次，建立统一的银行监管机构及存款保险制度。欧洲银行管理局是目前协调欧洲银行监管工作的一个机构，然而欧洲银行管理局本身并不是一个严格的银行监管机构。② 若能统一欧元区银行监管，并建立统一的存款保险制度，将对维持欧洲银行系统稳定起到重要作用。最后，欧元区政府联合发行欧元债券。这是一个从货币联盟走向财政联盟的过程，首先需要成立一个欧元区内统一的国债管理机构，这是一个中长期目标。总的来讲，上述三个政策是解决

---

① 欧洲稳定机制有效借贷能力为5 000亿欧元，其中800亿为预付资本。根据计划，这800亿预付资本金将在2014年初之前分3期筹集：2012年7月和10月共筹集320亿欧元，2013年筹集320亿，2014年初筹集160亿。

② 欧洲银行管理局是2011年1月在欧洲银行管理委员会（Committee of European Banking Supervisors，CEBS）的基础上成立的一个负责协调欧洲银行监管的机构，更多扮演的是一个中间协调人的角色。目前欧洲银行管理局的雇员仅30多人，总部设在伦敦，是欧盟委员会下属的一个机构。

欧债危机的治本之策，但它们的本质都涉及财政转移，实施的阻力大，落实到位需要时间。

欧元区危机的演变路径

欧元区的财政政策与金融政策不协调，缺乏财政转移支付和自由的劳动力流动，并不适用蒙代尔的最优货币区域理论。事实上，自蒙代尔提出最优货币区域理论以来，学术界的批判声音不断，以普林斯顿大学皮特·坎南（Peter Kenen）为首的经济学家认为财政整合也是必要条件。举例来说，意大利自统一以来，政府一直从发达的北方向欠发达的南方进行财政转移，每年达 GDP 的 4% ~5%，财政整合使意大利维系统一货币。

欧元设计上的制度缺陷，主要是因为主权和货币之间没有统一。和平时期，政治上的博弈使得主权与货币很难结合——一般而言，主权统一都是通过战争实现的。这个问题的最优解是财政和经济同步整合。欧债危机的出路在于加强欧盟区内财政政策与金融政策协调。这需要欧元区各国在福利、财政、经济结构方面进行改革，使得各国在社会和经济层面趋同。欧元区内的德国具有经济实力，长期补贴南欧国家理论上并非不可行，但出于历史包袱和政治原因不愿也不能领头。

次优解有两个，一个是经济整合得快一点，另一个是财政整合得快一点，但这两个实施起来都非常困难。因此，应对欧元区的危机只能是被动反应、“进三步，退两步”的模式，一揽子式的理论最优解无法实现。救助机制也必须在欧元区内各国分权，不断造出类似欧洲稳定机制、欧洲金融稳定基金等新机制，但没有一个机制能够领头，真正做大做强。各种博弈，包括核心国与核心国之间、核心国与边缘国之间、国家内左右党派之间的博弈将长久持续。未来的欧元区，完全整合和彻底分裂的可能性都很小，但会同时在经济和财政政策两个方向上被动小步慢行。

实际的解是非优解，即经济和财政结合步履非常缓慢。这可能导致部分国家退出欧元区，但退出也是非常困难的。

实际有效解是什么呢？我们做一个大胆的预言，未来3~5年，可能发生的情况是政治和财政的整合缓步前行，但是欧元区里有困难国家都加大资本管制，最后造成的结果是欧洲只有一个货币即欧元，但是有多个汇率和多个利率。我们认为欧元区朝这个方向走的可能性很大，这个过程需要十年以上。

欧元区变成下一个日本？

金融危机以来，欧元区经济除了政府部门外，其他各经济部门的资产负债表情况变化不大，杠杆率也仅是政府部门的变化明显，表明欧元区的各经济部门还没有经历过认真的去杠杆化过程（图5）。[①] 从欧元区的银行情况来看，其信贷存量几乎没有受到太多的影响，虽然信贷的增长率大幅放缓（图6）。总体来说，在走出2008年金融危机后，欧元区在调整资产负债表和去杠杆化方面远远落后于美国。目前，欧元区债务危机仍然看不到结束的迹象，银行系统面临在资产质量下降时需要提高资本充足率的艰巨任务，因此放贷意愿下降是个大趋势。

我们认为，欧元区需要经历一轮大规模、漫长的去杠杆化过程。就像日本曾经经历过的那样（美国经历的过程较快），不经历此过程则无法去腐存菁，清理实体经济的资产负债表，使得经济在一个负债合理的环境下发展。实际上，目前欧元区的债务总额占GDP的比例为455%，远远高于美国的315%。因此如果欧元区的负债水平向美国靠拢的话，总的负债水平需要下降约30%。

---

① 关于国家层面资产负债表的讨论，参见 Richard Koo，“Balance Sheet Recession：Japan’s Struggle with Uncharted Economics and its Global Implications”，2003。黄海洲．美国经济低迷何时休［J］．国际经济评论．2010（6）．黄海洲，李志勇，王慧．全球经济复苏之路：艰难前行？［J］．国际经济评论．2011（4）．

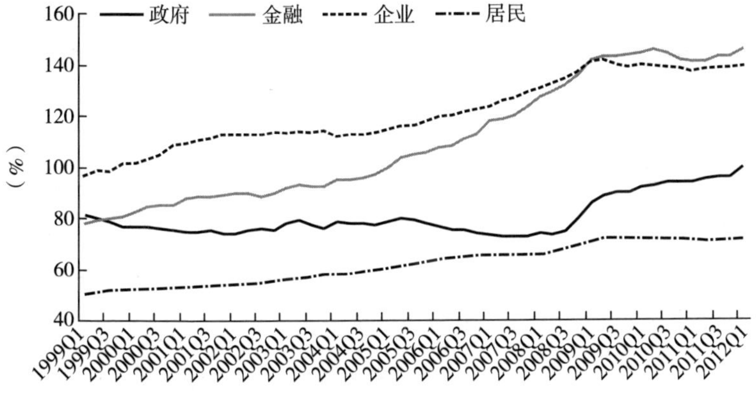

图 5　欧元区除政府外其他部门债务情况变化不大

资料来源：Haver Analytics，中金公司研究部。

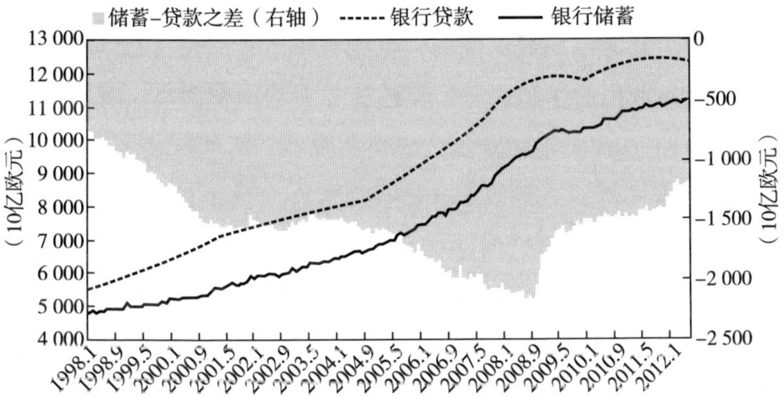

图 6　欧元区银行的贷款受影响不大

资料来源：Haver Analytics，中金公司研究部。

欧元区去杠杆化的过程都将痛苦而漫长，将需要十年或更长的时间完成。缓慢的经济增长，不时再现的金融危机使欧元区正在变成下一个日本。在此期间，欧元区可能继续成为全球经济增长的阻力和波动源。欧洲银行从全球撤资将可能对全球经济——尤其是部分依赖外资的新兴市场国家造成巨大冲击。

美国将更“美”

短期增长放缓，但动能尚在

从2012年二季度以来，美国经济数据偏弱。4—6月的非农就业增长大幅低于预期（但7月明显改善），零售额连续下跌。在此期间，欧洲危机重燃，全球经济放缓，美国国内政策存在很大不确定性，显然打击了企业雇工和居民消费的信心，影响了经济动能，增长明显放缓（2012年前两个季度GDP环比年化增长分别只有2.0%和1.7%，明显低于2011年四季度的4.1%）。展望下半年，如果欧债危机不升级，美国经济将继续维持温和上行趋势，自身复苏的动能并未消失，而“财政悬崖”的最显著影响将出现在2013年一季度。

近期劳动力市场数据偏弱，可能有季节性原因（如2011年暖冬导致建筑业提前招聘雇员，导致就业人数增长前高后低），也有结构性原因（2011年底就业市场快速复苏，可能反映了弥补2009年裁员过多的情况，因此2011年的高速增长难以持续）。此外，2012年的就业同比增长保持扩张，明显好于前两年同期。首次申请失业救济金4周平均人数连续超过30周低于40万的关键水平，也是前两年不曾出现的。此外，未来企业计划招聘员工数仍高于解聘人数。这些都将支持就业形势的继续改善（图7）。

房市一直是美国此轮复苏的主要拖累，但目前来看，房屋供过于求的情况已有改善，新开工数量和销量在同步上升，库存在下降，房贷违约率较高峰时明显回落。按揭利率低迷、租金上行，使居民的房价收入比持续改善；同时，政府支持房市的HARP① 2.0政策已开始执行，以租代卖也将在三季度开始推出，这些因素对房

① 房贷可负担再融资计划。参见《奥巴马推新政提振楼市》，international.caixin.com/2011-10-751100317467.Atml。

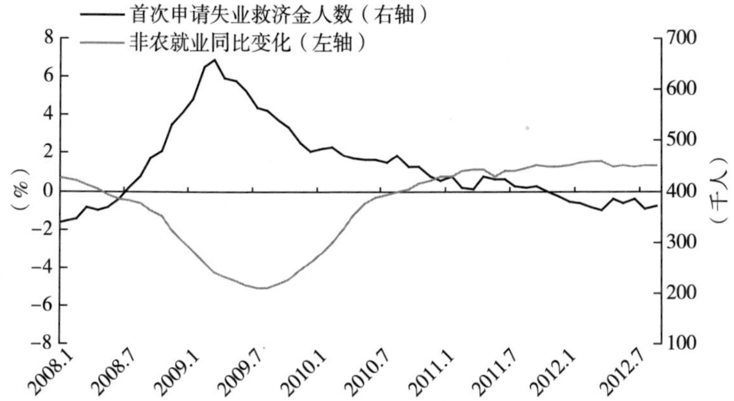

图 7 美国劳动力市场形势好于前两年

资料来源：美国劳工部，中金公司研究部。

屋需求有正面帮助。房价在近期也有止跌企稳迹象，从长期看可能已经跌破与名义 GDP 增长相应的长期趋势值（图 8）。在供求渐趋平衡下，房市复苏初现端倪。美国经济从房产泡沫破裂到完全复苏是相对缓慢的过程。在此期间，温和的经济增长（实际 GDP 每年增长 2% ~2.5%）将是常态。从 2009 年下半年开始，复苏已经进行了 11 个季度。与以往历次复苏相比，本轮复苏经济各部门恢复速度相差不多，但就业和房地产市场是明显的例外。从就业市场看，美国危机期间共失去了 875 万个工作岗位，至今累积恢复不足 300 万，完全恢复危机中失去的工作岗位还需要三四年。从房地产市场看，按揭购房者的贷款额 1970—2005 年一直在房价的 60% 附近，其后几年大幅上升至 95%，乐观估计恢复到历史均值也要 7 ~10 年（图 8）。

需要政策的强力支持

在短期增长动能不强、下行风险尚存的大背景下，政策支持便成为关键。两党可能会达成一定程度的妥协，使得政府与国会修改现行政策，减少“财政悬崖”与国债上限对经济的冲击。但受大选年政治因素制约，不确定性较大。我们估计部分财政政策会得到修改放

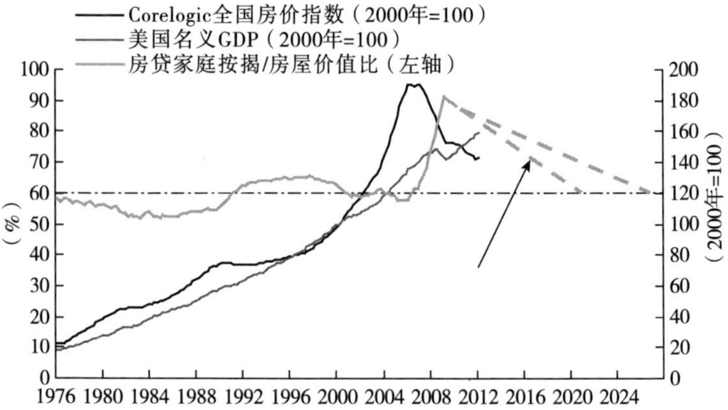

图 8　美国房价回归正常水平

注：Bullard 估算如果房价每年增长 4%，按揭利率 6%，按揭/房屋价值比需要 8 年才能回到 60%；而房价零增长，按揭利率 4% 的话则需要 15 年。

资料来源：Haver Analytics，James Bullard（2012），中金公司研究部。

松（但需等到 11 月大选结束后），因此财政对 2013 年经济增长的拖累作用可能在 1 ~ 1.5 个百分点，小于国会办公室估计的 3 个百分点。

财政政策因为大选难有作为，迫使美联储采取进一步宽松政策。由于通胀停留在可控水平，为美联储采取政策行动提供了空间。2012 年 9 月 13 日，美联储宣布实施第三轮量化宽松政策（QE3）。美联储将以每月 400 亿美元的规模购入机构抵押支持证券。与前两轮 QE 不同，QE3 既无操作时间限制，也无总额限制。预计在美国失业率出现明显改善之前，QE3 会一直持续下去。除推出 QE3 外，美联储同时宣布将超低的联邦基金利率水平至少延续至 2015 年中期。在 2012 年底扭转操作到期之前，美联储将每月增持 850 亿美元的长期债券。美联储为美国经济保驾护航的措施为未来几年的货币政策定下了基调。

美国经济去杠杆化基本完成，基本面健康

谈到去杠杆化，就要先从经济体的资产负债表说起。我们知道，一个经济体通常被划分为政府、金融、居民和企业四个部门。

要回答发达国家和全球经济复苏前景如何的问题，我们要分析四大负债表及其相互关联作用，并结合政策取向判断。事实上，金融危机也是资产负债表的危机。走出金融危机的过程，也是修复资产负债表的过程。从2009年经济复苏以来，以美国为首的全球经济表现出三大趋势：公共部门负债水平高攀；金融行业再注资，严格监管，信贷趋于谨慎，信贷成本提高；居民部门降低债务水平。在政府、金融、居民和企业四大负债表中，只有企业负债表维持相对稳健，为经济持续复苏奠定了一定的基础。

在经济开始复苏差不多三年后的今天，我们认为美国实体经济去杠杆化的过程进展顺利。从图9可以看出，2009年以后，美国金融和居民部门的债务水平已经大幅降低，与之相关的是这两个部门的杠杆率也已经大幅回落，同时政府部门的负债和杠杆率大幅上升。我们认为，美国经济的去杠杆化过程已经接近完成。在金融危机爆发后，美国银行体系内的存款继续增加，这是因为私人部门降低消费、增加储蓄，并且美联储通过极低利率和资产购买等利率和货币政策增加了银行的存款。但是，另一方面，银行体系的贷款明显下降，并且存款和贷款之间的差额不断扩大。这种情况从2008年9月开始持续了两年半的时间，直到2011年4月才开始有所改善（图10）。这就是说，作为央行的基础货币向实体经济传导的四个通道之一，表现在银行贷款上的信贷通道终于重新打开，逐渐恢复正常。我们知道，在经济结束衰退后，在货币传导的四个通道（财富、汇率、利率和信贷）中，信贷通道往往是最后一个开始恢复的。现在美国的信贷开始增加，表明私人部门开始有更多的意愿借贷，而银行也不再过于担心自己的资产质量，开始逐步增大信贷供应，这恰恰是资产负债表得到修复后，杠杆率即将出现拐点的表现。当然，要断言美国的信贷情况将大幅改善，甚至恢复到2008年金融危机前的水平还为时尚早，但毕竟已看到了一线曙光。

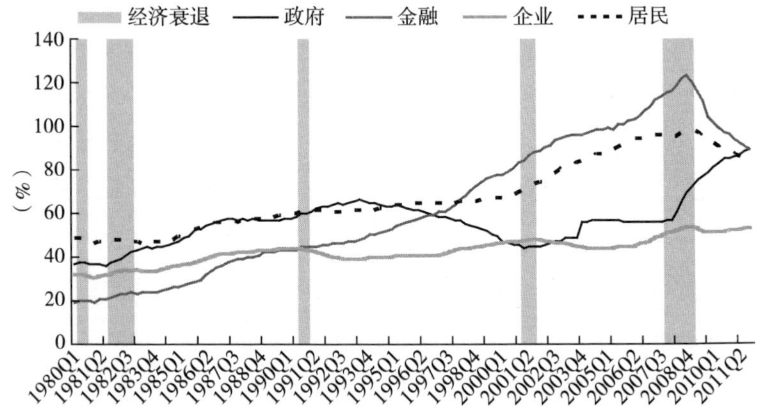

图 9　美国金融和居民部门的债务水平大幅降低

资料来源：Haver Analytics，中金公司研究部。

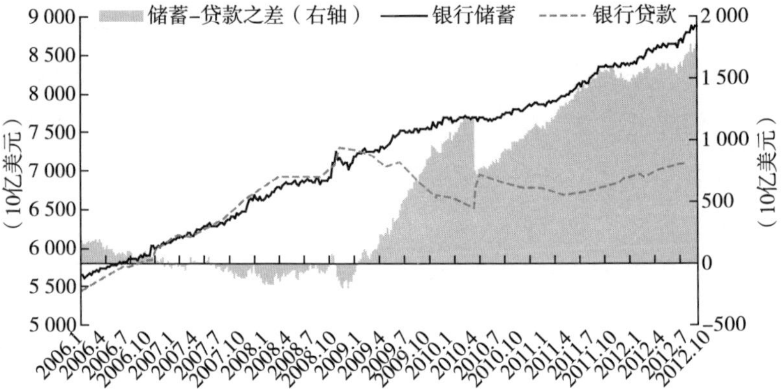

图 10　美国银行的贷款开始恢复

资料来源：Bloomberg，中金公司研究部。

欧洲金融机构受调查和处罚有利于资本回流美国

美国监管机构对欧洲银行的调查风暴愈演愈烈。先是巴克莱银行涉嫌伦敦银行同业拆借利率操纵案，接下来是汇丰银行涉嫌洗钱案，而最新卷入风暴旋涡的是渣打银行被纽约州金融服务部指控在 7 年多的时间里非法与伊朗的实体进行交易，并警告可能吊销该行美国子公司在纽约州的经营执照。至此，伦敦国际金融中心的三大英国银行都遭到调查。

最终的大结局无非就是银行缴纳罚款与美国监管当局达成和解，关键只是罚款金额的多少。从事件的进展来看，巴克莱银行在6月同意支付4.53亿美元，以和解美国和英国对其操纵全球基准利率的调查。渣打银行也已经同意支付3.4亿美元的罚款，就该行隐瞒与伊朗相关交易的指控达成和解。

但事件将对伦敦金融中心的长期地位造成困扰。在金融危机之前，纽约是全球最重要的国际金融中心，而2008年金融危机使得纽约的国际金融中心地位岌岌可危。最新的全球金融中心指数（GFCI）报告显示，伦敦781分再居榜首，纽约772分位列其后，而两年前的GFCI显示，伦敦和纽约的得分同为775分，并列第一。英国三大银行接连被美国监管机构调查，不可避免地对伦敦国际金融中心的地位造成困扰。美国将从中受益，纽约将加强其世界金融中心的地位。

美国经济复苏需要低廉资本的持续支持。美国监管机构对英国银行的调查事件发生在大选前期，又是政府部门牵头，显示出一定的政治色彩。更为重要的是，调查事件也反映了欧洲金融监管的缺陷，凸显了欧洲金融领域的风险，引发了国际投资者的担心，从而有利于资金流向美国。新兴市场投资基金研究公司（EPFR）的数据显示，6月28日至8月1日五周的时间里美国股票市场资金净流入110亿美元，债券市场资金净流入141亿美元，而同期欧洲发达国家股票和债券市场则表现为整体净流出。

美国经济长期增长具备的优势

长期看，美国具备低利率、低能源价格、低劳动力成本、市场和技术创新五大优势，经济增长具备再出发的条件，2015年前后经济可能强劲增长，美国或成为全球三大板块中最早走向稳步增长、恢复繁荣的国家。美国将更美。

先看利率。受益于美联储长期的低利率政策、美元的世界货币储备地位及美元资产在全球动荡环境中的安全特征，美国国债收益率创下了210年以来的新低（图11）。同时，美国高等级公司债券的收益率也在近年来呈下降趋势。这说明美国政府和企业能够以很低的成本融资，有利于经济复苏。在市场和技术创新方面，美国仍具有最坚实的高等教育和科研体系，宽松的研究环境、优厚的待遇、有倾向性的移民政策仍吸引着全球的科技人才；同时，美国成熟的资本市场形成了一套完整的从发现、培育直到壮大科技生产力的体系。正是这个原因，在世界经济论坛2012年《全球竞争力报告》中，美国与生产力增长相关的指标排名世界前列（效率在142个国家和地区中排名第三，创新排名第六），“美国的企业高度成熟并具有创造力，得到优良的大学系统在科技研发方面的支持与合作”。① 作为综合竞争力的一部分，在劳动力成本方面，和其他发达经济体相比，美国处于适中位置（图12）；但与欧洲等相比，美国更加灵活的劳工制度凸显其竞争优势（美国的劳工市场竞争力全球排名第四）。

金融危机结束之后，有两个与美国相关的趋势值得密切关注。第一个趋势是制造业的回流。由于中国的劳动力、土地等成本持续上升，加上对中国经济和制度环境的担心，中国不再成为美国制造业扩展的首要选择。相反，受到美国本土成本下降、美元汇率疲弱、美国政府优惠税收政策、生产效率提升等因素的鼓励，以满足美国国内市场需求为主的制造业已经有明显回流的迹象，② 美国产业空心化

---

① World Economic Forum, “The Global Competitiveness Report, 2011—2012”, Geneva, Switzerland, 2011。全球竞争力指数（Global Competitive Index, GCI）旨在衡量一国在中长期取得经济持续增长的能力，于2004年首次使用。GCI由12个竞争力支柱项目构成，包括制度、基础设施、宏观经济稳定性、健康与初等教育、高等教育与培训、商品市场效率、劳动市场效率、金融市场成熟性、技术设备、市场规模、商务成熟性、创新，其为识别处于不同发展阶段（因素驱动阶段、效率驱动阶段和创新驱动阶段）的世界各国竞争力状态提供了全面图景。

② 参见BCG, “Made in America, Again”, August 2011; BCG, “U. S. Manufacturing Nears the Tipping Point”, March 2012等研究。

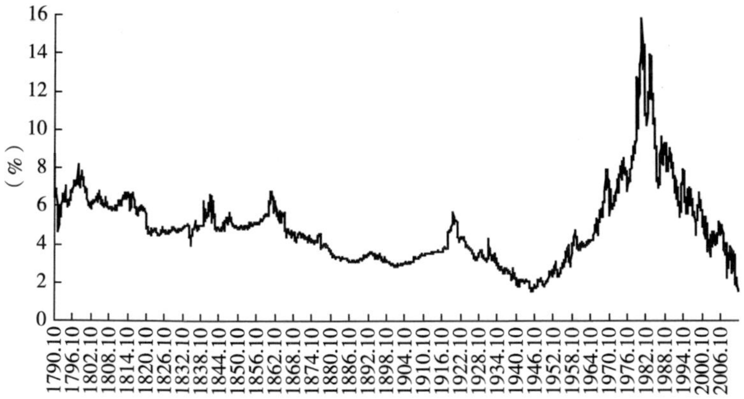

图 11　美国 10 年期国债收益率创 210 年以来的新低

资料来源：GFD，中金公司研究部。

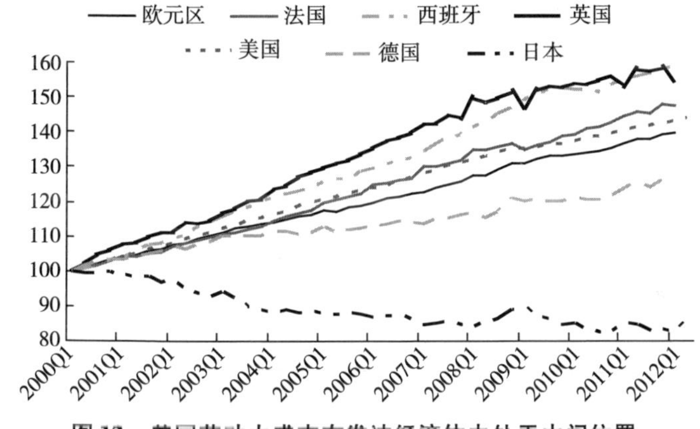

图 12　美国劳动力成本在发达经济体内处于中间位置

资料来源：Haver Analytics，中金公司研究部。

的趋势得到逆转，未来美国在高端制造业方面的优势将更加突出。

第二个趋势是北美能源独立正在发生。在页岩气开发方面的成功大幅降低了美国天然气的价格，而页岩油产量爆发式增长可能使美国未来 5 年停止从海上进口石油。自 2005 年以来，美国石油消费出现了结构性下降，美国的石油对外依存度开始下降（图 13 和图 14）。同时由于 2010 年以来美国的产量回升，美国已经于 2010 年底从油品的净进口国转为油品的净出口国。而且，美国页岩油产量的爆发将加速这一进程，页岩油有可能经历如页岩气一样的革命。未来5年，美国将有望停止从海上的石油进口。[①] 由于产量主要增长方（主要在北美且美国无法出口）和需求增长方（主要是北美以外地区）地区上的不匹配，今后北美市场的供需平衡将大幅放松，而北美以外市场供需平衡反而有所趋紧。鉴于能源对于现代经济发展的重要性，美国在获取廉价能源方面的优势相当明显；目前美国天然气价格大幅下降，还不到欧洲天然气价格的一半（图15），而美国零售汽油价格是几乎所有主要国家中最低的，远低于欧洲油价（图16）。

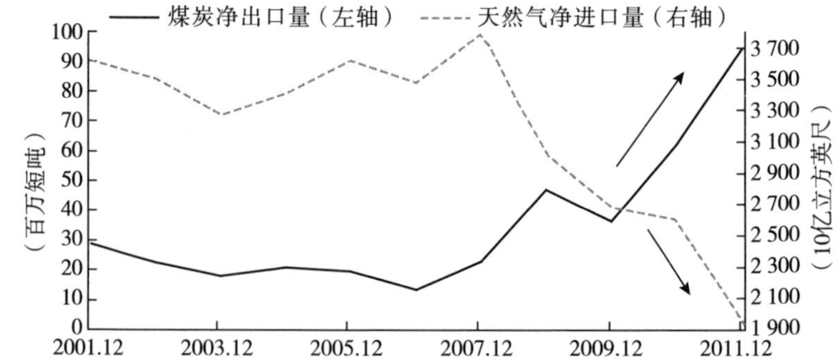

图13　页岩气革命导致美国天然气进口大幅下降和煤炭出口的大幅上升

资料来源：美国能源情报署，中金公司研究部。

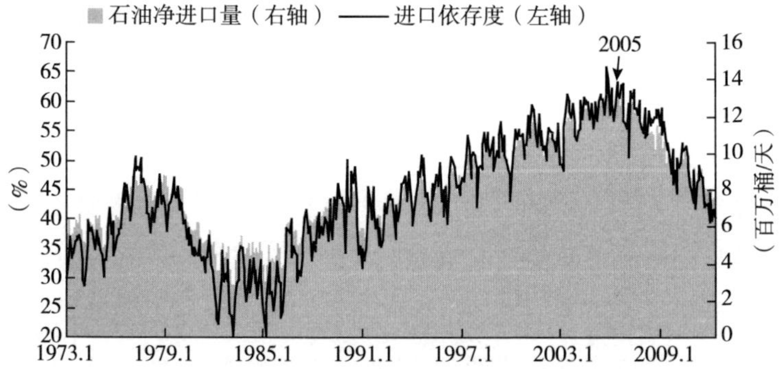

图14　美国原油进口依存度自2005年以后回落

资料来源：美国能源情报署，中金公司研究部。

① 参见孔庆影等．北美能源独立的影响．中金公司大宗商品研究报告。

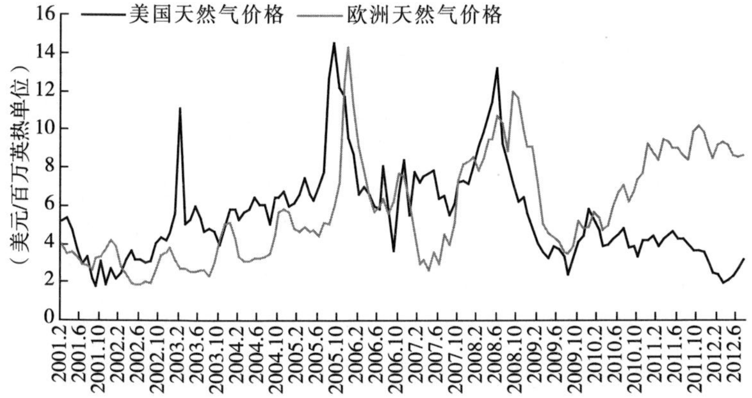

图 15　美国天然气价格大幅下降，并且远低于欧洲天然气价格

资料来源：Bloomberg，中金公司研究部。

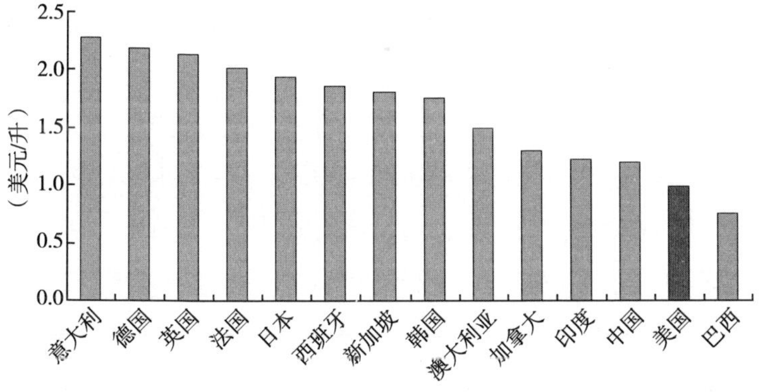

图 16　美国零售汽油价格是几乎所有主要国家中最低的（2012 年 8 月 24 日价格）

资料来源：Bloomberg，中金公司研究部。

因此我们认为，如果现任总统奥巴马获得连任，美国 2013 年和 2014 年经济可能避免衰退，但复苏缓慢。2015 年前后经济可能恢复快速增长。如果罗姆尼挑战成功，美国 2013 年和 2014 年经济可能在衰退边缘，但 2015 年前后经济恢复增长将可能更为强劲。

金砖要“贴金”

短期增长放缓，长期增长担忧

12 个新兴经济体 2011 年增长 6.5%，预计 2012 年和 2013 年增长 5.4% 和 6.1%，比上季度预测分别下调 0.3 和 0.2 个百分点。[①] 下调增长主要反映了两层因素：第一，2011 年下半年的新兴经济体货币紧缩[②]和欧债危机升级已经造成一季度的增长普遍偏弱，例如印度与巴西这两个金砖国家，一季度经济同比增长分别是全球金融危机以来的低位；第二，欧债危机在二季度的重新升温还将影响二三季度的增长，例如近期 PMI 增长势头大多减弱，出口新订单指数下滑，显示经济继续下行的风险。增速下调的一个结果是，新兴市场与发达国家的增长差将有所缩窄。[③] 由于欧债危机三季度趋于缓和，加上 2012 年上半年的货币放松，[④] 预计新兴市场经济增长下半年将有所反弹，具体如下。

制造业出口经济体：外贸依赖大的经济体压力大。制造业出口经济体一季度经济增长普遍比 2011 年四季度弱。外贸依存度较小、外资银行渗透率偏低的韩国，相对台湾地区、香港地区、新加坡经济放缓程度较小。[⑤] 如果我们前面的判断正确，随着外围经济风险的减少和经济温和复苏，预计下半年相关经济体的出口有望企稳回升。

---

① 12 个新兴经济体包括中国大陆、印度、巴西、俄罗斯、新加坡、马来西亚、印度尼西亚、泰国、菲律宾、香港地区、韩国和台湾地区。

② 2011 年下半年 12 个新兴经济体中加息的包括中国（25 基点）和印度（100 基点），减息的国家包括印度尼西亚（75 基点）和俄罗斯（25 基点）。巴西先于三季度加息 25 基点，随后四季度减息 150 基点。泰国先于三季度加息 25 基点，随后四季度减息 25 基点。

③ 12 个新兴经济体与欧美的增长之差，2011 年为 4.7 个百分点，2012 年为 4.3 个百分点，2013 年预计将下降至 4 个百分点。

④ 上半年降息的国家包括印度（50 基点）、泰国（25 基点）、印度尼西亚（25 基点）、菲律宾（50 基点）、巴西（250 基点）。

⑤ 2012 年一季度这四个经济体的 GDP 同比增长都比 2011 年四季度要弱一些，但韩国只是降低 0.5 个百分点，而另外 3 个则下降 1.5 ~ 2.6 个百分点不等，净出口对韩国经济的拖累最小。

大宗商品出口国：面临中国经济放缓带来的需求疲弱和更广义的商品价格回落的压力。近期中国增长势头放缓，影响到了大宗商品出口国如印度尼西亚、巴西、俄罗斯等国家的增长，同时二季度大宗商品价格从一季度高位回落，也给大宗商品出口国带来压力。根据中金公司大宗商品组的预测，下半年大宗商品价格将有所上升，同时中国经济也将开始回升，将给大宗商品国家的增长提供一定的支持。

有较大的政策刺激空间

在增长放缓的同时，12 个新兴经济体的平均通胀也由 2011 年的 5.5% 回落至现在的 3.9%。随着通胀的回落，12 个新兴经济体的实际利率较 2011 年下半年都有不同程度的上升（图 17），而近期全球大宗商品价格也出现显著回落，两者都为货币宽松腾出空间。随着货币放松加码，我们预计 2012 年和 2013 年通胀水平分别为 4.1% 和 4.2%。

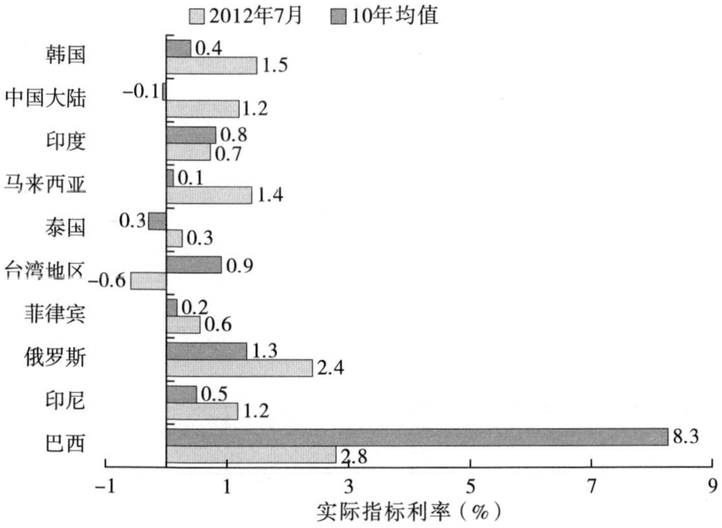

图 17　多数新兴市场处于较高正利率水平

资料来源：Bloomberg，中金公司研究部。

有一种观点认为，如果欧债危机升级为全球性金融危机，欧美进行包括 QE3 在内的大幅货币放松，这会导致大宗商品价格上升、新兴市场资金流入，从而限制货币放松的空间，对此我们不尽认同。首先，经济形势变差促成 QE3 等货币宽松政策出台，大宗商品的需求弱，所以仅仅是发达国家增供货币不能持续抬升大宗商品价格；事实上，大宗商品价格指数上一轮上升周期始于 2010 年 6 月，与实体经济需求上升同步，而当时市场尚没有 QE2 的预期。其次，我们确实观察到两次 QE 期间，相比没有 QE 的时期，流入新兴经济体的间接投资和其他投资有所增多，但总额有限——从 12 个新兴经济体来看，资金流量差别不足这些经济体 GDP 的 1%，很容易被冲销。总的来说，我们认为新兴经济体货币放松的空间，主要还是来自国内减轻的通胀压力，而不是发达国家是否有 QE。

未来发展靠继续改革

过去十余年金砖国家的高增长得益于全球化红利和改革红利的叠加效应。短期内，新兴市场国家面临全球化和改革红利减退的挑战。在外部需求下降、内部需求不足的情况下，金砖国家以前的增长模式难以为继。事实上，部分市场人士已经开始担心甚至押注金砖国家的神话可能破灭。例如，如果欧洲危机继续恶化，美国经济继续复苏缓慢，印度货币可能继续大幅度贬值，印度 2013 年或许需要寻求 IMF 和世界银行的危机援助才能渡过难关。

金砖国家各有各的问题。中国过去经济高速发展依赖的以出口和投资为主的模式不可持续。在发达国家经济长期放缓的时候，中国需要更多地以内需为主拉动经济。同时，需要进一步深化以市场为目标的经济体制改革，并且启动政治体制改革。从 20 世纪 90 年代初开始的改革使得印度经济崛起，成了世界公认的“后方办公室”（Back Office），但其基础设施薄弱等问题制约经济进一步发展，同时政府官僚体制对于经济的干预过多，限制了私人投资。财政赤字问题与银行贷款能力，可能导致强者先死，印度的增长模式难以为继。依靠矿产资源和其他大宗商品的出口，巴西经济曾得益于中国等国家的高速发展，但随着全球增速放缓，巴西基础设施薄弱、金融机构不健全、发展模式单一的问题暴露了出来。俄罗斯过于依赖能源出口，剧烈波动的原油价格对经济发展有很大的负面冲击，同时市场化改革不足，法治不健全，难以吸引足够的外资。

新兴经济体内部也出现分化。金融危机以来，新兴经济体与发达经济体的增长差缩窄，新兴经济体内部也出现分化，只有亚洲经济增长出现强劲反弹，非洲和中东仅维持低速增长，而拉美和中东欧虽已出现快速反弹，但目前仍未摆脱衰退境地。根据世界经济论坛发布的《2011—2012 全球竞争力报告》，过去 7 年发达经济体的竞争力停滞不前，但很多新兴经济体的竞争力却有了改善，80 个新兴和发展中国家全球竞争力指数加权平均值为 4. 4 分，相比 2005 年的 4. 1 分有所提升，而 33 个发达经济体的加权平均分从 5. 4 下降到 5. 2，两组之间的差距相应缩小，从 1. 3 下降到 0. 8。然而新兴市场经济体之间竞争力方面的差距也是前所未有的，一些经济体仍能保持较强的竞争力，全球竞争力指数排名进入前 30，包括新加坡排名第 2，香港地区排名 11，台湾地区排名 13，马来西亚排名 21，中国大陆排名 26；另外，巴西和菲律宾的竞争力排名也出现大幅上升。而另一些国家竞争力增长势头趋于放缓，包括韩国、印度尼西亚、印度和俄罗斯在内的一些国家排名止步不前，韩国排名从 22 降至 24，印度尼西亚从 44 降至 46，印度从 51 降至 56，俄罗斯从 63 降至 66（图 18）。

往前看，欧洲银行的去杠杆过程和美国去杠杆之后的增长恢复可能对部分新兴市场经济体，包括部分金砖国家的经济形成新一轮冲击。欧洲银行的去杠杆可能需要十年或更长的时间，在此过程中欧洲银行将对内加强资本管制，强制本国金融机构购买国债，对外从全球进行大量撤资，这将对依赖外资和外贸的部分金砖国家经济

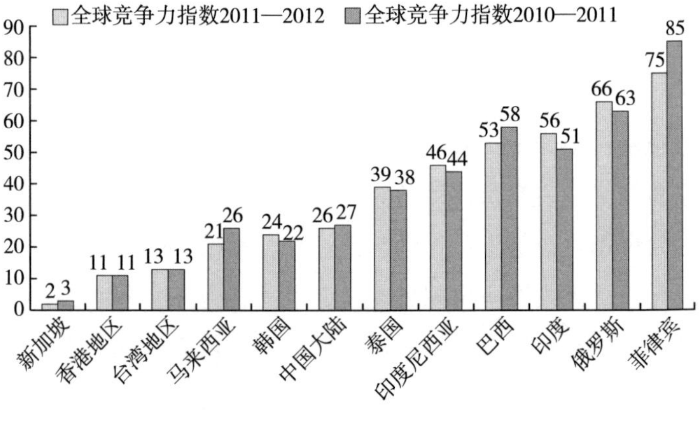

图 18　12 个新兴经济体在全球竞争力方面的差距较大

资料来源：World Economic Forum，中金公司研究部。

形成冲击。与此同时，美国去杠杆过程基本结束，企业自有资金充裕。无论是奥巴马还是罗姆尼当选美国总统，两三年后美国经济可能快速增长，美元显著反弹，美国资本市场或吸引大量全球资本，并对部分金砖国家形成新一轮的冲击。

所以说，金砖要“贴金”。就中国来说，只有尽快通过改革找到能够提高劳动生产率和投资效率的途径，通过对内的结构性调整和对外的全球战略新布局恢复国际竞争力，才是中长期的制胜之道。

新兴市场动荡与应对

导读

面对动荡和可能的危机，中国有必要做好多方面的政策准备。首先要积极稳妥地实现改革、增长、稳定这三个目标，并在三个目标中找到良好的平衡。其次，在调结构、去杠杆的改革过程中，要区分系统性风险、区域性风险和道德风险，要沉着应对这些风险。再次，中国也要做好准备，积极参与可能需要的全球政策协调，在防止发生全球系统性金融危机的努力中有所作为。

2014 年初和 2014 年中，部分新兴市场发生剧烈动荡，伴随着资金流出、本币贬值、股债齐跌。全球市场开始担心年内发生新一轮全球金融危机的风险。

2014 年，全球经济的发展趋势有两种可能。一种可能是新兴市场国家面临较大波动，但不足以引起全球性的金融危机，全球经济复苏性增长的趋势不改。另一种可能是，部分新兴市场国家的波动引发区域性系统风险，拉丁美洲、亚洲或东欧出现危机，欧洲可能也会面临较大的冲击，最后触发全球系统性金融危机。目前看来，第一种可能性比较大。

* 原文发表于 2014 年 3 月 2 日《财经》杂志。

引起本次新兴市场波动的原因既有内因，也有外因。最主要的外因是美联储量化宽松政策的退出和美国经济的复苏，那些认定美联储缩减 QE 规模是“元凶”的论据和推理或许都过于表面化了。

关键在去杠杆

我们可以从全球市场三大板块来逐一进行分析，即美国、欧元区和新兴市场。

首先看美国。在这五年里，美国基本完成了去杠杆的过程。美国银行业的去杠杆过程已经完成，银行整体负债占 GDP 的比例从 2008 年 120% 的高位降到了目前大约 80% 的水平。美国家庭的去杠杆化也接近完成，负债占 GDP 的比例从 2008 年的接近 100% 下降到 80% 以下。如果就业情况进一步向好，并且房地产价格进一步上升，那么家庭的去杠杆化过程将进一步提升。

在过去五年里，依靠三次量化宽松政策和去杠杆等措施，美国股市的资产价格提升，无论是标普 500 还是纳斯达克指数均超过了 2007 年和 2008 年的高位，资产价格得到了修复。资产价格的修复，就业机会的改善以及房价的稳定和上涨，都有助于家庭资产负债表的进一步修复。

另外，美国的企业负债率很低，负债占 GDP 的比例约为 80%，而且持有大量的现金。美国企业负债在美国、欧元区和新兴市场这三大板块中是最低的。

2008 年全球金融危机之后，美国左手推出 QE，右手大力去杠杆，如今经济增长重新再出发，去杠杆化也基本完成，美联储具备了逐渐退出 QE 的条件，从减少国债的购买到逐渐转向加息。这些发生在美国内部的变化，正是影响全球新兴市场的重要外因。

再看欧元区。过去五年里，欧元区的去杠杆化进程停滞不前。企业杠杆率仍然高企，负债占 GDP 的比例从 2008 年的 140% 略微下调，仍居高不下。银行负债占 GDP 的比例也一直在 2008 年

150%的水平附近波动，至今比美国2008年最高点还要高。相较而言，家庭的杠杆率较低，但有问题的一些欧元区政府的杠杆率较高。

欧元区与美国的去杠杆化进程为何存在这样的差异？

经济体制、政府作为以及去杠杆的方法都是重要的原因。首先是欧元区对银行的注资过程难以完成，有问题的一些欧元区政府财政无能、货币无力或成为拖累。而美国通过联邦政府给银行注资，以股权冲淡债权，降低银行杠杆率，能够有效地为银行兜底。

其次，由于美国企业状况比欧洲好，美国的量化宽松货币政策在拉动市场价格上涨方面效果也更明显。欧元区过去五年在去杠杆化方面没有什么进展，未来五年也不会有太大进展。

最后回到新兴市场。过去五年，新兴市场国家中，阿根廷、巴西、土耳其、印度尼西亚、印度和中国等国家杠杆率连年攀高，货币供应量及信贷增长较快，银行借债和企业借债占GDP的比例都有较大提升。

总体来说，2008年全球金融危机以来，美国的银行及家庭基本完成了去杠杆进程，欧洲的银行和企业杠杆率居高不下，新兴市场国家银行和企业杠杆率不降反升，各国政府的杠杆率都有不同程度的提升。

未来五年，这三大板块的杠杆率情况将是过去五年的反镜像。美国银行和家庭要加杠杆，欧洲银行和企业杠杆率将没有大变化，新兴市场国家银行和企业则必须去杠杆。新兴市场国家去杠杆和自身改革，与美元升值和美国加杠杆之间存在一种竞赛。凡是在竞赛中输掉的国家，都可能会面临被市场抛弃的风险。

如果三大板块的经济发展、改革路径以及杠杆化进程的此消彼长是推动本轮新兴市场波动的外因，那么新兴市场国家自身不断攀高的杠杆率、部分国家高企的外债以及不稳定的政局则是本轮波动的内因。

过去五年，美国在去杠杆，新兴市场国家在加杠杆。而当新兴市场国家去杠杆时，美国将会加杠杆。

美国一旦退出量化宽松政策并同时加杠杆，必将吸引外资流入美国市场，因而逼着新兴市场国家不得不去杠杆，不管是否愿意。如果新兴市场国家本身不存在较大的风险内因，即便美国退出量化宽松政策，对它们也不会有太大的影响。

对于新兴市场国家而言，无论是主动还是被动去杠杆，如果力度不够，仍然会出现被市场抛弃的风险。如果去杠杆力度过大、过猛或无序，则容易出现过大的自残风险。

目前来看，压力比较大的是阿根廷、土耳其，其风险可能进一步恶化，进而影响巴西、印度尼西亚、印度等国家。

当全球新兴市场发生区域性金融危机时，如果欠缺及时、有效的全球政策协调机制，不排除进一步触发欧元区危机并引发全球系统性危机的可能。这种可能性是另外一个值得关注的外因——全球系统性危机的冲击。

脆弱性三变量

分析新兴市场国家脆弱性，三个变量值得关注。一是杠杆率。如果杠杆率过高，内部脆弱性就比较大。二是外债规模。如果外债过高，受美元升值、外资撤离等外部冲击的风险较大。三是国内政局是否稳定。如果国内受大选或其他因素影响，政局不够稳定，则应对和处理金融危机的能力较差。三个变量决定脆弱性，最差的情景将引发三个恶性循环。

在杠杆率高的新兴市场国家，当受到外部或内部冲击时，信用风险上升、外资出逃、货币贬值。如果外债过高，货币贬值的过程中，由于货币错配，杠杆率加大，信用风险上升，使得金融体系风险进一步上升，形成第一个恶性循环。

面临冲击，新兴市场国家可能被迫加息（印度、阿根廷已经加息）以避免货币贬值。在信用风险上升的时候加息无疑是雪上加霜，货币可能会进一步贬值，然后不得不进一步加息，形成第二个恶性循环。更糟的情形是触发政治风险。面临冲击，贬值和加息会进一步提升政治风险，压缩政府的政策和政治空间，形成第三个恶性循环。

考察上述三个自身变量，即一国的杠杆率是否过高、外债规模是否过大、国内政局是否稳定，阿根廷、巴西、土耳其、印度尼西亚、泰国、印度和部分中亚等国家面临的脆弱性较大。

未来五年，新兴市场国家自身改革以及去杠杆的力度和稳健度，与美元升值、美国自身加杠杆率和美国经济增长的速度之间有一场竞赛，输掉的一方可能被市场抛弃。如果去杠杆力度过大、过猛、无序，或概括为改革和去杠杆的稳健度不够，则也会出现过大的自残的风险。这场竞赛已经拉开帷幕。

全球经济波动概率大

目前来看，新兴市场波动对美国的拖累比较有限。但如果全球新兴市场发生区域性金融危机，欠缺及时、有效的全球政策协调机制，不排除进一步触发欧元区危机，并引发全球系统性危机的可能。

欧元区在过去五年经济增长乏力，去杠杆缺乏进展。在欧元区和其他欧洲国家，过去几年银行的资产价格修复有相当一部分是通过向新兴市场国家增加贷款实现的。如果新兴市场国家出现金融动荡，导致其信贷风险大幅度增加，则欧洲银行的估值压力将显著上升，并进而冲击欧元区经济和金融稳定性。

今年，全球经济的发展趋势有两种可能性。一种是新兴市场国家面临较大的波动，但不足以引起全球性的金融危机，全球经济复苏性增长的趋势不改。可能出现部分新兴市场国家的动荡，但不构成区域性危机。另一种可能是部分新兴市场国家的波动引起区域性系统风险的出现，拉丁美洲、亚洲或东欧出现危机，那么欧洲可能也会面临较大的冲击，最后的结果可能会出现全球系统性金融危机。

目前看来，第一种可能性比较大。全球市场比较大的波动可能出现在今年年中，而近来国际上若干协调机制变得令人期待。

首先，美联储主席耶伦刚刚上任，会逐步树立个人信用和信誉。如果全球性危机发生，可以期待她带领美联储在全球货币政策协调方面扮演重要的角色。美联储副主席斯坦利·费希尔曾经担任 IMF 第一副总裁，处理全球金融危机经验丰富。

其次，在 IMF 现任总裁拉加德的领导之下，IMF 也可以期待扮演重要的全球金融危机协调者角色，欧元区也可能积极配合。

最后，今年秋天 APEC 峰会将在中国召开。如果年中出现比较大的全球性危机，将为中国政府领导人在处理全球危机、协调全球政策方面提供一个难得的天然舞台。

今年全球市场的风险或波动可能较大，尤其在年中，但考虑到若干协调机制可能起到的积极作用，今年出现全球性危机的可能性不大。

对中国的影响及应对

从金融的角度看，新兴市场动荡对中国的影响不大，除爆发全球系统性危机外。

如果全球新兴市场部分国家出现金融危机，但未形成全球新兴市场区域性的金融危机，其对全球的经济增长会有拖累，对中国也会有一些负面影响，但在可承受范围之内。中国有接近 4 万亿美元的外汇储备，但中国内部杠杆率高企的问题需要积极稳妥地应对。

从资本市场角度来看，在新兴市场国家资本市场电闪雷鸣的情况下，海外投资者可能会不加区分地抛售新兴市场国家资产，资金会流出中国，尤其会流出香港地区。对这种资金流出的压力不可掉以轻心。

如果出现全球系统性危机，对中国的影响将非常大。全球系统性危机的冲击是一个值得关注的外因——尽管目前概率不大，并且中国自身的内部条件不太差。

2008 年的全球金融危机表明，在全球金融危机面前，中国不可能独善其身。如果今年不幸出现了全球系统性危机，全世界唯一能够避险的地方是美国。美元和美元债市在 2008 年、2009 年的金融危机中是较好的避险工具（尽管美国经济和股市受到比较大的冲击）。美元、美债和美股当前的状态比 2008 年更好。

面对动荡和可能的危机，中国有必要做好多方面的政策准备，未雨绸缪，沉着应对，有所作为。

首先，中国要积极稳妥地实现改革、增长、稳定这三个目标，并在三个目标中找到良好的平衡。中国去杠杆化的过程要积极稳步推进，要有足够的改革和去杠杆力度，同时改革和去杠杆要有合适的稳健度，并以足够稳健的增长为支撑。如果新兴市场的风险增大，还要及时强调“控制金融风险”的子目标。

其次，在调结构、去杠杆的改革过程中，要区分系统性风险、区域性风险和道德风险，要沉着应对这些风险。管理系统性风险要强调果断，该解决的问题一定要及时解决，以防止发生系统性危机和及时控制系统性风险。管理区域性风险要强调协调，把孤立的风险控制在萌芽状态，以防止发生影响区域性的全局危机。

在有效管理系统性风险和区域性风险的前提下，要有效处理道德风险，该承担责任的相关各方要及时承担责任，该处罚的要处罚，该清算的要清算，以利有效地去杠杆。中国人民银行提出了两条政策底线：不发生系统性风险，不发生区域性风险。这两个底线一定要守住。

最后，中国也要做好准备，积极参与可能需要的全球政策协调，在防止发生全球系统性金融危机的全球努力中有所作为。如果新兴市场发生区域性金融危机后，欠缺及时、有效的全球政策协调机制，不排除进一步触发欧元区金融危机，并引发全球系统性危机的可能。国际上可期待的协调机制包括 IMF、世界银行和新主席耶伦领导下的美联储。2014 年秋天召开的 APEC 峰会为东道国中国扮演全球政策重要协调人提供了一个绝佳的舞台。2008 年全球金融危机后，英国正是利用 G20 峰会东道主的角色，成功扮演了处理全球危机重要协调人的角色。

不可轻言长期停滞

导读

对美国、欧洲和新兴市场三大板块的多维度分析显示全球经济长期停滞的结论明显依据不足。美国去杠杆化基本完成，长期增长具备优势，政策空间最大；欧元区处于中间，面临不少长期结构问题；大多数新兴市场国家政策空间所受的制约较大，但增长潜力不可小觑。美国在经济结构上的不少优势将支持美国重振制造业和开发新能源，进而提升美国经济的增长速度。从短期和中期增长动能而言，美国可能会出现经济增长加速。

2008年金融危机以来，全球经济复苏乏力，不少国家就业增加非常缓慢，一些经济学家指出，全球经济或将进入长期停滞阶段。

从金融结构、实体经济结构、政策空间与改革动力三个维度出发，通过对全球三大经济板块——美国、欧元区和新兴市场的长期经济发展进行分析，笔者认为停滞的可能性不大。

从金融结构看，危机后，美国的金融体系去杠杆化过程已经完成，家庭负债在减少，企业现金流充裕；欧元区去杠杆化过程路途遥远；新兴市场危机后金融体系、家庭、企业甚至政府的债务水平都在增加。

---

* 原文发表于2014年6月3日《财经》杂志。

从实体经济结构看，美国有五大优势，各种成本较低，而新兴市场国家面临劳动力成本增加、金融成本增加、去全球化等挑战。

从政策空间与改革推动力来看，美国政策空间最大，但改革动力不足；欧元区政策空间有限，但一体化进程将带来新的改革红利；部分新兴市场国家政策空间较小，但改革动力较大。

美国、中国和印度可能引领新一轮全球经济增长。

从去杠杆化看金融结构

先从金融结构看，2008 年全球金融危机之后，美国通过三轮量化宽松政策，以恢复资产价格为前提，不断改善资产负债表（图 1），完成了金融体系去杠杆的过程（债务占 GDP 比重从 2008 年顶峰的 120% 下降到 80%），家庭负债减少，企业现金流充裕。虽然仍有一些提高空间，比如家庭减债速度，但与新兴市场和欧元区相比，美国现在的处境是相对最好的。

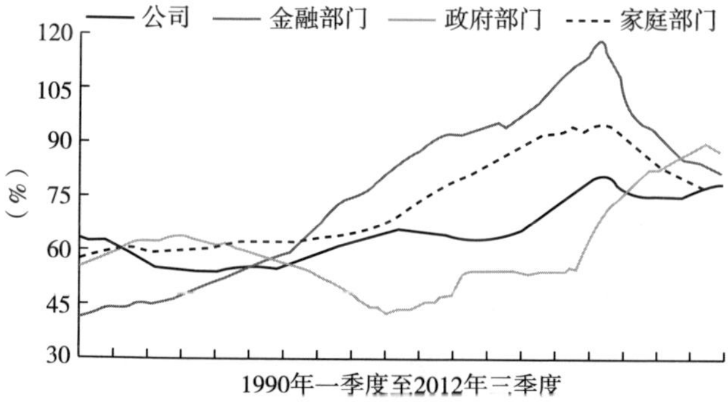

图 1　美国各部门负债占 GDP 比重

资料来源：哈佛分析，中金公司研究部。

与美国相比，欧元区的公司负债率及金融机构负债率显得更高，尽管家庭负债率相对健康（图 2）。金融危机后，欧元区去杠杆速度缓慢。受欧元区内统一货币政策和财政转移制度缺乏的制约，欧元区内问题较大的国家无法有效地通过财政、货币政策实现去杠杆，而问题不大的欧元区国家无需去杠杆。

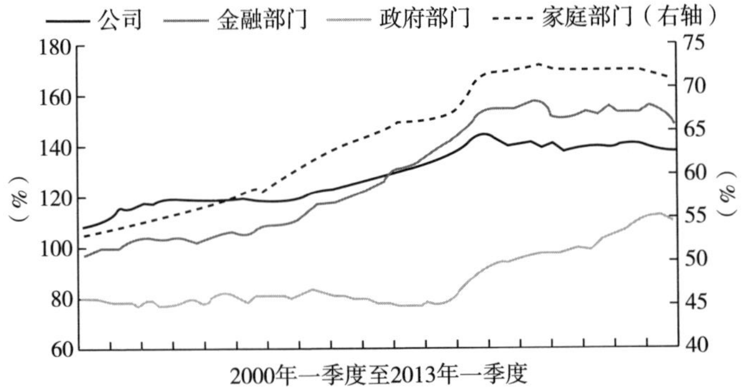

图 2　欧洲各部门负债占 GDP 比重

资料来源：哈佛分析，中金公司研究部。

相反，新兴市场资产负债表（不包含中国）揭示出新兴市场经济体从 2008 年危机之后债务规模不断增加。笔者认为，在今后 3 ~ 5 年里，新兴市场会遇到较大挑战。首先，在过去五年中，美国基本上已经完成了去杠杆化过程。欧元区虽然去杠杆做得不多，但也没有加杠杆。而不少新兴市场经济体则从 2008 年开始，无论是金融体系、家庭、企业甚至政府的债务一直在增加。未来几年，随着美国量化宽松政策的退出，不少新兴市场经济体将不可避免地在全球流动性收紧的大环境中实现去杠杆，主动也好，被动也罢。

从经济结构看增长动能

美国在经济结构上有五个优势，分别是低廉的资金成本、低廉的能源成本、下降的劳动力成本、领先于世界的技术创新能力和巨大的市场规模。这些优势会支持美国重振制造业和开发新能源，并进而提升美国经济的增长速度。因此从短期和中期增长动能而言，美国可能会出现经济增长加速。

欧元区结构改革进程缓慢，部分国家失业率——尤其是年轻人失业率居高不下。因此，从短期和中期增长动能而言，欧洲经济增长应该是三大经济板块中最慢的，比美国和新兴市场经济体差。

危机后，由于一些发达国家失业率居高不下，进口需求下滑，新兴市场面临着全球化红利减退带来的压力。危机后，全球金融监管力度加大，这对欧元区、美国的金融机构都有影响，而对于新兴市场的一些金融机构影响可能会更大一些。大多数的新兴市场经济体因此都会面临较大压力，包括中国。中国的劳动力成本在升高，技术创新方面在追赶，国内金融成本越来越高。

从内外部环境看改革动力

美国在三大经济体中的政策空间最大，并已开始逐步退出量化宽松政策。欧元区处在中间，而大多数新兴市场经济体的政策空间所受的制约较大，一些来自内部，不少来自外部环境。

从改革的动力分析，美国显得动力不足，除非下一任美国总统有强力推动改革的意愿与能力。欧元区由于危机后暴露的问题较大，进一步的内部整合和一体化带来的新改革红利不可低估。

新兴市场经济体鉴于面临的内外部问题较多、压力较大，改革动力也相对较大。新兴市场经济体需要改革，但不宜进行盲目和过激的改革，而是有序、稳步的改革。通过观测国际资本流动可以看出，一些没有进行足够改革的新兴市场经济体近期已经面临全球市场的巨大压力。但历史经验也表明，那些进行盲目、过激改革的国家也将会自食其果。可以期待，新兴市场经济体中的中国现任政府和印度未来政府将强力推动改革，并带动和刺激一系列新兴市场国家推进改革。

通过对全球三大板块的三个维度分析，全球经济长期停滞的结论明显依据不足，虽然部分发达国家和新兴市场经济体可能遭此厄运。关键要看：第一，经济改革的推动力是否足够强大，红利多大？第二，新的全球化的前沿在哪里，红利多大？

全球经济未来增长趋势有若干种可能性。根据 IMF 预测的 2013—2023 年全球经济新增长的贡献来源地（图 3），北美的贡献

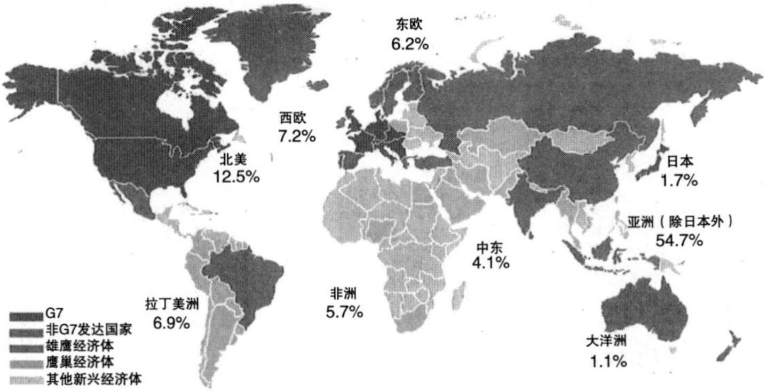

图 3　2013—2023 年各地区对世界经济增长的贡献率

资料来源：国际货币基金组织。

度是 12.5%，日本为 1.7%，亚洲国家（不包括日本）约为 55%。新兴市场整体表现优异。由于新兴市场国家未来可能的强劲增长，全球经济增长不会长期停滞，中国和印度的经济增长不会长期停滞。

下一轮全球经济增长，我们拭目以待。

第三部分

中国经济再平衡

从国际市场视角看中国经济发展

导读

中国富裕的是人力资源，缺少的是自然资源和市场。中国将长期面临石油、原材料市场两头在外的问题，其中原材料问题更为突出但可解。关键是在全球化下有效利用全球自然资源和市场，这要求中国必须进一步坚定不移地推进改革开放，迅速解决实体经济和金融经济间的不匹配和不相容这一日益突出的矛盾。尤其在金融领域要大力发展金融衍生品市场，包括外汇和商品期货市场，并争取尽快确立中国在世界原材料期货市场中的定价中心地位。中国应积极成为全球化中的重要力量，善用全球化中的有利因素，化解全球化中的风险。

中国经济发展面临新的国际环境和挑战，需要对国际经济形势和风险有一个深入的研究和认识。中国面临怎样的国际环境？全球失衡问题有多严重？中国面临多大的石油、粮食和原材料价格风险？本文认为，全球失衡问题存在但不严重，中国将长期面临石油、原材料和市场两头在外的问题，而原材料问题更为突出但可解。关键是在全球化下有效利用全球自然资源和市场，这要求中国必须进一步坚定不移推进改革开放，迅速解决实体经济和金融经济间的不匹配和不相容这一日益突出的矛盾。尤其在金融领域要大力

* 原文发表于2006年《比较》第23辑。

发展金融衍生品市场，包括外汇和商品期货市场，并争取尽快确立中国在世界原材料期货市场中的定价中心地位。

自改革开放以来，中国经济经历了前所未有的连续27年的高速增长。1978年，人均GDP只有379元，相当于168美元，而且当时人民币值被大大高估。2005年人均GDP超过1 700美元，10倍于1978年的水平，而且现在人民币面临升值的压力，其间GDP增长幅度更超过10倍。中国经济的崛起改变了其在全球经济中的地位。目前中国经济规模已经超过了意大利、法国和英国，成为全球第四大经济体。

如以1978年为改革开放元年，中国经济对世界经济的实际影响力在1998年开始为世界瞩目，尽管当时中外学者和政治家并未认清这一重要里程碑。可以说，经历20年的改革开放，中国经济上了一个大台阶，从一个相对封闭、濒临崩溃的经济变成了一个充满活力、开始影响世界的经济。

四年之后，即自2002年始，中国经济对全球的影响力为众人瞩目。人民币从面临贬值压力到逐步在周边国家流通，人民币汇率改革成为全球热点问题。与此同时，石油、铁矿石及铜等中国需要大量进口的能源和原材料价格大幅度上涨。

中国经济前所未有的高速增长是一个世界奇迹。在众多经济因素中，三个重要因素尤其重要：近30年来的持续改革开放所推进的市场化（Marketization）、城镇化（Urbanization）和全球化（Globalization）。我称其为中国经济发展的MUG模型。①

1998年之后的20年即2018年。中国的经济那时将如何？能否再上一个大台阶并继续带动世界经济增长？中国经济是继亚洲四小龙之后顺利超过年人均GDP 5 000美元的水平？还是步拉丁美洲经济之后进入相对高风险的发展或停滞阶段？

① MUG在英文中有茶杯之意，而茶杯大多是陶瓷的（china），自然令人联想到China的另一含义——中国。

现在中国经济增长仍很强劲，但其发展也面临新的国际挑战。从国际市场视角看，未来中国参与世界经济的能力，以及世界经济与中国经济互动导致中国未来发展的不确定性也在增加。中国面临怎样的国际环境？全球失衡问题有多严重？中国面临多大的石油、粮食和原材料价格风险？

今日的中国经济发展已进入与世界经济互动的时代。世界经济在过去二十多年中不断加快全球化步伐，中国经济的快速发展是全球化的重要动力，而全球化也为中国经济的持续发展创造了条件。中国一方面要进一步认识全球化的本质，对外部环境和当前形势有一个清醒的认识和判断，善用全球化中的有利因素，并化解全球化中的风险；另一方面要进一步坚定不移地推进改革开放。

中国发展面临的长期外部环境

与历史上英、美等国的崛起不同，中国崛起和发展面临着新挑战。18 世纪大英帝国的崛起靠的是殖民和军事侵占。那时全球金融一体化尚未完成，国际金融市场尚不太重要。大英帝国的工业化所需要的原材料是靠殖民圈地，直接占领原材料市场来完成。大英帝国的剩余劳动力靠殖民输出，因此不存在多余劳动力的问题。海外市场也是靠殖民和军事霸权实现的。随着大英帝国的崛起，全世界超过七成的国际贸易和国际金融交易均在英国伦敦完成。

19 世纪末，美国地大物博，人口稀少，且在当时的世界版图上偏于一隅，自有的原材料即可满足自身工业化的需要。由于地广人稀，美国也不存在多余劳动力的问题。因此它的崛起不存在原材料和市场两头在外的问题。其他一些国家的经济崛起由于国家较小、人口较少或者因为政治原因得到西方大国的无条件市场开放，与今天中国面临的国际和国内环境相当不同。

中国虽然地大物博，但由于人口众多，人均资源很少。今天，近 30% 的石油、45% 的铁矿石及 10 类有色金属中的 44% 需要倚赖进口。今天的中国要和平崛起，既不存在大量移民的机会，又必须面对国际金融市场巨大的压力和影响，同时还面临着其他发展中大国在石油和原材料方面越来越大的竞争。

由于大量的人口输出已不现实，中国的崛起必然长期面临原材料和市场两头在外的问题。中国富裕的是人力资源，缺少的是自然资源和市场。解决问题的关键是在全球化的条件下更好地利用两个市场和两种资源，即全球自然资源和中国人力资源、全球消费品市场和中国生产、技术和金融市场。坚持对外开放并有效利用两个市场解决两种资源的合理配置问题将是支撑中国经济持续发展的必要条件之一。

如何认识当前国际经济失衡

要认清中国面临的国际风险必须对当前国际经济形势有一个正确判断。对中国而言，如何认识国际经济失衡和国际石油、粮食和原材料市场的风险是两个关键问题。

先看失衡问题。一般而言，当今全球经济失衡问题相当严重，而两个面临相对较大经济失衡问题的国家恰是世界经济增长的两个主要动力国——美国和中国。我认为全球经济失衡问题存在但不十分严重，中美经济关系的互补性大于竞争性。中美经济均有良好发展势态。中国应抓紧有利时机快速稳定地发展经济。

中国和美国的相对失衡帮助了全球经济增长。过去几年中，世界经济的增长中心从美国、欧洲、日本转向了美中两国。目前，美国经济占全球经济的30%，对全球经济增长的贡献占到全球经济增长的50%左右；而中国凭借只占世界经济5%的经济实力，却为全球经济增长贡献了25%左右。与之形成鲜明对比的恰恰是欧洲的不景气和日本的衰退。

美国的失衡问题已经广为人知。过去5年中，美国财政经历了从盈余到赤字的反转，经常项目进一步恶化，低储蓄率和超额消费迫使美国债台高筑，美国政府债务已占到了全部债务的65%以上，偿债率已经超过了25%，达到了所谓公认的国际警戒线。但是，我们必须清醒地认识到：美国是全球经济增长的主要动力，技术先进、劳动力市场灵活、资本市场发达、在主要发达国家中经济增长速度较快。美国人均生产率在主要发达国家中是最高的之一，比欧元区国家高出三分之一。换言之，美国是富国大国，美国不借债，谁更应该借债?

美国借的债太多吗？美国国债占GDP的60%多一点。美国的隐性债务比很多发达国家甚至发展中国家都要低。一般而言，美国个人储蓄率低，但如果把个人金融财产都包括进来，则美国个人储蓄率也不太低。相比之下，日本国债占GDP超过120%。主要欧盟国家的国债超过GDP的60%，且养老金缺口等隐性债务较大。

在当今全球金融格局中，日本占全世界资本输出的20.8%。第二大资本输出国是德国，第三是俄罗斯，中国也是一个净资本输出国，全世界资本大都输出到了美国。美国资本净输入占全世界的74%。大量资本流到美国（1.25万亿美元，占美国GDP的107%），大部分投资在低回报的长期美国国债上。与此同时，大量美国资本回流到他国（1万亿美元，占美国GDP的85%），投资在高回报的短期股票和其他金融产品上。利差和期限差有助于财富转移到美国。

中国经济高增长、高储蓄、高投资、高出口和高进口。中国进出口占GDP的近70%。中国是全球经济增长速度最快的国家，正在成为全球经济增长的重要动力。2004年GDP水平调整之后，中国经济的消费比重提高、投资比重下降。2005年的中国经济表现出色并走向更加平衡的发展模式。

中国经济对全球经济做出了双重贡献：中国的进口增长抬高了国际能源、原材料价格，帮助了许多能源、原材料出口国；中国的出口增长降低了全球通货膨胀水平，帮助了所有国家。中国是否对全球做出了太大的贡献？然而，在中国实体经济发展和金融经济间的不匹配的前提下，中国并无太多选择。

中美经济关系未来摩擦可能会增加，但摩擦失控的可能性不大。中美经济分开看都面临较大的经济失衡问题，但放在一起看则失衡问题不大。在中美经济均有良好发展势态、全球经济发展加速的时候，中美经济关系失控的可能性更小。中国应抓紧有利时机快速稳定地发展经济。

如何认识国际石油、粮食和原材料市场风险

如图 1 所示，石油价格在过去 35 年中经历了巨大波动。在经历了 20 世纪 70 年代的石油危机之后，石油价格一路下滑，但 1998 年之后又一路上扬。

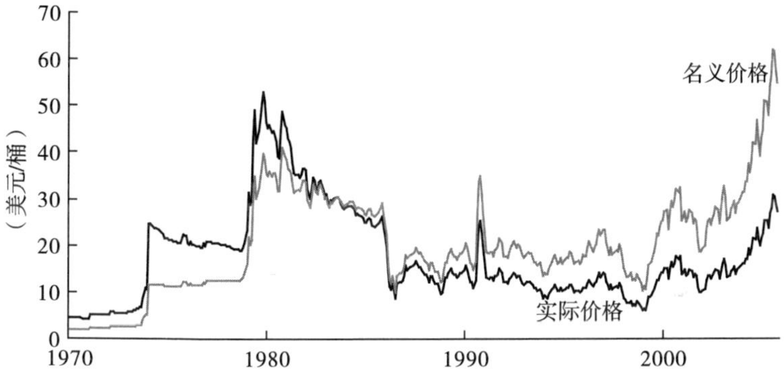

图 1　国际石油价格波动

资料来源：彭博资讯。

再看国际粮食和原材料市场价格（图 2）。在过去 35 年中，粮食价格只有些微的小幅度上升，且升幅比较平稳。与之相比金属等原材料价格经历了较大波动并于 2002 年之后大幅度上升。

虽然粮食问题关系到千家万户，也与三农问题相关，确实是一个非常重要的问题，但从国际粮食供求关系和价格来看，则基本可以判断国际粮食价格大幅度上升的风险不会很大。国际粮食生产能力大于需求量，所以不少发达国家都引入了不同类型的粮食限产措施。随着中国城市化进程的不断深入和中国工业水平的不断提升，

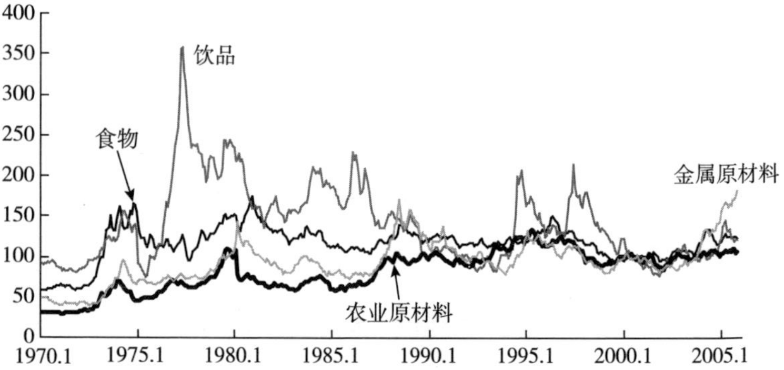

图 2　国际粮食和原材料价格

资料来源：彭博资讯。

中国可以逐步加大利用国际粮食市场解决国内粮食问题的力度。

国际石油和原材料市场的风险确实应该引起重视，尤其是原材料市场的风险。1998 年后，中国经济发展与国际石油和原材料市场有着一个全新、紧密的互动关系。以 1978 年为改革开放元年，20 年后中国经济世界经济的影响力开始为世界瞩目。从世界经济与中国经济互动关系来看，1998 年是一个重要的分水岭和里程碑。这有几方面的原因。

第一，中国经济经历了 20 年高速增长。第二，1997 年发生了亚洲金融危机，紧接着发生了 1998 年的俄罗斯金融危机，全球金融市场和原材料及石油市场发生巨大危机，石油价格跌到 20 美元/桶。第三，中国经济表现一枝独秀，而当时所有发达国家和发展中国家均表现乏力。中国经济不仅成为全球经济增长的重要动力，恰在此时中国成为石油净进口国。此后几年的全球石油市场价格似乎由中国一国的进口决定而与其他因素无关，尽管此时中国的石油净进口量仍然不大（图 3）。但是这一现象四年后才为其他国家所关注。2002 年后，中国的人民币改革开始逐步成为全球关注焦点。

石油风险确实应该引起重视，但近期出现能源危机的可能性不大。这是因为美国是石油最大的进口国和消耗国，也掌握着石油的

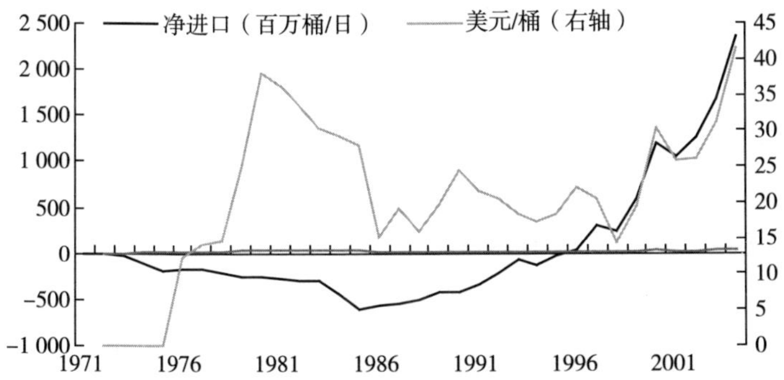

图 3　中国石油进口和国际石油价格

资料来源：彭博资讯。

定价权，基于自己的国家利益，美国政府不会允许石油价格无限制大幅上涨。作为全世界的石油定价中心，美国可以通过发达的金融市场掌控石油价格。中国因此可以跟着分享这一利益，不大可能面临能源危机（但不排除政治因素）。

与石油风险相比，中国更应该关注国际原材料市场的风险。中国的经济增长和资源状况，决定了中国对原材料的需求将持续增长。目前中国已经是世界上最大的原材料进口国，原材料如果价格上涨，则会严重危及中国经济成长。然而，国际原材料期货市场的定价权在伦敦和纽约。由于中国对国际原材料期货市场定价机制影响甚微，所以一旦国际金融市场上有大量炒作，就会引发中国的原材料危机。

美国等发达国家大都需要大量进口石油，但不需要大量进口原材料。后工业化的发达国家已经把依赖原材料的制造业转移到了像中国这样的发展中国家，由此而来的高能耗、高污染和高原材料消耗成为发展中国家的后发劣势之一。从国家利益出发，发达国家愿意放手大基金公司在国际原材料市场上操作，一方面可减缓中国的崛起，另一方面其基金公司也从中大为获利。

中国经济发展必须进一步利用国际市场

在过去 20 年里，全球 GDP 年均增速 3.5%，贸易增长 7%，国际资本流入的增长速度是14%，表明全球金融一体化的趋势大大增强，金融资产明显扩张。由于全球金融一体化，国际金融市场变得非常重要，1998年后的全球石油市场价格狂升和几年后的铁矿石、铜、铝等原材料价格的飙升不仅与需求增加有关，同时也与国内、国际金融市场的发展和投资行为相关。

对于像中国这样一个经济高速增长但金融市场欠发达的国家而言，其对国际投资者的吸引力自不待言。设想有哪一个大国有中国近30年的持续经济高速增长？但由于中国实体经济发展迅速但金融经济发展缓慢，中国金融市场欠发达，不少外国机构投资者不得其门而入，因此必然依靠国际投资甚至投机来分享中国持续经济高速增长的回报。由此引起能源资源和原材料价格高企是自然现象。事实上，1998年后中国经济发展的一举一动均为世界关注。中国即使想不引人注目而悄悄地发展经济已无可能，中国关门发展经济的可能性更不存在。

中国的经济增长和资源状况，决定了中国对原材料的需求将持续增长。中国人均能源、原材料的需求只是韩国和台湾地区在20世纪70年代的1/3，即使靠节约消耗、发展循环经济、发展消费产业，人均需求仍将持续增长。目前中国已经是世界上最大的原材料进口国，如果原材料价格持续上涨，则会严重危及中国经济增长。

作为一个发展中国家，中国人均收入仍然较低，劳动力便宜，而且城市化尚未完成，决定了中国在相当长的时间内仍需要国际市场的需求带动国内经济增长。换言之，解决中国的人口和经济增长问题有赖于长期利用国际能源、原材料、商品和金融市场。

在中国国际贸易顺差和外汇储备日益增加的前提下，应该大力鼓励国内企业走出去，尤其在原材料和批发、零售业进行跨国并购，取得原材料生产和市场的主导权。中国不怕国际竞争，但不继续开放、不走出去就没有竞争的机会。

尽快确立中国对原材料的定价权

与此同时，中国到了快速发展金融机构和金融市场的时候了。中国实体经济发展迅速但金融经济发展缓慢，实体经济和金融经济间的不匹配和不相容成为日益突出的矛盾，并已成为制约中国能否持续稳定增长的关键之一。中国的企业要走出去需要中国的金融机构和金融服务发展壮大并走出去，但如果没有相当强大的国内金融机构和金融市场，走出去的战略难以实施，中国经济的崛起难以实现。

现在中国已经成为最重要的发展中国家，如果发展战略制定和执行得当，中国有可能实现和平崛起并带来全球性的影响。中国虽然是一个发展中国家但也正在变成一个中心国家，所以用一般的发展中国家的眼光看中国的问题会有很多不足，并可能影响中国崛起过程中的重大经济金融政策的制定和实施。

在国家层面，中国自 1998 年以后在实物商品经济领域已经事实上部分地左右了世界经济，中国进口增长，则国际能源、原材料价格抬高；中国出口增长，则全球通货膨胀水平降低。但是在金融经济这一部分，在对世界经济影响力重大的金融市场、金融衍生产品领域，由于中国发展的落后，而使自己陷入十分被动的境地。只要中国资本市场欠发达的状况不改善，中国面临的原材料和市场危机就不会解除，不管中国在实物商品经济领域成就有多大。

因此中国必须进一步坚定不移地发展金融业。在金融领域必须大力发展金融衍生品市场，包括外汇和商品期货市场，并争取尽快确立中国在世界原材料期货市场中的定价中心地位。作为世界上最大的原材料进口国，中国具有确立在世界原材料期货市场中的定价中心地位的必要条件。石油定价权原来也不在美国，但作为国际上石油最大的进口国，美国的国家利益促使其成为全球石油市场的定价中心。

总之，中国应积极成为全球化中的重要力量，善用全球化中的有利因素，化解全球化中的风险，使中国经济发展更上一层楼。

中国金融市场开始影响全球

导读

自1978年改革开放以来，中国经济对全球的影响经历了三个阶段：一是中国的出口降低了全球消费品价格，进而压低了全球通货膨胀和通货膨胀预期；二是中国提升了对全球大宗原材料的需求，从而拉动了一系列以出口原材料为主的新兴市场国家的经济发展；三是中国市场与全球金融市场的联动效应开始逐渐显现，其影响力将通过国际投资者持有的中国资产更加直接和广泛地显现出来。中国应该更好地利用全球化带来的市场和资源，更好地在真实资产和金融资产之间进行匹配。从国际市场和全球流动性来看，当前中国宏观政策应该"稳投资、促进口、带消费"，即稳住长期投资，以形成长期收入上升的合理预期，从而带动消费；同时要积极稳妥地推进资本市场发展和资本账户开放。

2007年2月27日上海股市大幅下跌（图1），导致全球市场下跌，国内有些人称其为"黑色星期二"。中国股市以前也经历过大幅度的调整，例如两年前上证指数跌到近1 000点，但对国际金融市场几乎毫无影响，但现在情况发生了较大的变化。事实上，"黑色星期二"标志着中国对全球经济的影响已经发展到了第三个阶

* 原文发表于2007年《比较》第30辑。

段，中国金融市场开始影响全球。在此之前，中国对全球经济的影响经历了第一个阶段（出口廉价消费品）和第二个阶段（进口大宗商品、原材料和石油），但对全球金融市场影响甚微。三阶段此消彼长，同时也有迭代效应。

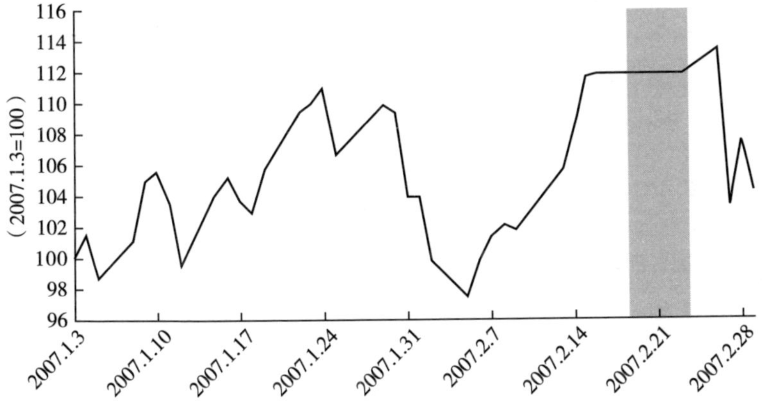

图 1　上证指数波动情况

注：阴影部分为春节期间暂停交易。

中国如何影响世界：三阶段论

1978 年，中国向世界敞开了国门，经济也从 20 世纪 80 年代的低收入增长率、高出口增长率转向 90 年代相对较高的收入增长率，对外国商品和 FDI（外商直接投资）的需求量也较大；最近是非常高的增长率（过去 4 年 GDP 的增长率超过 10%），非常大的贸易顺差，快速积累全球金融资产，其中包括外汇储备达 1.2 万亿美元。经济每到一个新的增长阶段，中国对全球价格的影响都在增加：首先是影响出口的制造品；其次是进口的原材料产品；目前是中国储蓄出口和对外国资产的需求对金融市场的价格有深远的影响。

第一阶段：中国对全球消费品市场的影响

中国经济发展的第一阶段是 1978 年后的改革开放，中国开始积极吸引 FDI，而 FDI 主要投资于中国的制造业，尤其是消费品制造业。跨国企业从它们在中国投资或者利用中国出口的商品中赚了钱，带动了它们的股价上升。中国出口制造品/生活消费品，减缓了全球消费者的预算约束，对过去 10 年的全球低通货膨胀起到了非常重要的作用（表 1）。中国对全球消费品市场的影响非常大，但对国际金融市场的影响也仅止于对跨国企业股价的影响。

中国对全球消费品生产和价格的影响到现在还有，并将继续，但是这一阶段最快速的影响力上升是在 2003 年之前，现在中国与国际互动的工具已经不再是 FDI 和廉价消费品了。

表 1　在所有进口商品中，从中国进口商品所占的比重（%）

国家/地区	1983	1993	2003	2005
美国	0.9	5.6	12.5	15.0
欧洲	NA	NA	2.7	4.6
日本	4.0	8.5	19.7	21.1

注：NA 表示无数值。

资料来源：CEIC，WTO。

第二阶段：中国对全球大宗商品、原材料市场的影响

中国经济发展的第二个阶段是，经过了 15 年的高速发展后，中国成了全世界最大的商品和原材料进口国。在这一时期，中国也从原来的石油输出国变成了石油进口国。中国的石油净进口对当时的世界石油价格产生了较大的影响，从图 2 可以看到，中国石油进口的趋势与全球油价上涨的趋势非常吻合。另外，中国对全世界的大宗商品价格也产生了重要的影响。就石油而言，1997—1998 年亚洲金融危机的时候，石油价格跌破 10 美元每桶，恰恰在这个时候，中国由石油出口国变成了石油进口国。这个时候中国的进口量虽然不大，但在增加。影响市场价格的净增量有的时候是一个很重要的变量。那些大的、大家能看得见的总需求，实际上已经被算在市场

价格里面，没有被计算在市场价格中的是一个猛然出现的净增量。当时，大的净增量主要来自中国，而不是美国，因为美国的需求没有太大变化。从这个意义上说，当时的世界石油价格受到了中国石油净进口的影响。

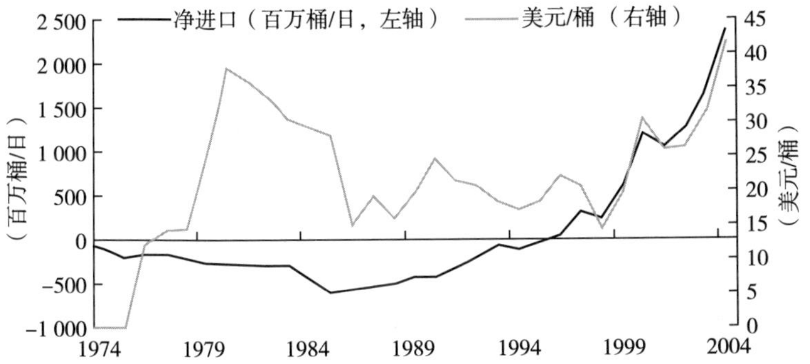

图 2　中国的石油需求和全球的石油价格

资料来源：CEIC。

尽管这种影响始于 1998 年，但由于当时发生了亚洲和俄罗斯金融危机，这种影响并没有被充分认识到。直到 2001—2002 年，当广泛讨论人民币汇率的时候，这种影响才显现出来。这种影响仍在继续，不仅澳大利亚、巴西、加拿大、俄罗斯、南非和津巴布韦等出口国在商品市场上获得了巨大的利益，商品的价格上涨也使得与商品相关的金融资产的回报率上升，比如铜、石油和锌。

第三阶段：中国对全球金融市场的影响

2007 年 2 月 27 日"黑色星期二"拉开了中国资本市场与全球金融市场互动的序幕，中国金融市场开始影响全球。这一变化的背后有两个大背景。

一是投资银行对中国经济和股市很有信心。在很多国外投资银行看来，现在最值得投资的国家就是高盛所谓的"金砖四国"（BRICS），即巴西、俄罗斯、印度和中国。金砖四国值得投资的对象与大宗商品、原材料和能源有关。巴西主要出口原材料和食品等，俄罗斯是大宗石油的输出。印度和中国是新兴市场中发展较快的国家。印度的股票市场发展相当迅速，吸收了大量的资产组合投资。而中国经济增长速度比其他三国都要快，经济体也比其他三国大。但是中国资本市场开放的力度比其他三国要小。海外投资人希望投资中国，今天的投资热情与5年或10年前相比有一个从量变到质变的飞跃。

二是全球流动性过剩。过去20年，全球经济发生的最大变化是发达国家把工厂迁移到发展中国家。生产同一个产品，设想在发达国家劳工成本高达5万美元，为了节省一个劳工需要增加50万美元的资本，这样资本回报率是10%，并不低。但是在工厂迁移到发展中国家后，由于发展中国家人工比较便宜，不必增加50万美元的资本来节省一个劳工。这样，全世界的就业人口在增加，但资本投资增长速度在下降，而GDP增长速度没有下降。结果导致实体经济和金融经济不能很好地匹配，全球金融资本过剩、流动性过多。在过去的五六年里，全球的对冲基金从5 000家增加到了1万家。

以前流动性主要来自发达国家。但是现在新兴市场经济体扮演的角色越来越重要。从2002年开始，新兴市场经济体的储备增长很快，新增外汇储备占GDP的比例已经高达5%（图3）。在2006年第四季度，仅中国大陆、台湾地区、印度、韩国、泰国这五个经济体就新增了1 100亿美元外汇储备，其中中国新增外汇储备780亿美元。2007年第一季度，中国新增外汇储备又上升了1 360亿美元。

这些流动性需要寻找到比较好的投资方式，1998年以后，确切地说是在2001—2005年，主要的投资机会就在大宗商品、原材料和石油上。2006年以后，对商品、原材料和石油的投资热情稍微有调整。这个调整本身是价格在高位上的小幅调整，并不是价格的大幅下滑。尽管可以提高商品、原材料和能源的使用效率，但我认为随着中国的崛起，人均商品、原材料和石油消费一定会随着人

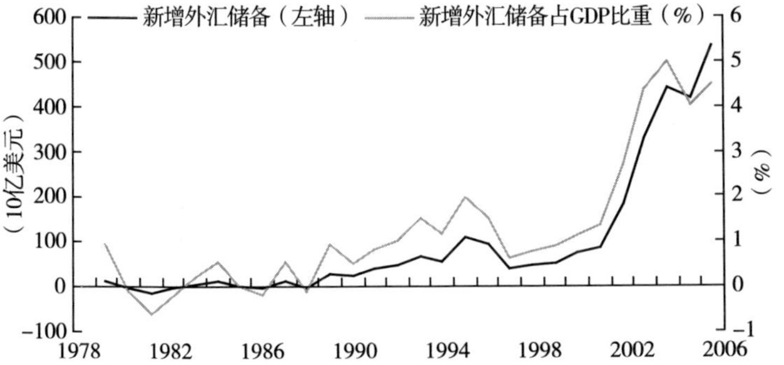

图 3　新兴市场经济体的官方储备积累

资料来源：CEIC。

均收入的增加而增加。从这个意义上说，原材料、石油的价格仍有比较大的上涨空间。

在大宗商品、原材料、石油等的投资有一定的调整之后，俄罗斯和巴西的吸引力不如从前，印度和中国成为投资的首选。印度的资本市场发展要比中国快得多，但其宏观基本面比中国要差得多，比如它的财政赤字超过 GDP 的 90%，每年的赤字大致增长 6% ~ 9%。由于庞大的赤字，政府强制性地通过一些指令要求银行持有大量的政府债券，因此银行给经济实体贷款的能力有限。在给定银行贷款能力有限的前提下，私营企业的发展只能通过资本市场融资。因此印度的资本市场发展是在这一特定环境下的产物。在印度，大公司的管理中使用英语的程度和国际化程度都要比中国好得多，因此很容易参与国际合作。但由于印度国内银行贷款能力有限，这些大公司必须在海外市场融资。印度公司在海外融资的能力大大超出中国公司，在海外发行的公司债和可转换债规模要比中国大得多。但是考虑到印度的宏观基本面问题和进入印度资本市场相对容易（印度公司已经在海外大量融资），海外投资者，不管是对冲基金经理还是一般基金的经理，对印度投资的热情远不及对中国。

目前，中国名义 GDP 占全球 GDP 的 5%，如果按购买力平价（PPP）计算，则占全球 GDP 的 16%，人均 GDP 也已达到了 2 400

美元，中国的资本市场规模相对于其经济规模和其他市场来说还很小。但是全世界的投资者都对中国的资本市场有着浓厚的兴趣。可以预计，如果 A 股市场和资本账户开放的话，在未来 10～15 年，中国资本市场的发展速度会超过 GDP 的增长速度，可能导致股票市场的市值大幅上涨。

知道这个趋势的基金管理人会积极加大对中国的投资比重，悄悄地尽可能加大投资中国的力度。因为如果其中国的投资比重太小，一旦中国资本市场开放，其追加投资成本就会很高，基金的表现就会下滑。

但值得注意的是，海外投资者很难进入 A 股市场，A 股市场有一个针对合格境外机构投资者的投资配额（QFII quota），所有的配额加起来还不到 100 亿美元。另一个特殊之处是，中国有一个金融特区——香港。在香港，资本可以全流通，中国内地在香港上市的股票有 H 股、红筹股等。因此，海外投资者要想增加中国投资的比重可以有两个途径，一是投资 A 股，但是由于有 QFII 配额限制，增加投资是很难的。另外一个途径就是投资香港的 H 股和红筹股。海外投资者投资中国资产的总量就是 A 股加 H 股再加红筹股。

以前 A 股的任何调整对于海外市场并没有什么影响，但是现在，基于上述投资结构，A 股的调整开始对海外投资者有了影响。具体来说，如果 A 股市场有大幅度下跌，会产生两个后果：一是 A 股下跌的时候，香港 H 股会有小幅下跌；二是 A 股大幅下跌之后可能会引起香港 H 股大幅持久震荡，尽管 A 股已经止跌。H 股下跌的幅度之所以比 A 股小，有三方面的原因：第一个原因是 H 股比 A 股更便宜，市盈率更低；第二个原因是香港金融市场的金融监管要比内地更完善一些，因此投资者对市场更有信心，市场的波动性也就更小一些；第三个原因是香港市场的流动性要比内地更好一些，或者说香港市场的机构投资者比重更大，而内地市场则散户比重更大，通常情况下，散户容易跟风跑，机构投资者倾向于长期投资。在2月27日A股下跌近9%，而H股只下跌了3%。但有意思的是，当天的纽约股市大幅下跌，纽约股市的大幅下跌又导致了第二天的香港股市大幅下跌，这种跌势连续了三四天（表2）。

表2 A股市场下跌后，纽约和香港股市的动荡

指数	价格/差价的变化（基点）			
	2月27日	2月28日	3月1日	累计
恒生指数	-1.8	-2.5	-1.6	-5.9
香港综合指数	-1.4	-2.3	-0.9	-4.6
大陆综合指数	-2.3	-3.1	-2.2	-7.6
上海A股指数	-8.8	4.0	-2.9	-7.7
标准普尔500指数	-3.5	0.6	-0.8	-3.7

注：当时的价格为格林尼治时间下午三时的价格。

资料来源：Bloomberg，JPMorgan，Markit。

这种调整背后的机制是，大部分海外投资者不是在香港，而是在欧美国家，他们并不知道中国市场的风险到底有多大，如果A股大跌的话，他们就要调整投资，而A股市场是不完全开放的，调整对A股市场的投资，并不能撤出资金。从长期来看，他们希望更多地进入中国，因此进行短期调整的工具只能是H股或红筹股。这也是A股市场开始稳定后，香港股市仍在下跌背后的原因。而海外投资者进行投资调整的原因就是他们对中国的实际投资比重可能已经相当大。

另外，从中国自身来看，海外资产的持有量已经很大，单是外汇储备就已达到了约1.2万亿美元（图4）。中国固定投资的增长速度在减缓，但贸易顺差和外汇储备的增长率却在加剧，导致了较高的储蓄输出率和国内流动性过剩（图5）。5年之后，中国的FDI或许会逆转，变成负数，流出有可能超过流入。

综上所述，中国对世界其他国家的影响，尤其是金融市场的影响，无论是现在还是将来，将通过国际投资者持有的中国资产更加直接和广泛地显现出来。同时全球都会有中国的金融投资。

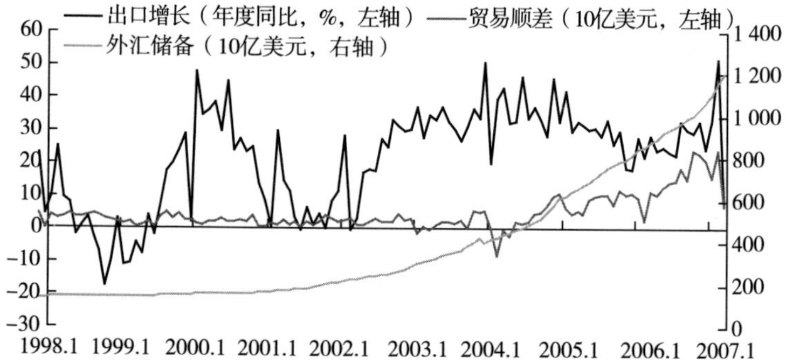

图4　每月的贸易顺差和总储备（10亿美元）

资料来源：CEIC。

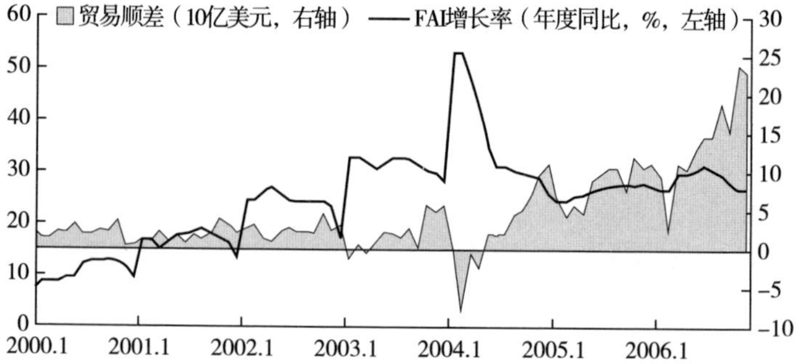

图5　固定资产投资增长和月外汇储备

资料来源：CEIC。

中国如何更好地与世界市场互动

投资和出口政策

中国要往前走，外部失衡是一个很重要的问题（当然外部失衡与内部失衡是联系在一起的）。现在继续用出口导向的发展模式能走多远，显然是一个重要的问题。过去几年，中国GDP增长率比较高。在保持增长率不变的情况下，投资增长率降低时净出口就会增加，两者具有很好的镜像关系（图5）。中国的出口导向政策和汇率政策导致了天文数字般的1.2万亿美元外汇储备、较高的储蓄输出率和国内的大量流动性过剩。

中国既然有大量的贸易盈余和流动性，而国际金融市场投资机会有限，国内短期投资又会带来经济过热和金融市场泡沫风险，那么从代际迭代模型来看，多为下一代创造实际财富（和由实际财富支持的金融财富）的长期投资是非常有必要的。2020 年之后，中国老龄化现象会很严重。因此，目前最优的选择是做出对子孙后代有利的长期投资，保护资源和环境，避免产能过剩问题。

同时，中国目前的经济增长势头依然比较好，此时，保持稳健的国内投资可能还是减少外部失衡的有效方式。中国应该更好地利用全球化带来的市场和资源，更好地在真实资产和金融资产之间进行匹配。只要长期投资稳住了，可以形成长期收入上升的合理预期，消费问题就可能随之解决。从国际市场和全球流动性来看，中国宏观政策应该是“稳投资、促进口、带消费”。

资本市场发展与资本账户开放

随着中国与全球资本市场互动的增强，中国对海外资产投资的不断增加，如果只是中国能购买外国资产，而外国不能购买中国的资产，将来就可能造成很大的摩擦。现在看到的摩擦主要是贸易方面的，将来看到的可能就是金融方面的。如果资本账户开放或其他方面不跟上，这个摩擦在未来三五年内就会显现。

除此之外还有一个可能的不良副产品。国内积极支持香港成为国际金融中心，香港实际上也是中国的金融特区。如果中国的资本账户开放力度跟不上的话，2 月 27 日的一幕就会反复重演。一旦国内股市有大幅调整，就会引起香港时常长时间的反复震荡。虽然我们的方针是支持香港成为国际金融中心，但如果资本账户开放改革不到位，可能会损害香港市场，使香港市场承受了不应该承受之重。因为海外投资者要调节中国资产投资的唯一渠道就是在香港调整，而且只能通过过度调整来实现风险对冲。这是一个非常重要的问题。

有人担心，资本账户放开，汇率和利率自由化，会不会造成金融体系的不稳定。关于亚洲金融危机和金融自由化改革之间的关系，向来都有两个观点。一个是自由化改革导致了危机，另一个是改革不到位导致了危机。从亚洲金融危机首发国泰国来看，是汇率改革不及时导致了货币危机。泰国之后的其他受冲击国家问题比较复杂，因为外部环境发生了大的恶化。

泰国发生危机的起因很简单。泰国在资本账户开放的过程当中，尤其是汇率改革过程中，步调非常慢，由此导致的一个结果是，泰铢与美元之间的汇率有重大的失衡。泰国的通货膨胀在金融危机之前快速升高，迫使泰国中央银行为了控制通货膨胀需要不断加息。在金融危机前，泰国的利率水平非常高，但是汇率水平又非常低。这时国内投资人面临两个选择：一是以高利率在国内银行借泰铢，二是以短期债券的形式去海外市场借美元。在泰铢面临升值的压力时，选择以短期债券的形式去海外市场借美元成为国内投资者的至爱。事实上，IMF 在危机发生前的一年中屡次建议泰国进行货币机制和汇率机制的调整，汇率升值必须足够，并降低国内的通货膨胀水平和利率水平。借贷要在国内进行，不应该举借大量的短期外债。泰国当时也希望进行改革，但是改革却没有推行，原因是在危机爆发前的一年半时间里政治上很不稳定，连换了几任总理，延误了改革的时机。

这里的一个启示是，货币和汇率改革是长期问题，但也是关键问题，是影响结构和大的失衡的问题，对于一个有效政府来说，既要有解决长期问题的速度和效率，也要有解决短期问题的力度。

全球经济格局转变与中国经济结构转型

导读

次贷危机以来，美国正在积极转型，第三产业（尤其是金融业）收缩，但第一产业和第二产业快速发展。随着全球经济向多极化迈进，全球资本流量和贸易量可能出现下降。全球经济格局的转变对依赖出口的粗放式开放和缓慢的结构性改革提出了巨大挑战，同时也为中国经济实现增长软着陆和经济结构转型带来了新机遇。

如以 1978 年为改革开放元年，中国经济对世界经济的实际影响力在 1998 年成功应对亚洲金融危机后，开始为世界瞩目，尽管当时不少中外学者和政治家并未认清这一重要里程碑。经历 20 年的改革开放，中国经济上了一个大台阶，从一个相对封闭、濒临崩溃的经济体变成了一个充满活力、开始影响世界的经济体。1978 年改革开放直面世界两极（美苏），1998 年应对危机影响世界单极（美国主导的全球化）。

四年之后，即自 2002 年开始，中国经济对全球的影响力更加为众人瞩目。人民币从面临贬值压力到逐步在周边国家流通，人民

* 原文发表于 2008 年 9—10 月《国际经济评论》。

币汇率改革成为全球热点问题。与此同时，石油、铁矿石及铜等中国需要大量进口的能源和原材料价格大幅度上涨。至2007年8月全球爆发次贷危机，石油和大宗原材料价格仍然继续上涨。

2007年次贷危机以来，全球经济格局正在发生重大转变。尤其是自2008年8月开始，美元反弹，标普GSCI大宗商品指数下泻21%，技术上正式步入熊市。

2008年8月将是值得纪念和回忆的。20年后再回首，我们可能庆幸中国走过的正确道路，也可能后悔我们未能适时地看清和抓住新的重大历史机遇，痛失良机。在中国改革开放30周年之际，8月发生的三件事具有重要意义：中国成功举办奥运会；俄罗斯和格鲁吉亚之间爆发战争；以及以美元反弹，全球石油价格止升回跌、大宗商品步入熊市为表征的全球经济开始迈向软着陆和全球经济格局转型。

中国以成功举办奥运会的方式纪念改革开放30年。如果没有改革开放的巨大成功，难以想象中国可能举办奥运会。中国借举办奥运会向全世界展示中国是一个愿意与世界共同发展的发展中大国。30年成功改革开放后，中国需要再出发，为下一个30年成功发展积极准备。中国经济继续发展需要一个有助于经济增长软着陆、经济结构转型、技术升级换代的国际环境。

俄罗斯和格鲁吉亚之间爆发的战争在国际舞台上看似小事，但意义深远，而且与全球石油价格止升回跌、大宗商品步入熊市相关。金砖四国中，俄罗斯和巴西的崛起与石油和大宗商品过去几年的大牛市有关。尤其俄罗斯从石油价格的飙升中收益良多。而中国经济的粗放式发展也为全球石油和大宗商品过去几年的大牛市推波助澜。

全球石油价格止升回跌、大宗商品步入熊市，为中国经济增长软着陆、经济结构转型、技术升级换代及时提供了有益的国际大环境。同时，俄罗斯和格鲁吉亚之间爆发的战争表明，美国主导的单极世界全球化开始面临越来越大的挑战。

全球经济格局正在发生深刻的变化。最深刻的当属全球正在从老的全球化（由美国主导的全球化而形成的一极世界）向新的全球化（多极世界）转变。这一巨大环境变化为中国经济实现增长软着陆带来了新机会，也对过去30年成功的改革开放模式带来新挑战。事实上，全球经济正在向多极化迈进。美国正在积极转型，其第三产业（尤其是金融业）在收缩，但第一、第二产业在快速发展。美国是全球最大的粮食出口国，也正在收复失地，希冀继续执全球制造业之牛耳。

随着全球经济向多极化迈进，全球资本流量和贸易量（占全球GDP的比重）将可能下降。因此，中国未来20年的外部经济环境将与过去20年大为不同，不能继续寄希望于过去粗放式、以外贸出口为主导的发展和开放模式。同时，多极世界的显现也为中国的发展带来了前所未有的新机遇。机会大于挑战。为了抓住和积极利用全球经济格局转变中的新机遇，实现中国经济结构转型，中国需要全新的对内改革和对外开放战略、新的政策智慧和坚定果断的执行力。简言之，改革开放需要有新方针、新内涵和新策略。

以次贷危机为契机的美国经济转型

自2007年次贷危机发生以来，其演进可分为三阶段（3I）：2007年8月至2008年3月担心流动性危机（Illiquidity）；3月底到7月担心全球通胀（Inflation）；8月以来担心企业破产（Insolvency）、经济增长减缓。

次贷危机发生既有直接原因也有间接原因（黄海洲，2008）。直接原因是次贷这一金融新产品有助于收入和信用较差的群体享有超越未来支付能力的住房消费、比较宽松的宏观经济和信贷政策以及美国的失衡（包括储蓄率较低，家庭负债率较高）。间接原因包括监管、金融工具、评级机构以及其他方面的问题。

次贷危机发生也有着更深层的本质原因。最根本的是全世界的经济增长遇到了一个新的拐点，尤其是发达国家的经济增长遇到了新拐点。90 年代全球经济尤其是发达经济所享有的高增长、低通胀，使得很多经济学家和政策制定者过于乐观地认为全球经济尤其是发达国家经济进入了一个新的高地——高增长、低通胀。但 90 年代全球经济高增长、低通胀的根本原因在于全球化红利。

中国 1978 年开始改革开放，90 年代开始融入全球经济体系。印度是一直开放的，但改革比中国迟 10 年，然后融入全球经济体系。此前苏联和东欧也发生了一些变革。根据哈佛大学的理查德·弗里曼教授的研究，自 90 年代的全球化以来，发展中国家约有 5 亿廉价劳动力进入了以发达国家为核心进行分工的全球市场，这一数量甚至略大于发达国家原有的劳动力总和。[①] 猛然间全球生产率增长非常之快。新增加的 5 亿劳动力成本极低，大多从事制造业，但他们的工资只有西方发达国家做同样工作的劳动力工资的 1/20 甚至更少。如此规模的全球化红利百年一遇。跟全球化红利相关的还有另外两个红利，一个是信息技术红利，即源于三四十年才发生一次的科技革命。对技术革命的发源国而言，大概技术革命红利在开始十年之后即进入递减阶段。还有所谓的和平红利，东西方两大阵营的对抗到 90 年代基本消除了。和平红利和全球化红利是高度相关的，没有和平红利，全球化红利走不了这么远。引发 90 年代高增长、低通胀的全球化红利现象百年一遇，提高了西方发达国家的生产力，降低了其通胀的压力。

当全球化红利进入递减阶段时，资产需要重新进行评估。次贷危机必须在这个大背景下进行探讨。全球化红利带来了百年一遇的大繁荣，发达国家对经济增长估计过高，对通胀估计过低，因此对消费过度乐观。不光是房地产，美国的失衡、全球资产价格的重估，都应在这个大背景下理解。

---

① Richard Freeman（2004），Doubling the Global Work Force：The Challenge of Integrating China，India，and the Former Soviet Bloc into the World Economy，Harvard University，manuscript，Nov 8，2004.

重估次贷带来的损失，按照IMF的最近估算，大约为1万亿美元。2007年7月开始发生的次贷危机，首先是对投资银行的冲击，这给全世界的央行出了个难题，因为一般而言，中央银行不可以出面去救投资银行。更可怕的难题是从对投资银行的冲击变成对商业银行的冲击，从次贷危机变成信贷危机。如果全球经济因此发生大衰退的话，那显然更可能是因为信贷问题，而次贷问题只会是导火索。

次贷危机可能引致以下三波冲击：第一波是因为对流动性和系统性风险的担心直接导致对投资银行和金融市场的冲击；第二波，通胀上升，企业利润下降，冲击实体经济；第三波是经营困难和信贷问题使企业在死亡线上挣扎，进一步冲击实体经济，导致对经济增长减缓甚至衰退的担心，通胀预期回落。

第一波对投资银行的冲击已经结束，转折点是2008年3月17—18日。从2007年7月始，次贷问题引起市场普遍的担心，然后引起投资银行的挤兑风险。这一风险可以认为是资产价格没人托底。实际上贝尔斯登的问题就是这样。在这个过程中，资产价格进行一系列的调整，尤其是跟次贷相关的资产价格。金融股因此受冲击更大一些。3月17日之前市场担心金融体系会出大的流动性问题，有大的系统性风险。第一个出问题的是美国的贝尔斯登，后面可能有其他大的投资银行在排队，可能出现多米诺骨牌效应。3月17日在贝尔斯登出现紧急流动性风险、可能破产的时候，美联储通过JP摩根临时向贝尔斯登注入约300亿美元的流动性，此举是几十年来美联储首次向投资银行贷款。美联储向华尔街各大投行开放贴现窗口以来，华尔街投行向美联储每周都拆借到了巨额的资金。与此前相比，贴现窗口的融资额度暴增了10余倍，最高达到了每周451亿美元以上的规模，这让投行想破产也难。

第二波冲击主要是源于对通胀的担心。3月17日以后，美国金融股有明显的反转。市场将关注的重心从金融股，尤其是投资银行，转向对通胀和通胀对实体经济负面影响的担心。因为通胀上升

（通胀通过生产价格指数 PPI 影响企业盈利）导致成本大幅上扬，侵蚀企业利润。这一波冲击虽没有对市场造成致命的杀伤力，但导致市场较大幅度的波动。

第二波冲击转到第三波冲击的明显转折点是 8 月 14 日。当日，市场得知由 15 个国家构成的欧元区二季度 GDP 下滑 0.2%（年化 0.8%），日本 GDP 年化环比下降 2.4%。欧元区中的主要经济体德国、法国和意大利二季度经济均出现萎缩，德国二季度 GDP 环比下跌 0.5%，四年来首次出现负增长。而日本的消费、出口和投资皆出现环比下降。至此，世界前三大经济体中的两个——欧元区和日本（另外一个是美国，为第一大经济体）都处在经济衰退的边缘。受此影响，8 月 15 日美元对一篮子货币升至 8 个月新高，至 77.252，当月累计升幅 8%。美元对欧元一周升 7.6%，达 1.45 美元兑 1 欧元的新高。英镑对美元此前连跌 11 天，创 37 年来最长跌幅。美元走强带动油价继续下挫，低见 111.5 美元/桶，金价亦跌破 800 美元/盎司大关。标普 GSCI 大宗商品指数下泻 21%，技术上正式步入熊市。

8 月以来市场担心企业破产、经济增长减缓，次贷危机进入第三阶段。美国通胀虽然压力加大，但通胀预期回落。美国 7 月的 CPI 环比大涨 0.8%，远远高于预期的 0.4%；CPI 同比上涨 5.6%，创出 17 年来的新高。CPI 数据显示通胀的压力加大，但对企业破产、经济衰退的担心导致通胀预期回落。彭博对管理着 1.41 万亿美元债券的 25 个基金经理的调查显示，投资者认为美国通胀在 2008 年四季度起回落的概率为 79%。通胀回落的原因是美国家庭收入减少，购买力下降，需求减弱，导致大宗商品价格回落。

美国经济转型对石油和金融的影响

美国经济进入了一个相对高通胀、低增长、实际利率为负的新阶段，经济结构快速转型。相对高通胀是指比 90 年代较高，但比 70 年代和 80 年代滞胀时较低的通胀。相对低增长是指比 90 年代较低，但比70年代和80年代滞胀时相当或较高的增长（黄海洲和侯振海，2008）。

受益于经济结构快速转型，美国经济既不大可能重复70年代和80年代的滞胀，也不大可能重复日本90年代的十年通缩，更不大可能重复20世纪30年代的大萧条。美国经济仍可能避免衰退，但房地产价格调整仍未结束。负利率因此可能持续较长时间，直到次贷危机化解、房地产价格调整结束。

自2007年次贷危机发生以来，美国经济快速转型。服务业，尤其是金融服务业进入结构性调整和收缩。为了避免经济衰退，美国经济的第一产业和第二产业对GDP的贡献必须提高——这正是今年第一季度和第二季度美国经济增长的背后原因。年初美国几大投行的经济学家预计美国经济上半年进入衰退也正是未能预见这一结构性变化。

美国是全球最大的粮食出口国，受益于粮价上涨，农业欣欣向荣。美国也正在收复制造业的失地，重振在全球制造业中的雄风。“美国仍然是第一制造业大国，而且更是知识产业中最强大的经济体。”（郭树清，2007）美国制造业创造的价值达全球1/4，与美国在全球GDP中的比重大致相当。制造业和农业的出口改善了美国的贸易账户和经常项下的逆差。美国6月出口上升21%，至1 644亿美元，是多年来的最快增长，主要出口品种是食品、工业品、资本品和消费品。进口上升10%，包括445亿美元的石油进口。贸易逆差大幅缩小至568亿美元，低于上月的592亿美元，而市场预期贸易逆差扩大至620亿美元。出口继续成为美国经济增长的发动机。

美国主导的单极全球化使美国受益良多，尤其在高端金融服务业。但是高端金融服务业的快速发展也使美国经济空洞化（或后工业化）。人才和资金大量向金融业倾斜，金融业的高收入吸引了大量理工人才放弃本专业而奔金融业——麻省理工学院的毕业生本来应该在底特律从事CAD（计算机辅助设计），但被高薪吸引到华尔街从事 CDO（债务抵押证券）。经济快速空洞化进一步加剧一系列宏观失衡。

修正这些失衡要求美国经济实心化，即收缩第三产业，加大第一产业和第二产业。由于第三产业对能源的依存度较低，而第一产业和第二产业对能源的依存度较高，要实现快速转型，美国需要能源的价格低廉。

如果说石油价格一年内（2007 年 7 月到 2008 年 7 月受次贷危机影响，全球经济增长快速下滑）快速从 70 美元/桶上涨到 140 美元/桶仍然使美国金融业和石油业受益的话，其对美国经济的危害也日益显现。危害体现在三方面：第一，抬高 PPI，进而抬高 CPI，从而制约消费，造成短期危害；第二，制约第一产业和第二产业发展，减慢经济结构转型，形成长期危害；第三，继续有助于俄罗斯加强国力。基于美国的利益分析，石油价格超过 80 美元/桶危害明显大于收益。从全球石油的供需来看，2008 年的全球经济活动和增长速度比 2007 年明显回落，2007 年 7 月的石油价格只有 70 美元/桶。

石油价格和全球新格局

俄罗斯是石油价格快速飙升的主要受益国之一。能源价格的上涨帮助了俄罗斯并助其提前偿还 IMF 债务。俄罗斯国力近几年的快速提升，为其实施新的对外战略，包括和格鲁吉亚之间的战争，提供了经济条件。在这场战争中，美国和欧洲的相对不作为表明俄罗斯的快速崛起不可忽视，世界正在向多极转变。

石油价格是影响全球新格局的重要因素之一。石油价格的进一步上涨将有利于俄罗斯国力的进一步提升。从俄罗斯的角度看，石油价格越高越好。从地缘政治来看，俄罗斯控制石油价格的能力可能影响石油价格的上限。

另一方面，美国是石油最大的进口国和消耗国，也在相当程度上掌握着石油的定价权。石油价格的持续上涨将有利于俄罗斯国力的提升，而美国经济继续转型需要石油价格下降。基于国家利益，美国政府不愿意看到石油价格继续上涨。作为全世界的石油价格定价中心，美国可以通过发达的金融市场影响石油价格。从地缘政治看，美国掌控石油价格的能力可能影响石油价格的下限。

石油价格可能进一步下降，尽管价格的波动可能较大。石油价格进一步下跌有利于全球经济软着陆，全球经济格局向多极化转型。

中国经济结构需要快速转型

世界正向多极转变。美国正在积极转型，其第三产业（尤其是金融业）在收缩，但第一产业和第二产业在快速发展。如此发展，全球资本流量和贸易量将可能下降。这将对中国过去30年成功的改革开放模式带来新挑战。

中国未来20年的外部经济环境将与过去20年大为不同，不能继续过去粗放式、以外贸出口为主导的发展和开放模式。同时，多极世界的显现也为中国的发展带来了前所未有的新机遇。这一巨大环境变化，包括石油价格回落，为中国经济实现增长软着陆带来了新机会。

中国经济的内部和外部不平衡的特征十分明显。中国经济的外部不平衡既有着深刻的全球化背景，也源于内部不平衡——内部不平衡更具有基础性、恒久性，带来的不良后果也更为严重。“内外两种不平衡紧密联系，相互依赖，甚至相互推波助澜，相互不断强化，形成一个愈演愈烈的格局。在世界惊呼声中崛起的中国经济面临着多方面的挑战。”（郭树清，2007）

“过去十多年里，人们一直在提出这样的问题：如果这些贸易盈余国家不向美国出口这么多商品和服务，美国经济还能这样繁荣吗？然而同样重要的问题是：美国不进口这么多的商品和服务，这些国家还能找到这么大的出口市场吗？”“以美国为一极，其他一组国家为另一极的商品和资金的流入流出，构成了一幅稳定的平衡图景。

美国在经常账户上有巨大逆差，然而在资本项目上却有相同规模的顺差，因此美国的国际收支总体状况属于完全平衡。”（郭树清，2007）

美国的快速转型——经济的实心化和制造业的复兴正在打破上述平衡，并表明如果贸易盈余国家不向美国出口这么多商品和服务，美国经济将能继续增长并迈向新繁荣。当前，更重要的问题是：美国不进口这么多的商品和服务，这些贸易盈余国家尤其是中国，还能找到这么大的出口市场吗？

虽然贸易盈余国家可以开发新市场——在多极世界这是可能的，但在多极世界，全球贸易量（占全球 GDP 的比重）可能下降，贸易摩擦可能加剧。多哈回合的贸易谈判未能成功并非偶然。过去的粗放式、以外贸出口为主导的发展和开放模式明显地不能适应正在形成的全球经济新格局。

“中国经济的内部失衡确实是一个很严重的问题，如果中国经济继续拖延升级，它最终会在某个时点上停滞下来，从而对自身和全球带来很显著的非积极影响。”（郭树清，2007）多极世界的显现也为中国的发展带来了前所未有的新机遇。机会大于挑战。

为了抓住和积极利用全球经济格局转变中的新机遇，实现经济增长软着陆、经济结构转型、技术升级换代，中国需要全新的改革开放战略，新的政策智慧和坚定果断的执行力。我们需要认真研究一系列重要问题，包括对外的贸易、汇率、货币和国际金融战略，对内的财政、税收、收入分配、社会保障、城市化、环保、农业、产业结构转型、技术升级等等。简言之，改革开放需要有新方针、新内涵和新策略。中国不应该再一次与现代化失之交臂。

参考文献

郭树清．中国经济的内部平衡与外部平衡问题［J］．经济研究，2007（12）．

黄海洲．理解次贷危机［J］．比较，2008（36）．

黄海洲，侯振海．美国新范式：负利率、高通胀、低增长［J］．国际经济评论，2008（5－6）．

备战危机

导读

美国经济虽然短期内不太可能恢复增长活力，但次贷危机对美国实体经济冲击有限，美国企业盈利继续增长。由于欧债危机错综复杂、旷日持久，欧洲经济将面临较大风险。市场对中国经济的关注越来越多，尤其包括金融体系风险等。即使没有全球经济的二次衰退，中国经济在未来两年的环境也是富有挑战的，需要开始备战危机。

当前，全球经济的风险在明显上升，但在整体上出现二次衰退的可能性不大。我认为，2012 年和 2013 年全球经济都将面临较大风险。2012 年主要问题是在欧洲，2013 年主要问题是在美国。欧洲 2012 年经济增长可能为负，这对于全球经济形势是一个比较大的挑战。美国 2012 年经济增长疲软，2013 年可能降至零甚至是负增长。我们需要对此密切关注，即使全球不会出现二次衰退，中国仍然有必要备战危机。

美国经济复苏一波三折

次贷危机之后引发了全球金融危机。几乎所有发达国家都不排

* 原文发表于 2012 年 1 月《国际经济评论》。

除爆发债务危机的可能，而且债务危机更易爆发于公共债务和财政赤字占 GDP 比重较高的国家。日本的情况比较特殊，因 GDP 与 GNP 差别较大，而且日本在海外投资的收益较好，虽然赤字占 GDP 的 220%，但目前基本上没有太大问题。

如果将美国此次危机与二战之后几次主要的经济衰退做一个比较，可以发现此次危机非同寻常，要恢复增长困难非常大。美国劳动力市场恢复状况更为糟糕，现在失业率超过 9%，这对于美国当政者尤其是奥巴马来说是一个非常大的挑战。因为二战之后基本上没有一任总统能够在失业率维持在 7.2% 以上时获得连任，一个例外是里根，当时失业率是 8.4%。

美国经济复苏一波三折的根本原因是此次危机导致资产负债表性质的衰退，走出金融危机的过程其实就是逐步修复资产负债表的过程。一个经济体通常可以划分为政府、金融、居民和企业四个部门。“资产负债表性质的经济衰退”是指经济中各个主要部门的资产负债表都受到严重损伤，因而在衰退结束后，各部门忙于修复资产负债表，降低杠杆率，不愿继续负债。包括企业在内的各部门不再是以利润最大化为目标，而是以降低债务水平为紧要任务。其特征是总需求不足，传统货币政策的作用受到限制。

追溯这轮经济衰退的起源，从 1980 年以来，美国私人部门特别是金融机构和居民家庭的债务水平不断升高，居民部门的借贷在 2000 年之后大都流向了房地产市场，最终形成了规模空前的房地产泡沫，金融机构在全球化背景下的杠杆率也不断提升。金融危机爆发后，金融机构产生了大量的损失，从而导致了金融机构资产负债表的危机。企业和政府部门在国内借贷相对有限，但是由于居民部门资产负债表危机会导致消费需求的放缓，而金融机构资产负债表的危机会导致信贷的放缓，因此就从需求和投资两个方面影响了实体经济，从而使实体经济中的企业的资产负债表也陷入危机状态。与此同时，企业部门的资产负债表危机又会通过降低居民收入，增加失业人数和降低储蓄、投资及融资活动等方面反过来影响居民部门和金融机构的资产负债表。这是一个相互影响与联动的不良循环。

相比之下，拥有较好资产负债表的是美国的企业部门，企业的资产负债情况良好、财务结构合理。实体经济在危机中损伤并不大，我认为有两个重要原因，其中一个原因就是美国 2001 年纳斯达克泡沫破裂以后美联储把利率压得非常低，这确实为此后的危机埋下了伏笔，美联储因此饱受诟病，但宽松的货币政策也同时有助于美国实体经济中的企业部门在 2001—2007 年缓慢修复其资产负债表，从而使美国实体经济避免了在这次危机中受到很大冲击。我们对美联储的政策，应该辩证地看待。另一个重要的原因就是得益于全球化，美国的大公司能够在全球进行资源和资产方面的配置，目前标普 500 指数成分的公司海外利润占总利润的 50% 以上，用中国话说就是“东方不亮西方亮，黑了南方有北方”。美国自身经济差的话，还可以在新兴市场或其他经济好的国家赚钱。有一些人关注美国会不会变成下一个日本，这个可能性基本不存在。日本当时出现问题的时候，企业和银行是一起垮掉的，而美国基本上只是金融体系、个人和政府出了状况，实体经济没有受到重伤，这是非常值得注意的一个关键。另外，美国公司更受益于全球化。

美国要获得经济复苏，就要用相对比较健康的企业资产负债表去支持居民、政府、金融机构三个资产负债表的修补，这将是一个曲折、长期的过程。美国经济不太可能在短期内迅速恢复，2013 年将面临更大挑战。我们做了一个初步的匡算，日本 20 世纪 90 年代发生那么大的危机，导致经济持续将近 20 年没有增长。与之相比，美国危机的状况本质上和日本是不一样的，日本是实体经济和金融体系一起垮掉，而美国实体经济在这次危机中并没有受到冲击。另外一个不同之处是，美国金融财富从 2007 年最高点的 70 万亿美元，降到最低点的 50 万亿美元，损失 20 万亿美元，财富损失相当于美国年 GDP 的 1.5 倍。而日本当年从最高点到最低点的财富损失是日本当年 GDP 的 3 倍，所以日本泡沫问题远比美国严重。此外，美国将来可以反复利用通胀、贬值等几个手段，而日本当时掉入流动性陷阱里面无法走出。所以，美国复苏需要的时间远比日本要短，我们认为大致需要四五年的时间。

美国国债问题由来已久。美国国债的第一次爆发性增长发生在南北战争期间，并因为两次世界大战的缘故急剧增加。在此之后，美国国债数额大体上以通胀率的速度增长。克林顿执政期间曾有一段时间的好转，但从小布什执政之后，因为“9·11”、伊拉克战争，财政赤字快速上升，国债从 2001 年的 5.6 万亿美元上升到了 2008 年的 10.7 万亿美元。在奥巴马执掌白宫之后，因为要救助危机中的金融体系，国债继续增加。目前，国债余额达到 14.34 万亿美元，占 GDP 的比重为 95.6%。

让我们对美国过去 20 年的进程进行一些回顾和分析。克林顿时代是美国经济最繁荣的时代，美国赢得了冷战，成了全世界唯一霸主，但克林顿浪费了美国改革的良机。当时美国处于一片繁荣，没有动力改革。小布什执政时是想改革的，但“9·11”和伊拉克战争使得他腾不出手去改革。奥巴马在历史上的角色，现在评论为时尚早，但总体说来他在改革上做得不够，而且把次序颠倒了。如果要把美国经济真正从衰退中拉起来，第一步应该通过财政支出先把美国经济托起来。如果要扩大财政赤字的话，要首先利用新增财政支出解决经济增长和就业问题，而不是增加福利支出但无助于就业和增长。而他把程序倒过来，先搞全民医保，把政府负债推高，但却没有把就业和经济增长推起来，这可能是他执政中最大的败笔。

美国经济面临长期去杠杆化，总需求受到抑制；美国政府面临高赤字、高债务的问题，限制了财政政策的灵活度，不利于支持经济发展。同时，目前经济又缺乏明显的新的增长点。因此，从 2011 年第一季度开始出现的经济增速明显放缓，是各种宏观因素的综合反映。

目前，美国居民逐渐增加存款，银行也在逐渐去杠杆化，债务占比明显下降，但美国政府部门的资产负债表却大幅膨胀。所谓的经济刺激计划实际上就是通过加重政府资产负债表受损的程度来修复另外三个部门的资产负债表。美国政府因之却将长期承受降低债务总量的压力。如果修复到相对健康的水平，可能要到 2018 年，即下一任总统完成执政的时候才能修复完。

企业部门方面，美国的企业投资仍是带动经济复苏的关键因素。虽然企业手中持有大量现金，但对未来经济增长前景预期不明，因此并没有进一步加大投资的打算，这对美国的经济增长进程有一定的抑制作用。如果信心增强则可加大投资、改善就业市场。

即便美国经历了百年一遇的危机，但是美国企业的盈利却是超预期的好，这是以前没有发生过的。我们预测 2011 年标普 500 盈利将实现 15% 的正增长，2012 年是 12%，而中国 2011 年全部 A 股盈利增速可能为 15%，2012 年仅 10% 左右。

金融部门方面，资产负债表在金融危机后得到了有效恢复，抗风险能力增强。但由于企业贷款需求不足，而居民和企业存款不断增加，使得美国商业银行信贷与存款缺口加大，不利于经济的持续复苏。另外，从宏观层面来讲，美国 M2 增加比较大，但货币供应增加并没有引起通胀，因为企业投资意愿不强，货币乘数下降，导致货币传导机制失效。

政府部门方面，美国政府的债务水平和财政赤字仍将长期居高不下，在未来 10 年中需发债约 6 万亿美元。奥巴马政府计划在未来 10 年中削减赤字总额约为 2.5 万亿美元，这有可能在未来两年中对 GDP 向下拉动超过 2%。

再看美国财政紧缩对 GDP 的影响，工资税本来要到 2012 年底结束，这可能把 GDP 往下拉 1 个百分点。美国成立了一个超级委员会，现在讨论的政策会在财政紧缩上把 GDP 再向下拉 0.5 个百分点。总体相加，2013 年财政紧缩会影响美国 GDP 下降近两个点。

这可能是现在值得关注的事情。美国2012年问题不大，2013年不容易过去，除非2013年新总统搞新凯恩斯主义。

美国就业市场没有明显起色，失业率高企，“无就业的复苏”仍在持续，这对经济未来复苏非常不利。房地产市场方面，虽然房屋按揭利率已经下降到了历史新低，但房价仍在寻底。现在就看美联储会不会实施第三次量化宽松政策。其实美联储能做的就是在抵押支持证券市场操作，实施量化宽松。如果这样的话，有可能2012年春天是美国房地产的底部。如果到2012年春天之前美联储在MBS市场无所作为，但奥巴马连任的话，那么2013年春天可能会是房地产的底；如果共和党上台的话，这些问题则可能会继续下去。

总之，美国经济有可能在未来几年维持低速增长，不排除2013年进入衰退的可能。

欧债危机错综复杂、旷日持久

欧洲债务危机的爆发，源于国家之间差异过大，同时缺乏国家之间政策方面的有效协调机制。在欧元区内，德国是第一经济大国，其经济规模占欧元区总规模的27%，法国占21%，受债务危机困扰的希腊仅占2.5%。欧元区各国GDP增速差异也比较大，2011年以德国为首的核心国家经济增长强劲，但受债务困扰的周边国家经济则处于衰退状态。

欧元区劳动力成本的严重分化是又一例证，这根本不符合最佳货币区的理论条件。1999年欧元区设立之前，德国劳动力成本是最高的，希腊、意大利相对较低。1999年之后，希腊、意大利的劳动力成本增长了20%~30%，相比之下德国劳动力成本反而下降了15%。经历这次危机，德国本身状况依然非常好，有几方面原因，一个是联邦德国与民主德国合并，德国经历了痛苦的改革，尤其是国企改革。德国花了十几年扎扎实实地把民主德国的国企问题消化了，在此过程中德国的整体竞争力得到很大提升。第二是原先联邦德国的厂商直接到劳动力成本更低的波兰和匈牙利投资，但是现在随着德国劳动力成本逐渐降低，联邦德国的厂商开始回迁，所以德国实体经济层面也更加有竞争力。第三，如果德国马克还在的话，德国以这样低的劳动力成本和高的生产效率，德国马克可能对美元升值 40%～50%。但是欧元在危机之后对美元是贬值的，德国躲在欧元后面获益非常大，实际上 2010 年德国贸易项目盈余占 GDP 的比例比中国还要高。

欧元区的失业率差异也非常大，这可能需要十年才能达到新的平衡。德国年轻人失业率是 9%，而西班牙高中毕业、大学毕业的年轻人中有将近 50% 的人没有工作。中国有一个词是“啃老族”，指的是年轻人大学毕业以后，尤其是大城市的年轻人买不起房子，和父母住在一起。实际上南欧这些国家，尤其是意大利和西班牙，从 1945 年之后就一直存在“啃老族”。1945 年之后意大利不断地货币贬值，平均每年换一个总理，每届总理上台都是重新开一些支票，在里拉后面继续加零。几代人住在一套房子里，这在意大利是常态。

这些差异巨大的国家在欧元区内共生，就必须要有政策上的有效协调机制，例如财政转移，但在欧洲现在的状况下，这是难以实现的。当时设立欧盟的时候，德国担心其他国家过度依靠德国，因此故意把欧盟做成一个极小政府。欧盟能够支配的财政支出只占欧盟 GDP 的 1%，而这 1% 的 GDP 还要扶贫非洲，用于使团、庞大的翻译队伍等，因此没有足够的资金用于财政转移支付。

欧洲央行并非一个常规的央行，对这一点我们需要深刻认识。在设计欧洲央行的时候，尝试照搬德国中央银行的模式，目标主要是稳定币值、稳定通胀。现在德国经济体量最大，经济增长最好，面临通胀问题；而对于别的国家来讲则是面临通缩的问题。如果要照顾德国利益，欧洲央行就要加息，但是照顾其他国家就应该减息。所以欧元区的政策协调机制问题非常难解决。

欧洲债务问题比较错综复杂。目前，欧元区债务缠身，希腊债务违约的风险上升。欧债危机升级，已经扩散到核心国家，如意大利、法国。欧元区的经济全面下滑，未来经济复苏前景堪忧，不利于解决债务问题。2011 年 8 月和 9 月“欧猪五国”债务到期压力非常大，可以说危机是如期而至，毫无意外。如果欧债问题在未来两三个月里得不到根本解决，2012 年 2 月至 4 月欧债问题又会如期而至，届时欧洲再融资风险会大幅度加大，而且意大利的债务问题会演变成不可控制的问题。

当前，意大利、西班牙的财政状况不容乐观。意大利经济总量在欧元区排名第三，相当于 6.8 个希腊、9 个葡萄牙、10 个爱尔兰，公共债务占 GDP 比重仅次于希腊。西班牙经济总量在欧元区排名第四，失业率超过 20%，财政赤字占比仅次于爱尔兰、英国和希腊。意大利、西班牙巨大的经济总量使得欧盟救助陷入更为艰难的境地。

意大利国债收益率已经突破 7%，市场留给意大利的时间已经不多了。意大利在 2012 年将可能面临更大的问题，可能爆发期间是 2012 年 2—4 月份。过去三年意大利每年拍卖 4 300 亿 ~4 600 亿欧元国债，但其中有一半是 1 年期以内的国债融资，因此 2012 年融资压力将大大超过以往年份。如果国债存量都是长期国债，在未到期时并没有大的偿付压力，但是如果有一半都是 1 年期以内的国债，再融资的压力就非常大了。在如此大的融资压力下，意大利国债收益率屡创新高，将可能触发评级机构下调其主权信用评级，导致未来融资成本难以为继。

欧洲银行对“欧猪五国”拥有巨大的风险敞口，资金面日益趋紧，这在最近受到一些关注。尤其是如果意大利、法国的问题进一步引发，风险将进一步加大，不排除会爆发银行系统危机的可能。

再来探讨一下德国在解决欧元区问题上的态度和考量。如果德国现在掏钱解决欧元区问题，有三大坏处。第一，德国掏钱过多。第二，会使相关国家丧失改革的机会，比如意大利二战之后一直就是靠货币贬值、通胀过来的，没有真正实行过改革，葡萄牙、西班牙也一样，希腊则问题更严重。这么大的危机之下都不改革，如果错失了改革机会，问题可能会更大。第三，如果德国现在把这个问题解决掉，欧元对美元会大幅度升值，这会损害德国利益，也会损害欧元区利益。

如果欧元区崩盘，也有三大坏处。第一，德国作为欧元区的核心大国，见死不救，政治代价非常大。第二，德国从欧元区退出来，马克出马，在短期内可能会对美元升值30%～50%，使德国承受不了。第三，欧盟其他国家会对德国不负责任的做法产生敌意，各国都实行贸易保护主义，德国也就不会有希望出口了。

所以，欧元区彻底崩盘抑或单靠德国力挽狂澜都不可能成为德国的最佳选项。最后的结果会是什么？我认为就像拉风箱一样，当问题走到悬崖边上时往回拉一把，然后各国的问题自己解决。所以欧元区的问题不好解决，欧债危机也将成为一个旷日持久的问题。

欧元区的出路，可能有几个选项。一是成立欧洲财政部，但现在看来可能性很小，因为难以在国家统一之前实现太大的财政转移支付。另一个解是由欧洲央行来接管欧洲事务，这是可以有实质性进展的一条路，而且实际上正在朝这个方向推进。前不久，欧洲央行前副行长卢卡斯·帕帕季莫斯（Lucas Papademos）被任命为希腊新总理。另外，意大利不久前在欧洲央行管理委员会成员还有两个人，一个是意大利籍的现任欧洲央行行长马里奥·德拉吉（Mario Draghi），还有一个是欧洲央行执行委员会委员斯马吉（Bini Smaghi）。当时马里奥·德拉吉竞争欧洲央行行长时，意大利总理贝卢斯科尼不断给斯马吉施压，要求他辞职让位于法国人，斯马吉请示欧洲央行法律部后说不能辞职，否则就影响了欧洲央行的独立性。现在斯马吉已经辞职，这有两个好处，一是要解决欧洲问题，法国人必须扮演积极作用，法国人在欧洲央行管理委员会中要有一个席位。第二，不排除斯马吉将来成为欧洲央行在意大利的重要联系人。换句话说，欧洲现在解决问题之道是欧洲央行去接管整个欧洲。这条路能走多远？我们拭目以待。

如果欧洲央行接管欧元区成功的话，债务货币化成为可行的唯一解。德国现在在欧洲央行里的声音越来越小，阿克赛尔·韦伯（Axel Weber）本来是欧洲央行行长候选人，但他在 2011 年 2 月时退出了候选人之列。欧洲央行管理委员会成员、首席经济学家德国人尤根·斯达克（Jürgen Stark）也在 2011 年 9 月宣布辞职。

欧元区问题能否相对平稳地化解，还要看马里奥·德拉吉是不是真正的意大利人本色。如果他是真正的意大利人，可能会在欧元后面加零，那欧债危机还是可以有解的。我认为这个可能性相当大。第一，他是麻省理工学院经济学博士，相信凯恩斯主义。第二，他在意大利财政部任过高官，还曾担任高盛投行副总裁。意大利人能做欧洲央行行长，可能 50 年内就这么一次，现在时势造英雄，德拉吉值得一搏。如果按照德国人的做法，欧洲央行和欧元都可能会被逼到死地，他会沦为历史罪人。

全球资金流向：撤离新兴市场，流入美国

2011 年全球资金流向

2011 年以来全球的资金流向趋势是明显流出新兴市场，流入美国等发达国家市场。到年底约共有 200 亿美元长期资金流出新兴市场（包括股票型基金和债券型基金），扭转了金融危机后 2009—2010 年两年中资金大量涌入的情况，而美国和欧洲分别有 700 亿和 60 亿美元的流入。特别是自 2011 年 8 月以来，资金撤离新兴市场的趋势加剧，8 月一个月即有 140 亿美元流出；与此同时，欧洲基金在 1—7 月基本呈净流入状态，之后也转为 8—12 月连续五个月的净流出，合计流出达到 214 亿美元。美国仍是最大的资金流入国，2011 年 700 亿美元的流入量虽然显著低于 2009 年和 2010 年，但仍是 2011 年资金最大的目的地，主要是由于全球投资者普遍更倾向于持有风险较小的安全资产。总体而言，2011 年资金从新兴市场和欧洲的流出量与 2008 年相比较为温和，意味着如果 2012 年

一季度欧债危机在新一轮大规模再融资需求下继续深化，资金外流的趋势有可能变得更为明显。

从资产类别上看，投资者明显更为偏好较为保守的债券型基金，债券型基金2011年约有1 040亿美元流入，自9月以来也一直保持大幅净流入态势，合计流入达到412亿美元；股票型基金2011年流出金额在390亿美元左右，与2008年净流出1 180亿美元相比较少，但比2010年净流入660亿美元已经大幅下滑。从每月的统计来看，2011年中仅1月和4月出现超过200亿美元的大幅流入，其他有八个月呈现流出，两个月出现很小幅度流入。特别是自8月以来连续五个月净流出，合计流出金额高达779亿美元。再次显示在全球不确定性升高、经济增长乏力的情况下，投资者的风险偏好进一步降低，资金被更多地配置到较为安全的资产类别。

欧洲银行去杠杆化加大新兴市场汇率风险，美国仍是主要资金去向

由于大量资金从新兴市场经济体抽出返回欧美，新兴市场经济体汇率承受着巨大贬值压力。随着资金流出愈发明显，新兴经济体货币普遍面临较大风险，特别是与欧洲联系较为紧密的新兴欧洲国家包括匈牙利、土耳其、波兰等；南非兰特、印度卢比、俄罗斯卢布等较大型新兴经济体的货币也在近期大幅贬值。与此同时，发达国家货币2011年普遍升值，涨幅最大的日元升幅达5.5%左右，仅欧元微跌0.7%。

前瞻地看，我们认为新兴市场货币贬值压力将可能延续至2012年一季度，而欧元则在资金外流愈发明显的背景下承受越来越高的贬值压力。

市场目前普遍担心2012年2—3月欧洲周边国家包括意大利需要再次进行大规模主权债务融资，而欧洲银行也需要进行股权融资以继续降低杠杆水平。如果由于股票估值水平偏低，欧洲银行或许

无法或不愿出售股权；在去杠杆化的压力下，它们可能以从海外债权撤资，甚至抛售海外资产作为主要融资途径。

根据国际清算银行截至2011年上半年的数据，欧元区银行对东欧国家经济实体的融资至关重要，占整个新兴欧洲地区非银行部门总融资的比例高达42%，一些国家如罗马尼亚、匈牙利、波兰、利比里亚等占比超过50%。这一比例在其他地区如拉丁美洲、中东非洲和新兴亚洲较低，在中国仅为0.4%。欧元区银行持续撤资将使这些东欧国家货币继续面临贬值压力。

值得注意的是，这些欧元区银行对东欧的债权较多是因为它们在当地设有主要分支机构，有稳定的存款来源，不像跨境贷款那么不稳定。然而这些银行对其他新兴市场的债权主要是以贸易融资形式存在的跨境贷款，短期债权占比相当高，存在不续期的可能。具体来说，新兴亚洲、非洲中东和拉美对欧元区银行债务中少于1年的短期债务比例分别为52%、41%和39%，东欧较低仅33%。鉴于此，欧洲银行的去杠杆化可能会进一步打击这些新兴市场的出口，从而影响经济增长，而资本持续外流也使这些国家本地货币存在进一步贬值的压力。

欧洲银行出售海外资产导致资金回流欧洲本土，维持了近几个月以来欧元汇率的强势（相对于新兴市场货币），但我们观察到在欧债危机不断深化的背景下，欧洲自身资金也在加速外流，从股票和债券基金的角度来说，8—11月已经连续四个月净流出合计165亿美元，主要去向为美国市场。在欧洲2012年陷入温和衰退，欧洲央行持续减息，欧洲银行流动性风险上涨的背景下，资金从欧洲流入美国的趋势有望延续。

此外，全球宏观对冲基金的投机活动可能会放大主要货币的波动幅度。根据美国商品期货交易委员会的非商业（即投机性）美元和欧元净头寸数据显示，非商业美元净多头头寸已升至5年来新高；而欧元的状况正好相反，非商业欧元净空头头寸已达到17个月以来的高位，表明随着欧债危机深化，“聪明钱”做空欧元的情绪日渐高涨。

各国政府政策空间比较

为了更好地理解2012年各主要经济体所处的政策环境，我们比较了各主要经济体政府债务水平和政策能力，其中政府债务这一指标采用公共债务占GDP比重，政策能力方面分为三个子项分别进行打分，包括经常账户状况、货币政策灵活性和政治意愿，最高为5，最低为1，综合加总估算政策能力大小（表1）。

表1 从三方面衡量各国政策能力

	经常账户占GDP比重	货币政策灵活度	政治意愿	合计：政策能力
美国	1	5	2	8
欧元区	3	2	1	6
日本	4	3	2	9
中国	5	2	3	10
印度	2	1	2	5
巴西	2	2	5	9
俄罗斯	5	2	2	9
韩国	3	3	2	8
越南	2	1	2	5

注：1. 中国中央政府债务占GDP比例为34%，调整加入地方政府各项债务（包括地方融资平台）共计10.7万亿人民币后，该比例上升为59%。

2. 政策能力分为三个类别从1~5分别打分，最高为5，最低为1。

3. 以上数据均为2010年。

资料来源：IMF，中金公司研究部。

图1中位于右上角象限意味着政府债务相对较低，而且从实际能力和政治意愿上来说政策都有放松的空间，中国比较符合这一描述，中国最强的一项是经常账户盈余较大，占GDP比重为5.2%（2010年数字，2011年大幅降低）；但货币政策在某种程度上受制

于人民币汇率和资本流向，独立程度相对较弱；随着中央经济工作会议把稳增长目标放在首位，政治意愿方面回归中性水平。

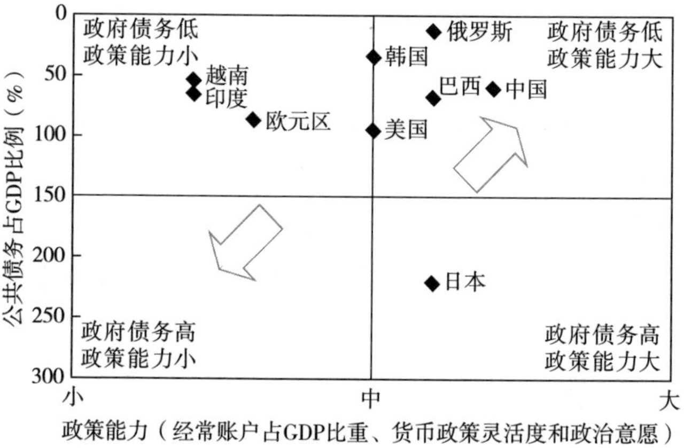

图 1　各国政府债务和政策能力比较

俄罗斯、巴西和日本虽然政策能力最终得分一样，但它们公共债务占 GDP 比重差别非常大，最高如日本达到 220%，最低如俄罗斯仅为 12%。其中巴西政府换届周期已随着新政府在年初的上台而结束，新总统罗塞夫将执政到 2014 年底，我们观察到现任政府对经济增长持积极态度，最近较为前瞻性地实施了一些宽松措施，比如 8 月底之后连续 3 次减息，但值得注意的是巴西经常账户赤字占 GDP 比重为 2.3%，能否继续大幅放松货币政策仍有赖于外部资本对经济活动的支持。俄罗斯拥有较高的经常账户盈余，但货币政策灵活度和政治意愿相对较低。日本货币政策相对独立，但国内政治稳定性相对较弱。

美国政府虽债务较高，但美联储仍将保持灵活的货币政策，如果经济出现衰退、通缩压力浮现，美联储仍有可能推出新一轮量化宽松（QE3）。但美国经常账户赤字维持在占 GDP 3.2% 的高位，2012 年下半年大选也给政治上带来一些不确定性。韩国具备一定政策能力，主要得益于经常账户和财政双盈余（分别为 GDP 2.8% 和 1.7%），外债占 GDP 比例也在低位（35%），但考虑到 2012 年

12 月将举行大选，最后得分处于中游。

对于欧元区来说，虽然经常账户基本平衡，但整体外债占 GDP 比重高达 120%，而由于机构设置等制度性限制，欧洲央行政策仍然较为僵化。此外，在财政联盟缺位的情况下，各国政府协调困难不小，政治上推出大规模宽松政策的意愿较低。

最后两个有代表性的新兴市场国家印度和越南的政策能力都较低，两国都受制于财政、经常账户双赤字，其中越南经常账户赤字达到 GDP 的 3.8%，财政赤字占 GDP 的 5.7%，印度经常账户和财政赤字分别为 GDP 的 2.6% 和 8.4%，由此导致货币政策灵活度较低，政治意愿方面也难见积极举动。

2012 年可能超预期的事件

局部地区政局不稳定和大选年政策不确定性

中东地区有可能出现进一步区域性冲突升级，引发全球市场动荡。伊朗作为欧佩克组织第二大石油生产国，目前局势十分紧张，一旦西方各国和以色列对其展开军事行动，将随时引发国际油价大幅波动。与伊朗危机并行的叙利亚危机也可能上升为内战，由于叙利亚敏感的战略位置，一旦发生外部军事干预，可能把以色列和周边阿拉伯国家也卷入战火纷争。这些潜在的风险可能对原油供给造成冲击，大规模推高油价，对全球经济增长不利。

此外，2012 年全球主要国家将进行大选，在此期间政策可预见性不高。其中几大联合国安理会常任理事国包括美国、俄罗斯、法国都将举行大选，大选结果将左右全球局势；一些重要的能源产地如委内瑞拉、墨西哥、蒙古等国也将进行选举，可能会对相应的能源品类价格产生影响；韩国的选举以及朝鲜金正日之后的政局对于朝鲜半岛的局势至关重要。各国现任领导人能否继续连任、新上任的领导人会否延续现任领导人已制定的战略政策，都具有巨大的不确定性，因而全球的政策预见性较低，全球形势难以明朗化。

欧洲的危和机

欧洲受制于目前欧元区框架下的政策僵化，欧债问题难以快速和平稳地解决。欧洲央行的目标是维持总体价格稳定，并没有保持经济增长或是促进就业的使命，从而限制了在现有法律框架下欧洲央行大规模救助政府、货币化国家主权债务的可操作空间。在欧洲央行事实上成为真正的最后贷款人之前，欧洲债务危机存在恶化的可能。

另外一种可能性是在 12 月欧盟峰会达成协议的基础上，各国同心协力，迅速推进财政联盟在法律和操作层面的细节，提振市场信心，并促使欧洲央行更深入地介入应对危机。2011 年 12 月 9 日欧盟高峰会后，欧洲政府和欧洲央行均向积极方向迈进，尽管其进程和可持续性仍然有待进一步观察。国际货币基金组织在这个过程中也将起到重要的桥梁作用，将欧洲以外的资金引入，最终避免周边国家违约和欧元区解体。

两种可能性均存在，即欧洲同时存在下行和上行的可能。我们目前的基本结论是欧洲经济 2012 年上半年将滑入温和衰退，GDP 呈现小幅负增长，存在下行的风险；下半年情况转好，存在上行的可能。

新兴市场上行和下行可能并存

如果美国和欧洲 2012 年都能“勉强混过”，即美国经济温和增长，欧洲经济温和衰退，“黑天鹅事件”（如欧元区解体）不会发生，那么随着全球经济增长减缓，新兴市场通胀压力将显著下行，留给新兴市场较大的政策腾挪空间，新兴市场有望推出新一轮政策刺激内需，实现软着陆。对于股票市场来说，考虑到目前较低的估值，存在较为可观的上行空间。

另一方面，随着 2012 年初欧洲危机的深化和 2—4 月大规模主权债务到期需要再融资，如果欧洲央行无大作为，欧洲银行系统将可能加快去杠杆化的速度，从新兴市场大规模撤资并处理资产，资本大幅外流将持续冲击新兴国家经济增长（通过减少贸易融资从而打击出口）和货币稳定，造成股票市场较大动荡。某些新兴国家仍有政策操作的空间，但不少国家（如印度）受制于双赤字的限制，可能难以迅速、大幅转向刺激经济，导致经济和股市遭受较大冲击。

美国2012年下半年经济增长存在下行风险

因超级委员会未能在11月达成协议，美国将于2013年开始自动削减财政开支，这对中期经济增长不利。而2012年即将到期的个人所得税减免如果无法延续，可能直接抹去2013年GDP增长1个百分点。此外，2012年11月也将举行大选，如果届时奥巴马连任失败，或者仅仅是小胜（民主党在国会议员席位仍为少数），则2013年美国经济滑入衰退的可能性将加大；而如果奥巴马能够以大胜获得总统连任，则有可能推出一些经济刺激措施以缓解减赤对经济增长的压力。如果2012年总统大选呈现胶着状态，不确定性维持高位，握有大量现金的企业界可能会观望，企业雇佣和投资都将受到较大影响，这给2012年下半年的经济增长也带来了一定压力。

日本政府主权债务的下行风险

日本政府债务占GDP比重一直维持在高位，到2010年已经达到220%的历史高位，同时也是世界主要经济体中最高的。本国金融机构和民众支持了95%的政府融资，相对稳定性较高，但随着人口进一步老龄化，居民收入增速放缓等，本国私人部门能否继续支持如此高额的政府债务仍存在疑问。特别是如果美国、欧洲和中国都基本实现“勉强混过”或是软着陆的情景，可能促使一些较为激进的全球宏观投资者更加关注日本政府财政的脆弱性，有可能着手实施相应的攻击计划，造成较大市场波动。

中国须备战危机

未来，美国、欧洲两个最大的发达经济体货币政策将会极度宽松，这样的外部环境对新兴市场和中国经济将造成怎样的影响，是非常值得我们关注的。

2012 年部分新兴市场国家将会出现双赤字。2011 年一些新兴市场国家汇率已经出现问题，比如印度和韩国本国货币在 2011 年 9 月汇率贬值 10%。如果新兴市场洗牌的话，2012 年的金融市场风险会比 2011 年更高。

2011 年金融市场发生了三件超预期的事件。整体而言，2011 年海外对冲基金都不容易赚钱，除了那些唱空中国和其他新兴市场的。为什么没有赚钱？第一，石油市场 2011 年出现一个大调整，美国通过监管措施压缩了石油市场的投机空间。第二，黄金市场也在 2011 年被挤掉了水分。第三，汇率市场炒高瑞士法郎和日元也难以为继。

当然，海外确实有人真正相信中国经济要出大问题。我 9 月底到纽约专门拜会过一些基金经理，尤其是唱空最厉害的几个人，有一些是真正相信中国经济不行了。另外是 2011 年的示范效应，做对冲基金都不赚钱，只有唱空新兴市场才能赚钱。2012 年的市场仍然不容乐观。

总的说来，我认为全球经济 2012 年未必会二次衰退，相比美国，欧洲将会面临较大风险。因为财政和政治大选方面的原因，美国 2013 年问题将会变得更为严重。现在市场对中国的关注也越来越多，包括金融体系风险等。所以，即使没有二次衰退，中国 2012 年和 2013 年的环境也是富有挑战的。

我们需要开始备战危机。

第四部分

人民币国际化

人民币汇率形成机制的改革及其政策影响

导读

货币当局需要明确货币政策目标，以保证政策的连续性和可预见性；要继续大力推进利率市场化的进程，大力改善货币政策的传导机制，大力改革和发展金融市场；在使用货币政策的独立性和灵活性方面仍应坚持以谨慎和审慎为宜。人民币汇率改革在操作层面要注意如下问题：要尽快建立新机制的信用；注意保持与美元汇率的相对稳定；进一步研究和发展金融避险工具，改善外汇储备管理；保持人民币稳中趋升的发展态势；加强国际合作与协调。

2005 年 7 月 21 日，人民银行发布公告，宣布将实行以市场供求为基础、参考一篮子货币进行调节、有管理的浮动汇率制度。这是自 1994 年人民币汇率并轨以来汇率机制的又一次重大改革，它在国内外引起了广泛关注和市场反应，亚洲一些国家的汇率政策也相应跟进。此次人民币汇率改革的一个重要内容是制度性的，放弃了事实上钉住美元的做法而改为“参考一篮子货币”。从短期来看，它在一定程度上舒缓了国际压力和贸易上的国际摩擦，遏制了市场上的投机和炒作，也为中国货币政策的独立、灵活性创造了条件。从长远来看，它对人民币汇率的制度建设、对中国经济发展影响将

* 原文发表于 2005 年 9—10 月《国际经济评论》，与王水林合作。

更加深远。如何看待此次人民币汇率形成机制的改革以及对相关政策的影响，仍有一些问题值得探讨和研究。

对人民币汇率中长期水平的基本判断

为了更好地认识此次汇率改革的作用和影响，我们需要对人民币汇率的中长期水平有一个基本判断。事实上，汇率水平是由经济、制度和市场因素决定的。经济因素包括一国经济的基本面、不同货币之间的利差、相对购买力等；制度因素则包括主权风险、汇率制度以及一国所处的经济发展阶段等；市场因素包括一国和国际金融市场的资本流动和价格形成机制等。

近一两年来，关于人民币汇率水平的争论一直很激烈，概括起来大致有四种观点：第一种是认为人民币被严重低估了，应尽快大幅度升值。持这种观点的主要是美、欧、日等国的一些利益集团、政客、思想库的学者以及议会议员。第二种是要求人民币汇率应增大浮动范围，认为它符合世界经济利益，也符合中国本身的利益。这种观点只提“弹性”，不提升值，许多国际学者以及国际货币基金组织均持这种观点。第三种是认同增加人民币汇率弹性的目标，但强调目前应保持稳定，改革重点放在深化外汇市场，改进人民币汇率的形成机制。第四种是人民币汇率对美元升值会引起通货紧缩并影响外国对中国的直接投资，持这种观点的人在国际上是少数，在国际政策讨论中影响不大。

依据国际经济学理论，一国经济如长期持续增长，通常会使劳动生产率相对增长，从而推动本币实际汇率升值。然而，由于中国经济发展的特点，人民币汇率并非一开始就呈现升值趋势，而是经历了一个漫长的先贬值然后才转向升值的过程。人民币汇率自 20 世纪 80 年代以来大致经历了三个发展阶段：70 年代末到 90 年代初的十多年间，人民币对美元名义汇率和对一篮子主要外国货币名义汇率一直在贬值，名义贬值约 4～5 倍，实际贬值 2 倍左右。1994

年汇率并轨以后，人民币汇率逐步攀升。根据IMF的计算，从1994年1月到2002年9月，人民币对中国主要贸易伙伴国的货币名义汇率上升了13.9%，实际汇率上升21.5%。2002年以来，人民币兑美元的汇率基本不变，但对欧元、日元稍有贬值。

人民币汇率的趋势转变是由多方面的因素决定的。首先，是中国可贸易部门劳动生产率的相对增长。在20世纪80年代，中国的出口主要是原材料、农产品以及少量纺织品等。进入90年代后，制造业和纺织业生产能力和生产率有了大幅提高。初步测算显示，1995—2003年，中国制造业的劳动生产率与美国和OECD（经济合作与发展组织）国家相比累计相对增长了1.2～1.5倍。中国的这种发展变化印证了国际经济学中的巴拉萨—萨缪尔森效应，即可贸易部门劳动生产率相对增长产生本币升值压力。

其次，是中国经济积极融入全球一体化，其国际收支账户发生了根本性变化。在20世纪70年代末和80年代绝大部分年份，中国的国际收支账户基本平衡，贸易和经常账户逆差与资本账户顺差并存。这一时期，由于中国大力推进工业的现代化，积极引进先进技术和生产设备，进口大幅度增加，造成了12年中有8年是经常账户逆差，累计经常账户逆差达185亿美元。90年代以后，随着中国经济的进一步开放，制造业和加工工业生产能力和生产率的大幅提高，中国参与国际产品分工的程度加深，出口创汇大量增加；与此同时，外国在华直接投资迅速增加，国际收支账户因此形成贸易经常账户与资本账户同时盈余的双顺差局面。从1990年到2004年的15年间，共有12年为双顺差，累计经常账户顺差为2 569亿美元，资本账户顺差为3 178亿美元。

持续的双顺差对人民币的升值产生了压力。那么，人民币币值是否被低估了呢？国际上采用的判断方法之一是购买力平价法，按此法计算的人民币币值是被低估的。例如，根据《经济学人》杂志的“巨无霸”（Big Mac）指数，人民币自1995年初至今升值前被低估了55%。此类指数表示的人民币与美元之间购买力的差别很大程度上反映了因结构因素引起的中美间非贸易部门的价格差。但是，如以宏观部门平衡法衡量，其结果并不明显。国际货币基金组织2004年对华磋商报告的判断是“没有足够的证据表明人民币被严重低估”。如果以市场预期衡量，境外的人民币不可兑换远期汇市近来预期人民币将在一年内升值5%～7%。但一般的看法还是认为人民币币值在此次升值前是略有低估的，原因主要从三个方面来看：一是在过去三年中国经常项目盈余逐年扩大；二是通货膨胀率与主要贸易伙伴国接近，实际上近年来的平均值比美国还低；三是阻碍中国出口的贸易壁垒（例如纺织品配额）减少了，贸易条件得到了改善。

从中长期来看，人民币仍有升值的空间和趋势，但也不排除出现贬值的风险。中国当前经济发展势头强劲，国内投资和出口需求仍旧旺盛，经济基本面继续得到改善，经济发展前景仍被继续看好，人民币会继续受到国内外投资者的青睐。这一点从国际经济学来看也是如此，从生产率增长效应来看，当一国的贸易部门（制造业）的生产率增长快于非贸易部门（主要是服务业），或者该国贸易部门生产率的增长率快于贸易伙伴国的贸易部门，那么该国的长期实际均衡汇率将趋于上升。由此判断，人民币会继续面临升值的压力，或曰仍有升值的潜力，人民币实际均衡汇率会趋向上升。但从净债权国地位效应来看，人民币汇率的前景并不十分清晰。净债权带来资产收益流入越多，所要求的实际均衡汇率升值幅度就越大。中国一方面已成为西方主要发达国家的债权国，另一方面也是外国直接投资的主要接受国，二者作用呈相反方向，对人民币实际均衡汇率中长期的影响将取决于经济政策对二者的取向。

人民币也面临贬值的风险。中国经济的基本面虽然有了很大改善，仍有不少失衡的地方需要解决。譬如，如何进一步有效地改善经济调控，稳定宏观环境，解决经济发展中能源、环保等瓶颈问题，保持国民经济的健康发展，如何加强金融的监管，提高金融主体的法人治理的能力和水平等，这些问题解决不好会影响市场对中国经济的预期，当然也会对人民币的走势产生负面影响。中国还是一个发展中国家，而发达国家与发展中国家的一个重要差别在于金融市场的流动性和深度。发展中国家金融市场的流动性差、市场浅，金融市场上一有风吹草动，价格变化巨大，市场容易出现过度反应，引起货币汇率的大幅变化。墨西哥金融危机是这样，亚洲危机也是这样。危机发生之前有很多热钱流入，刺激金融资产泡沫膨胀；而当这些热钱突然停止并大量撤出时，则一定会导致泡沫破灭、股市崩盘、国家的外汇储备大量流失。再则，因为投资产品的流动性差，这些国家不得不持有较多的外汇储备。流动性和深度方面的差异还导致资本由发展中国家向发达国家倒流。因此，人民币也存在贬值风险。综合考虑各种因素，人民币中长期升值趋势和贬值风险是同时并存的。

人民币汇率改革对货币、财政、贸易等相关政策的影响

此次人民币汇率改革和新的汇率形成机制的实施将会对现行的货币、财政、外贸等相关政策发生影响。

一般来说，汇率制度的放松会增加国内货币政策的独立性、灵活性。根据不可能三角定理，当一个国家已融入世界经济体系，在汇率稳定、货币政策独立、金融一体化三个目标上只能选择两个，不能三者兼得。若要保持货币政策的独立和汇率稳定，就必须管制资本；若想既维持独立的货币政策，同时又能参与金融的一体化，就要放松汇率的管制；如果既想参与金融一体化，又想保持汇率的稳定，那么就只好放弃独立的货币政策。

此次人民币汇率机制改革应该说增加了央行的货币政策的独立性、灵活性，是有积极意义的。长期以来，人民币一直采取了钉住美元的做法，对货币政策起到了名义锚的作用，特别是在 20 世纪 80 年代到 90 年代中效果十分明显。从 1987 年到 1996 年，中国经

济高速增长，但波动性较大，通货膨胀率比美国高出 8 个百分点。1994 年到 90 年代末，人民币汇率继续采用钉住美元的机制，事实上“进口”了引导美国经济高速增长和低通货膨胀的美元货币政策，它对当时中国经济的增长和宏观调控是有助益的。

但从 90 年代末开始，美国经济经历了股市泡沫破灭、经济由高速增长转入衰退和低速增长阶段，美联储为此连续降低利率，采取了一系列刺激经济的做法。而此阶段，中国经济基本上持续高速增长。因此，两国的发展步调并不一致，继续“进口”美国的货币政策对中国的经济增长和宏观调控起了相反的作用，使成本增加，并在某种程度上加剧了 2004 年的经济过热现象。2005 年 7 月出台的汇率机制改革增加了中国货币政策的独立性和调控空间，央行可以更灵活地调节国内利率政策，促进信贷资源的更合理分配。目前，人民币的实际信贷利率仍显过低，不利于信贷资本的有效使用。新的汇率机制也帮助降低了货币对冲成本，减轻了央行在稳定基础货币供应上的压力。近年来，面对大量外币资金的流入，央行靠发行债券以控制基础货币及通货膨胀，对冲成本巨大。

此次人民币汇率机制的改革提高了货币政策的灵活性，虽然如此，货币政策的可操作空间改善并不太大。一则是因为人民币放弃了钉住美元的做法，使中国货币政策在相当程度上失去了美元的名义锚，因此对外界来说货币政策的不确定性增大了。二则是由于现有的国债存量较大，汇率的上调也会对金融业尤其是银行业带来财务损失。因此，人民银行需要明确货币政策目标，以保证政策的连续性和可预见性。另外，需要继续大力推进利率市场化的进程，大力改善货币政策的传导机制，大力改革和发展金融市场。总之，在使用货币政策的独立性和灵活性方面仍应坚持以谨慎和审慎为宜。

此次汇率改革要求财政政策与货币政策有更好的协调和匹配。近年来中国国内的税收收入增加较快，人民币的小幅度升值对国家的财税收入影响是有限的。但是，人民币实际汇率上升意味中国货币政策的收紧，是一个经济引入紧缩的新因素。目前中国宏观经济正处于景气状态和周期性变动的敏感时期，财政、货币政策需要密切配合。在此阶段，财政政策不宜过度从紧。

人民币汇率形成机制的变化和汇率水平的上调对中国的对外贸易产生直接影响。受负面影响较大的将是一些劳动密集型和低附加值的出口产业、企业，对扩大就业、农村劳动力转移也会带来压力。政府在通过财政向那些暂时受汇率调整冲击较大但仍具发展潜力或占主导地位的出口企业、行业提供帮助的同时，也可以利用此次人民币汇率调整的契机，加大参与国际贸易领域的企业结构调整的力度，促进外贸部门的技术进步和产品结构的升级换代，提升出口商品和服务的附加值和竞争力。与此同时，通过价格调整，促进贸易部门和非贸易部门的协调发展，使经济的拉动和发展转到以内需为主、改变过分依赖国际市场的做法。在国际能源与原材料价格不断上涨的情况下，是否继续以大力吸引外资和出口导向作为中国经济的长期发展战略值得研究。

人民币汇率形成机制的变化对中国外贸也有一定的积极意义。近年来虽然中国的出口增长很快，但出口产品中的进口含量却很高（附加值只占加工贸易的20%），人民币汇率初始上调降低了进口原材料的成本，对出口所产生的负面影响也是一种抵消，因此很难说就一定会影响到中国出口的竞争力。中国广袤的市场、良好的基础设施、已形成规模效益的供应链以及充足、训练有素的劳动力供给对外资仍然具有很强的吸引力，因此人民币的小幅升值对外资不会有过大影响。

从长期看，汇率政策调整有助于利用市场价格手段鼓励企业进行产业结构升级，促进服务业等不可贸易部门成长，逐步提升中国产业和贸易结构，从而更有效地落实政府倡导的科学发展观。

对几个技术操作层面问题的看法

世界各国采取的汇率制度既有固定的、浮动的，也有有管理的浮动汇率制，汇率形成机制有钉住一种货币的、有采取货币联盟的，也有采用一篮子货币的，这主要根据每一个国家的基本国情而定。就如前面所提到的那样，它受一个国家的经济、制度和市场发育等因素决定，故不存在谁优谁劣的问题。

这次人民币汇率进行改革，提出以市场供需为基础、参照一篮子货币的有管理的浮动汇率制符合中国现阶段的经济发展和对外开放需要，是合适的。以下的一些问题在政策和技术操作层面应引起重视。

要尽快建立新机制的信用

自 2005 年 7 月 21 日人民币汇率改革及人民币汇率一次性上调 2.1% 以来，市场上对人民币的升值预期仍然存在，投机风潮并未散去。近期内，在继续维持人民币汇率的相对稳定外，要尽快建立起新机制的信用，逐步改变市场的预期，以赢得调整的更大空间。如果新机制的信用不能尽快建立，可能会刺激进一步的投机浪潮，会使更多的热钱流向中国，引发金融泡沫。需要谨慎对待人民币汇率的再次上调，如果人民币在现有的水平上再升值百分之四至五，那它与港币的兑换率就是 1∶1，可能会对港币和香港金融业带来冲击；如果累计升值达 10% ~15%，对 GDP 增长的影响有可能达到或超过一个百分点。

注意保持与美元汇率的相对稳定

在此次人民币汇率的形成机制改革中，人民银行提出了参照一篮子货币的做法，并根据中国的对外贸易、外债和外国直接投资等因素，确定了篮子中的美元、欧元、日元、韩元等货币组成及它们在篮子中的权重，这是符合中国当前的对外经贸关系和金融状况的，是妥当的。美元在人民币汇率的形成定价中仍将扮演重要角色。这不仅仅因为美国是当今世界上最发达的工业大国，是中国最重要的贸易伙伴国，也是因为在国际货币体系中美元仍是最重要的储备货币和最主要的工具货币，大多数的国际经济、贸易和金融活动均采用美元结算方式，如石油、运输、资本交易以及各种商品和服务贸易，美元的作用显而易见。虽然中国的对外经济关系日益加强，经贸活动遍及世界各地，资本的融通渠道也日趋多元化，但美元相对于欧元、日元及其他货币在国际货币体系中的重要地位和作用在相当长一段时间内将不会有根本的改变。

要进一步研究和发展金融避险工具，改善外汇储备管理

随着人民币汇率新机制的建立和人民币汇率浮动范围的扩大，汇率的不稳定和汇率风险随之加大。如何降低汇率的风险，提高资金的运作效率，这无论对国家、企业都是需要值得高度重视和认真研究的问题。在进一步加强金融监管的前提下，应提倡金融创新、积极发展新的金融避险工具，为国家、企业、个人有效避险、资本保值、增值服务。应允许更多的金融机构和一定规模的企业参与外汇市场的交易。人民币升值也增加人民币在海外的购买力，增加了人民币资产的财富效应，应当积极鼓励企业的海外投资和发展。

中国目前拥有较多的外汇储备，这符合国家利益也是为中国的当前国情所决定的。随着外汇储备的继续增加，外汇储备的管理在把安全放在首位的同时，也要考虑资本的保值和增值。可以考虑将现有的外汇储备分为两部分，其中的相当一部分作为外汇储备的基础仍采用现行做法，投资于美元、欧元、日元等国债，以保证安全性和可流动性。这部分的规模应结合国家的外债总额、期限和进口情况来定，并留足余地。另一部分也可设立一个外汇稳定基金，投资于回报率较高、流动性稍差一点的其他投资产品上，包括美国和其他国家的优质企业债券、高等级的商业票据、蓝筹股等，也包括中国本国的好的企业的股权投资。当外汇储备一旦出现困难时，外汇稳定基金的资金可以立即兑现并补充到外汇储备当中去。外汇储备和管理与汇率政策是一个统一的整体，两者间是协调和互动的关系。

要保持人民币稳中趋升的发展态势

汇率水平调整是一个十分困难的过程，调整幅度过大会造成通货紧缩，调整幅度过小，会引发进一步的投机性资本流入。德国和日本两国在20世纪70年代和80年代曾因本国货币兑美元升值过快、过猛造成了经济的衰退。通货紧缩仍会是世界经济今后面临的一个主要威胁，因此在这样的一种国际背景下，快速升值对一个国家的经济发展是不利的。世界上没有一个国家希望自己的货币升值（国际货币基金组织前首席经济学家罗高夫语），适当保持人民币汇率稳中趋升的发展态势和升值空间有助于中国经济的发展，对人民币完全可兑换最终目标的实现也是有帮助的。如果人民币币值的预期是上升的，那么不管是国内的投资者还是海外的投资者，投资人民币的意愿就会增强，人民币实行可兑换也就指日可待了。

加强国际合作与协调

随着中国经济的逐步增强，中国对世界经济、贸易乃至金融的影响会日益加大，包括人民币汇率在内的许多政策和做法都将日益为全球所关注。近一两年来，中国政府领导人及人民银行、财政部等部门负责人参与了一些多边和双边的对话、谈判，包括与七国集团、二十国集团的对话，已经有了一个非常好的开端。中国应更多地参与这类国际间的对话和政策协调，特别是与多边国际组织，如世界银行、国际货币基金组织、国际清算银行、世界贸易组织以及其他国际和区域经济组织，也包括双边的对话与协调。这种多边和双边的对话和协调机制不仅能增加国际社会对中国的理解、信任，中国也可以发挥作为一个发展中大国应有的影响和作用。

中美经济金融互动与人民币国际化

导读

中国要积极推行人民币国际化；同时，要以战略眼光来考虑错综复杂的国际金融形势。中美关系方面，应努力建设为相互尊重、合作共赢的战略性关系。中美两国在经济发展所处阶段、资源、劳动力、资本、科学技术等方面存在较大差异，这种差异决定了中美的经济和金融市场的互补性大于竞争性，这对中国发展是长期有利的。中国也应该借助美国的经验进一步发展自己的资本市场。

讨论中美关系或者中国和其他国家的关系，有必要先认识我们现在所处的时代。这一时代的最大特征是全球化和几个大的发展中国家迅速崛起。全球化有几个重要问题要想清楚，包括中美问题怎样、中国和欧洲的关系怎样、中国和非洲的关系怎样。

有关全球化过程的几点个人观察：所谓全球流动性过剩问题，我想是由三个结构性原因造成的。第一，全世界的总投资增长速度在下降。为什么？设想一下，美国的工厂生产同样的东西，电冰箱也好，汽车也好，为了节省一个工人的工资成本，假设这个工人的工资成本是 5 万美元，那么以 50 万美元的设备投资，节省 5 万美

* 原文发表于 2007 年 7—8 月《国际经济评论》，原标题为《关于中美经济、金融互动关系的几点建议》。

元的工资成本是划得来的，获得10%的资本回报率。如果美国把这个生产转移到中国，美国的跨国公司还会投资50万美元节省一个中国劳工工资吗？不可能。假设中国的工资是5 000美元，那么，以50万美元投资节省5 000美元工资成本，其资本回报率是1%。所以在转移的过程中，虽然生产同样的东西，但资本和劳动的比例发生了变化。生产转移到发展中国家的过程，解决了发展中国家的就业问题，但减少了发达国家的固定资产投资。在美国生产同样产能的电冰箱，可能是5 000万美元的投资加上50个工人，到中国可能只需要1 000万美元的投资加上200个工人。这个过程中，固定资产投资减少了4 000万美元。固定资产投资的减少实际就给全球创造了流动性。

第二个原因，跨国公司赚钱了。因为在转移的过程中，整个生产成本下降了，在全球化中得利。赚到的钱又投资到资本市场，这是流动性增加的第二个原因。

第三个原因，发展中国家解决了一定的就业问题，增加了出口，出口创汇回来又不能投资，怎么办呢？把它变成外汇储备，外汇储备的大量增加又变相增加了全球流动性。在全球流动性这么充裕的情况下，发展中国家的货币必然面临一个升值的过程。发达国家的货币相对而言可能是一个贬值的过程。在这个过程里，有汇率摩擦是自然的，毫不奇怪。

汇率机制是中美对话中重要的议题。美国在中美经济关系对话中关注的另外一个重要问题是知识产权保护。

汇率问题包括汇率机制和货币升值。汇率机制选择对经济增长和国内金融市场发展是一个重要的变量，但不是唯一的变量。我赞同杰斐·弗兰克的话，没有一个汇率机制同时对所有国家都适用，没有一个汇率机制对一个国家的所有时段都适用。一个不变的汇率机制不可能永远是最优的。中国的汇率机制要与时俱进，要进一步大力增加汇率的灵活性。

适度的汇率升值对中国是有益的。中国要发展自己的金融市场，需要一个良好的内部和外部环境。处理通胀和汇率两者之间的平衡需要有一个合适的政策框架。中国如果希望保持汇率稳定，但选择面临大幅通胀，即先通胀、再升值，将不会有发展中国金融市场的良好环境。在有大量通胀的情况下，金融市场难以发展，金融稳定难以保持。发展金融市场恰恰需要稳定的通胀水平。通胀危害金融稳定，经济增长硬着陆，之后贬值将不幸随之而来。先通胀、再升值的政策将对中国危害极大，这是值得我们注意的。

不少人觉得20世纪90年代日元升值是对日本经济不好的事，但考察日本的问题应该把日本70年代、80年代和90年代三个时代放在一起考虑。70年代通胀，汇率没有改革，十年里通胀增加300%，当时日本能发展得起金融市场吗？80年代日元升值，日本金融资产大幅升值。90年代通缩，10年经济没有增长。把30年放在一起来看，汇率机制没有及时改革好是后来一系列问题的重要原因。如果70年代改革汇率，80年代汇率继续调整，日本的金融市场到时就可能做好了，不会输出那么多资本，也不会面临90年代那么大的损失。或许这样看日本经济才更全面。

美国盯着汇率问题，但人民币升值是不是就有利于美国？我觉得未必，我在多个场合都讲过，人民币的适度升值对美国的损害可能大于美国从中得到的利益。中美经济互补性大于竞争，这是假定双方都按照常理出牌的情况下。如果双方不按照常理出牌就不一定。中国在人民币升值的同时要增加货币市场灵活性，使金融市场发展起来，这是很重要的。

考察国际金融史，美国有比较清晰的金融战略，虽然美国的财长不停地换。在20世纪90年代，美国的外汇储备分布主要集中在亚洲国家。后来石油美元上涨，这些石油美元又流到了美国。现在的美国国债持有者大概是三个1/3，1/3是亚洲的央行，另外一个1/3是石油美元拥有者，还有一个1/3就是国际机构投资者。这三个1/3对美国是最好的。

中美双方讨论汇率问题，中国也有很多工作可以做。中国有1.2万亿美元的储备。过去三周国际金融市场发生的最大变化是美元固定收益的利息大幅上扬，三周里十年期美元固定收益的利息从4.7%上升到5.3%。这是了不得的事情，在国际金融市场形成了一个翻天覆地的变化。一个方面的原因是金融市场认为中国可能会大量减持美元，也有人认为中国4月已经开始减持美元。当然还有市场对美国经济形势判断的改变。金融市场这样大幅动荡对美国是不好的。对话对双方都有好处，不一定要一方站到道义上的制高点。

关于知识产权对话的问题。在现有的框架下，中国显得毫无招架之力。但问题应该扩展来看。全球关于知识产权一个很重要的议题是制药业，而现有的知识产权框架是有很大问题的。全世界的制药业，主要是美国主导的，但是新药的知识产权和定价相当不合理。全世界多少有病的人，包括艾滋病和其他的病，由于疫苗和费用太高得不到治疗。中国应该加强保护知识产权，但一定要重新思考知识产权的国际框架，这个框架一定对全世界是有益的。为了全世界人民的福祉，中国可以理直气壮地站起来，要求改革知识产权的国际框架，并以制药业为出发点，相信会得到很多人的支持和认可。在这方面中国有很多可为之处。

关于金融发展战略，我写过一篇文章，发表在《国际经济评论》（2006年7—8期）上。我的观点是，第一，中国要积极推行人民币国际化；第二，中国应该以战略眼光考虑中国面临的复杂国际金融形势。中国应该继续跟美国维持一个比较好的关系。在双方都感觉到维持双方关系有利的前提下，中美的经济和金融市场的互补性大于竞争性，这对中国发展是长期有利的。中国也应该借助美国的一些经验发展自己的资本市场，这都非常重要。

中国向美国经济学什么，一个是金融市场，另外一个是技术，包括在制造业方面。有一副对联有助于把美国经济的精髓概括清楚："花旗微软，波音高盛。"花旗和高盛，一个是金融零售市场霸主，一个是高端投资市场翘首；微软和波音是有关高技术，一个是软件技术龙头，一个是高端制造业楚雄。中国应该在高技术上大力投资，也应该支持投资。

我觉得中国的宏观经济快要出现两个拐点，一个拐点是中国的流动性，流动性过剩很快会变成昨天的问题。如果宏观调控继续一味地大量吸纳流动性，可能会出现比较大的问题。第二个拐点是投资，中国继续以压制投资的宏观调控方式难以为继。当然，投资应该不以增加短期产能为目标。为了提高社会福利，要增加教育投资、医疗、卫生、修地铁等方面的结构性投资，我称之为“种树经济”。

20 年之后——我自己悲观的估计是 50 年，乐观估计是 20 年——全世界的主要储备货币可能有三，除了美元之外还有欧元，另外一个货币在亚洲，希望人民币有所作为。

大国崛起的过程中，金融市场上的刀光剑影是不可避免的。但我们要努力利用一些有效机制，把我们自己的事情做好。

人民币国际化：新的改革开放推进器

导读

改革开放是一项巨大、复杂、长期的系统性工程，需要多极推进器。1978 年的包产到户、1988 年的招商引资、2001 年的加入 WTO 就是起了关键作用的推进器，同时也是重要的政策承诺手段（policy commitment device）。从着眼国内到放眼海外，借鉴过去的成功经验可以推断，人民币国际化成为新的改革开放推进器是历史的必然选择，也是获取利益、防范和控制风险的关键。人民币国际化带来的利益既有利于实体经济的成长壮大，也有利于国内经济结构的调整，增加汇率和货币政策灵活性以及增加在国际事务中话语权和规则制定权等，远远大于它带来的可控风险。

坚持改革开放才能变危为机

2008 年，“金融海啸”席卷全球，这场由美国引发的危机开始蔓延到世界各个角落。每一次大的金融危机都是一次“洗牌”。有些国家变得更强，有些金融机构变得更强。只有经过这样的危机，

* 原文发表于 2009 年 7—8 月《国际经济评论》。作者感谢参加中国社会科学院世界经济与政治研究所“全球金融危机：中国面临的挑战及其对策”研讨会的同人们，尤其是余永定、宋国青、汪同三、邵滨鸿、张斌和李婧的建议和批评。

才能看到哪些国家、哪些机构能够经受住考验，哪些只是“裸泳者”。对一个国家而言，如果不能抓住机会积极推进改革，尤其是那些平时难以推动的改革，变危为机，则可能躲得过初一，躲不过十五，难免最终成为“裸泳者”。危机中的机遇在于审时度势，寻找新机会。只有坚持改革，才能变危为机。

在这次金融危机之前，以美国为一极，其他一组国家为另一极的商品和资金流入流出，构成了一幅相对稳定的平衡图景。美国在经常账户上有巨大逆差，但在资本项目上却有几乎相同规模的顺差，从而使美国的国际收支总体状况接近平衡。危机爆发后，全球经济格局发生重大转变。美国正在积极转型，第三产业（尤其是金融业）在收缩，但第二产业在快速发展。同时，全球经济正在向多极化迈进。全球资本流量和贸易量（占全球 GDP 的比重）将可能下降，贸易保护主义可能抬头。这将对中国过去 30 年的开放和发展模式带来新挑战。

危机之前，中国经济内部和外部不平衡的特征明显。过去粗放式、以外贸出口为主导的发展和开放模式导致外部不平衡，明显不能适应正在形成的全球经济新格局；而以消费不足为特征的内部不平衡更具有基础性、恒久性，带来的不良后果也更为严重。内外两种不平衡紧密联系，相互依赖，甚至相互推波助澜，相互不断强化，形成一个愈演愈烈的格局（郭树清，2007）。

多极世界的显现也为中国的发展带来了前所未有的新机遇。2008 年年中以来，全球石油价格、大宗商品价格大幅回落。这一巨大的环境变化为中国经济实现结构转型和增长软着陆带来了新机会（黄海洲，2008）。为了抓住并积极利用全球经济格局转变中的新机遇，中国需要全新的改革开放战略、新的政策智慧、坚定的决心和果断的执行力，以实现经济增长软着陆、经济结构转型、技术升级换代，并进一步实现经济结构转型，提高全民福利水平。改革开放需要有新内涵和新策略，需要新的推进器（黄海洲，2009）。

改革开放需要多极推进器

中国30年改革开放的巨大成功得益于中国政府和人民适时抓住了全球化的机遇，顺应时势，坚定不移地实行改革开放，以改革促进开放，以开放带动改革。

改革开放需要合适的推进器。改革开放是一项巨大的、复杂的、长期的系统工程。如果把这项系统工程比作发射卫星——把中国推到经济繁荣、民族复兴的轨道，则其过程需要像火箭一样的多极推进器（黄海洲，2006）。30年前的包产到户，20年前的招商引资，10年前的加入WTO（世界贸易组织）都是这类起关键作用的推进器。这些政策的目标是为了解放生产力，调动积极性，发展生产，解决就业，并让大多数人真心实意地支持改革。从执行策略角度而言，这些政策是重要的承诺手段，政策效果至少可延续一二十年，一旦推行，不便后撤。

1978年中国经济处于崩溃边缘，形势与今天不可同日而语。当时经济中的主要矛盾之一是生产问题，表现为供给的严重不足和工作积极性的制度性缺失。以邓小平为首的领导人，审时度势，以大无畏的勇气，及时启动改革和开放，打破了人民公社制度下积弊已久的“大锅饭”制度，以农村包围城市的策略，开拓了工业品市场，刺激了衣、食、住、行的供给。民营经济初步兴起，民间投资活跃，全国经济走向了繁荣。

1998年，亚洲金融危机对中国和周边国家经济造成空前冲击。除了采取扩张性财政政策保增长之外，中国政府及时启动了住房改革，将住房推向了市场，释放了巨大的住房需求。住房改革对拉动需求的作用超过了财政刺激。同时，中国借加入WTO之际，积极推动金融和国有企业改革，改进公司治理，创造银行和其他国有企业的上市条件。巨大的海外市场需求、具有竞争力的现代企业和更有效率的金融体系成为中国经济过去10年高速增长的保证。中国经济对世界经济的实际影响力在 1998 年成功应对亚洲金融危机后，开始为世界瞩目，尽管当时不少人并未认清这一重要里程碑。今天，中国经济规模已经超过了意大利、法国、英国和德国，成为全球第三大经济体。

人民币国际化可以成为新的推进器

当前的中国经济面临不少困难，包括短期的增长速度下滑、出口疲软、需求不足以及一系列长期性、结构性问题。改革 30 年之后，主要矛盾之一已从生产不足问题变成了消费不足问题。为了增加需求、保增长，政府及时推出了“4 万亿”的财政刺激。最近数月，新增贷款呈爆发性增长，2009 年一季度达到近 5 万亿元。市场预期这些刺激措施，通过过去十几年改革得益的金融和企业传导，将导致中国经济增长反弹。但如果不及时配套相应的进一步改革措施，真正下大力气解决一系列长期性、结构性问题，则保增长或许只是暂时的效果，信贷换增长难以持续，甚至会变成一场以优良资产换不良资产的空欢喜。这也是斯蒂格利茨所担心的“用现金换垃圾”。长期而言，由于中国未来 20 年的外部经济环境将与过去 20 年大为不同，难以继续寄希望于过去粗放式的、以外贸出口为主导的发展和开放模式。

分析过去成功的改革开放推进器，或许可能帮助我们寻找未来的合适推进器。推进器从以国内为着眼点（包产到户）到越来越以国际为着眼点（从招商引资到加入 WTO）。从内部改革到引进来，再到进一步开放，逻辑清晰。下一步自然是进一步走出去，进一步融入全球经济。进一步融入全球经济可以获得进一步的利益，包括出口、进口、海外并购、建立全球性金融中心、全面提升国际地位等，当然这也面临新的风险。人民币国际化是获取利益、防范和控制风险的关键，因此是实施这一步的自然和必然选择。

在微观层面，人民币国际化有利于实体经济的成长壮大。中国外向型企业数量和规模庞大。由于人民币非国际化特征，大量的对外经济交易都是以美元和其他货币计价的，这使进出口企业必须面对美元和相关货币汇率波动的风险。随着人民币国际化，对外经济交易可以逐渐增加人民币计价的频率，减少进出口企业面对汇率波动的风险。

在宏观层面，在人民币汇率相对于美元汇率灵活性不够的前提下，中国的货币政策必然受制于美国货币政策。中美两国经济周期不同，面临的主要经济问题不同，美国的货币政策未必恰恰适合中国。在改革开放的初期，人民币钉住美元是正确的政策选择，以便获得对主要货币的汇率稳定和对人民币货币政策的信心；积极扩大出口、增持外汇储备也是正确的政策选择（管涛，2009）。30 年后的今天，以外贸出口为主导的发展和开放模式导致外部不平衡，明显不能适应正在形成的全球经济新格局，而以消费不足为特征的内部不平衡更具有基础性、恒久性。人民币国际化使得汇率和货币政策决策变得更加灵活，既有利于中国有效控制宏观风险，也有利于改善外汇资产管理（余永定，2009）。

在国际层面，2008 年金融危机以来，受伤害的发展中国家积极寻求国际制度的保护，参与国际对话，这是发展中国家经济实力壮大和国际权益意识增强的表现（黄益平，2009）。但在本币角色有限的情况下，发展中国家在国际事务中的知情权、话语权和规则制定权将相当有限（高海红，2009）。只有坚定不移地推动人民币国际化，中国才能在国际事务中逐渐增加知情权、话语权、规则制定权。而这些相关权力的增加也有助于进一步推动人民币国际化。

人民币国际化也有一些风险，包括本币被非居民持有可能导致的投机风险；本币被非居民持有之后导致货币调控难度加大；给金融体系带来的调整的需要，包括逐步减少对资本流动的限制（李婧，2009）。这些风险因素只要积极应对，认真研究，都是可以化解和控制的。

投机风险在资本项目完全放开之前，风险不大而且可控。货币调控难度是德国不积极推进马克国际化的主要担心。但实际上，德国周边的小国，如荷兰、比利时等，货币政策紧跟德国。德国积极采纳欧元之后，马克国际化议题不复存在。日本也积极地推进过日元国际化。只是由于政策不得力，以及后来的经济、金融危机使得日本经历“失去的十年”，机会不再。德国和日本由于历史原因，在国际政治上难以有大的诉求。人民币国际化对金融体系带来的调整需要既是压力，也是动力。中国金融体系必须进一步做大做强。在人民币国际化的过程中，需要积极、稳妥地逐步取消对资本流动的限制，但并非完全放弃资本账户管制。

总而言之，人民币国际化所带来的利益——有利于实体经济的成长壮大、有利于国内调整经济结构失衡、增加汇率和货币政策灵活性以及增加在国际事务中话语权和规则制定权等，远远大于其所带来的可控风险。

虽然加速城镇化、盘活农村土地资产、减税、提高社会保障水平、人民币国际化、以香港特区的金融市场带动内地的金融改革和上海国际金融中心建设等都具有作为推进器的条件，但人民币国际化具有统领其他推进器的条件。有几方面的理由支持这一推论。

首先，实现经济增长软着陆、经济结构转型、技术升级换代，并实现实体经济与金融经济的更好匹配关系的关键是调整内外经济关系失衡，因此汇率问题是关键性和纲领性的问题，纲举目张。

对内理顺资源价格，开放服务业和其他过度监管或带有垄断性市场，发展国内大市场，提高全民福祉等政策；对外理顺汇率价格，支持企业（包括金融业）在海外发展等政策，既与人民币国际化政策目标相互兼容，又可以作为实行人民币国际化政策目标的必要前提。积极推进人民币国际化也有利于我们认真研究和解决一系列重要问题，包括对外的贸易、汇率、货币和国际金融战略，对内的财政、税收、收入分配、社会保障、城市化、环保、农业、产业结构转型、技术升级等等。

其次，从执行策略角度而言，人民币国际化是相比其他可能的政策更强的政策承诺，事关一个大国的国际声誉。一旦推行，不便后撤，不能朝令夕改，具有在相当长时间内只能前进的必须的政策刚性。因此，可以在相当长时间内引导和统一认识，推动甚至倒逼一系列重要的、困难的相关改革，包括增加内需、加速城镇化、理顺资源价格、开放服务业、打破垄断市场、技术升级换代等等。

再次，人民币国际化是一个相对长期的过程，非一二十年之功不可。在此过程中，需要取得一些重大的阶段性成果，包括积极、稳步地推进汇率改革、资本账户管理，逐渐实现人民币成为结算货币、投资货币并最终成为储备货币。在技术层面，何时取得这些阶段性成果、成果规模等变量又具有一定的灵活性。

从实施策略来看，建议分三步走，逐步、逐级推进人民币国际化。第一步，支持人民币在双边贸易中作为计价单位，促其成为结算货币；第二步，积极利用中央银行之间的互换协议，促进人民币成为投资货币；第三步，创造条件使人民币及早成为 SDR（特别提款权）的一部分，促其成为储备货币。

“金融海啸”的到来开启了全球金融的“战国时代”。周小川（2009）在 G20 会议之前建议的改革国际货币体系的主张，引起了国际社会的广泛关注和讨论。扩大 IMF 的 SDR 的主要目的是克服主权储备货币的内在矛盾，但实施过程无法一蹴而就，可以结合推进人民币国际化的可行策略。推进人民币国际化事关重大，每一步策略的成功实施都需要中国政府的庄重承诺，背后的基础有赖于进一步、全方位的改革开放。进一步改革开放的成功才能保证承诺的兑现，而每一步承诺的兑现又为进一步改革开放创造了巨大的鼓舞和积极性。

在全球格局大动荡时，各国领导的远见、智慧和果敢影响深远，至关重要。欧元破土之前三四十年，戴高乐和其他法国领导人抓住时机，进行了一系列具有远见和智慧的战略布局。戴高乐总统先是呼吁恢复金本位制，后来命令法国海军军舰跨越大西洋，从美国为法国和其他欧洲国家运回黄金。恰恰是这些具有远见、智慧和果敢的策略，才有后来的尼克松 1971 年 8 月 15 日宣布放弃美元兑换黄金，并为后来欧元破土而出奠定了坚实的基础。

不少国家从人均 GDP 3 000 美元继续增长面临巨大挑战，甚至危机不断。一些拉丁美洲国家几十年在此收入水平上下徘徊。“金融海啸”导致全球经济格局的变化，为中国跳跃这一门槛既提出了迫切性，也带来了新机会。改革开放需要有新方针、新内涵，迫切需要新的推进器，以实现保增长、调结构、改价格、促开放。在全球金融“战国时代”的新形势下，人民币国际化三步战略有条件担当改革开放的新推进器的重任。

参考文献

高海红．中国在亚洲区域金融合作中的作用．“全球金融危机：中国面临的挑战及其对策”会议文章，2009 年 4 月．

郭树清．直面两种失衡［M］．人民大学出版社，2007.

管涛．国际金融危机和储备货币多元化．“全球金融危机：中国面临的挑战及其对策”会议文章，2009 年 4 月．

黄海洲．从国际市场看中国经济发展面临的挑战［J］．国际经济评论，2006 年 3 ~ 4 月：5 – 8。

黄海洲．中国发展的中长期金融政策和策略：来自大金融史的启示［J］．国际经济评论，2006 年 7 ~ 8 月．

黄海洲．全球经济格局转变与中国经济结构转型［J］．国际经济评论，2008 年 9 ~ 10 月：25 – 28。

黄海洲．改革开放的新内涵和新策略［J］．比较，2009 年 4 月．

黄益平．国际货币体系变迁与人民币国际化．“全球金融危机：中国面临的挑战及其对策”会议文章，2009 年 4 月．

李婧．人民币国际化热潮下的冷思考．“全球金融危机：中国面临的挑战及其对策”会议文章，2009 年 4 月．

余永定．国际货币体系改革和中国外汇储备资产管理．“全球金融危机：中国面临的挑战及其对策”会议文章，2009 年 4 月．

周小川．关于改革国际货币体系的思考．中国人民银行网站，2009 年 3 月．

美元和人民币何去何从?

导读

危机后全球失衡的调节将体现在经济各层面，包括保护主义抬头、贸易增长率下降、国际资本流动的速度下滑，发达国家经常账户下赤字减少、储蓄增加等。作为全球最重要的投资货币，美元不会轻易退出全球最主要储备货币的地位。人民币的国际化和适度升值，可以增加中国货币政策的灵活性，有利于经济结构转型、发展金融市场、扩大内需。中美两国经济周期不同，危机后，美国要通胀，中国要防通胀。推进人民币国际化，改善汇率机制，正当其时。

全球金融体系刚经历百年一遇的危机，世界各国都不同程度受到冲击。在此次全球性金融危机爆发前的十几年里，全球经济繁荣，大多数发达国家的总产出和通胀率的波动稳步下降——所谓“大稳健时期”。宏观经济学基于新古典学派和新凯恩斯学派的融合，认为找到了制定宏观政策的铁律，主要包括：中央银行只需一个目标，即保持低通胀（2%）；只要一个工具，即利率政策；与货币政策相比，财政政策无法作为对抗经济周期的同等重要工具；金融监管并非宏观经济政策工具；中央银行不必进行汇率干预；资本

* 原文发表于2010年2月《国际经济评论》。作者衷心感谢与丁一凡、余永定、邵滨鸿和张宇燕等就相关问题的讨论。

管制既无必要，又无效。全球宏观经济政策面临的少数重大命题之一是全球失衡和相关的储蓄、投资和汇率调整，尤其是美元兑人民币汇率调整。危机之初，不少市场人士认为由于美国是危机的发源地，美元会很快贬值，并将很快退出其作为主要储备货币的世界舞台。

全球金融危机不是孤立的现象，而是国际金融体系在长期演进发展过程中矛盾不断积累和激化的结果，最终通过金融危机等形式进行的自我调整。全球性金融危机暴露了在危机前全球经济系统的失衡、金融市场的隐患和政策框架的瑕疵。危机引发反思，全球经济系统必须正视失衡，全球金融市场应该消除隐患，宏观经济政策呼唤新框架。全球失衡和相关的储蓄、投资和汇率调整，尤其是美元兑人民币汇率调整，必须要在一个正视全球经济系统失衡、认清全球金融市场隐患的新框架下进行讨论才有意义。否则，我们难免陷入刻舟求剑的窘境。

国际金融格局正在进行重大调整。危机之前的 20 年中，世界经济的增长中心从美国、欧洲、日本转向了美国和中国这两个国家。近年来，中国经济保持了高速增长的态势，已经发展成为世界第三大经济体，并将很快成为美国之后的第二大经济体。中国金融正处在一个关键的发展时期，既面临机遇也面临挑战。尽管危机尚在演化，尽管美国是危机的发源地，但美元并未很快贬值，反而在危机中升值。随着危机的演进，欧元、英镑甚至日元逐渐成为市场更为担心的货币，兑美元贬值压力时有浮现。一些新兴市场国家货币在危机中也面临贬值的压力。

新的全球宏观政策框架的建立尚需时日。本文试图从几个角度努力，在有关美元和人民币汇率的相关讨论中引入一些可能成为新框架基本元素的要素，希望在正视全球经济系统失衡、认清全球金融市场隐患的前提下以前瞻性的眼光分析相关问题。

新宏观政策框架的基本要素

危机引发反思，危机前的铁律不再。宏观经济政策架构的新框架至少包括：中央银行需要多目标，也要有多工具，汇率政策成为工具之一；中央银行通货膨胀目标要从2%往上提；金融监管并非政策中性；与货币政策相比，财政政策也可以作为对抗经济周期的重要工具。[①] 可以预见，全新的宏观经济理论和政策框架将逐渐建立，虽然需要时日。随之，全球发达国家将维持较低的利率水平，全球通货膨胀水平将提升；货币政策和金融监管将结合得更为紧密；外汇干预将更为平常；流动性管理范围更广；财政稳定机制更为完善。

全球失衡及其调节

世界经济在历史上面临过几次大的失衡，经常与技术革命、大国经济崛起或全球经济危机有关。危机是重新洗牌，会加速变革进程。全球化的过程中，全球经济的中心大国美国的经济行为不能用一般国家来分析和判断。中国虽然是一个发展中国家，但也正在变成一个中心国家，所以不适于用一般的发展中国家的眼光看问题，尤其是在危机之后。两个面临相对较大经济失衡问题的国家恰是影响世界经济增长的两个主要国家。全球经济失衡是结构性问题，而结构性调整需要时间。要么在稳定增长中逐步解决，要么在危机中震荡地解决。危机的发生加大了后一种途径的可能性。

危机后全球失衡的调节将会体现在实体经济和金融经济各个层面，包括贸易保护主义抬头、贸易增长率下降、国际资本流入的速度下滑，发达国家经常账户下赤字减少、储蓄增加。汇率调整也将是不可或缺的一环。推进人民币国际化，改善汇率机制，正当其时。

危机之前的20年中，世界经济的增长中心从美国、欧洲、日本转向了美国和中国。危机前几年，美国经济占全球经济的30%，对全球经济增长的贡献占到全球经济增长的50%左右；而中国凭借只占世界经济5%～7%的实力，为全球经济增长贡献了25%左右。

① 进一步的分析参见：“Rethinking Macroeconomic Policy”，IMF Staff Position Note，SPN/10/03，February 12，2010，Washington，DC，USA。

危机中的2009年，全球经济增长为－0.8%，中国经济增长达8.7%，为全球经济增长贡献了0.6%（IMF，2010年1月）。一般预计，危机后的几年里，中国GDP占世界经济的比重会进一步提升，对全球经济增长的贡献也会在一个较高的水平。

危机之前，中国经济高增长、高储蓄、高投资、高出口和高进口。自1998年以后，在实物商品经济领域，中国已经事实上部分地左右了世界经济，中国进口增长，则国际能源、原材料价格抬高；中国出口增长，则全球通货膨胀水平降低。中国的经济发展对全球经济做出了双重贡献：中国的出口增长降低了全球通货膨胀水平，帮助了所有国家；中国的进口增长抬高了国际能源、原材料价格，帮助了许多能源、原材料出口国，尤其是俄罗斯、巴西和阿根廷。在中国实体经济和金融经济的发展不匹配的前提下，中国对全球做如此大的贡献，似乎并无太多选择，不管主观上愿意与否。危机增加了选择的可能性，而选择性的增加也是形势使然。

在危机前的20年里，全球GDP年均增速3.5%，贸易增长7%，国际资本流入的增长速度是14%，表明全球金融一体化的趋势大大增强，金融资产明显扩张。大量资本流到美国，投资在低回报的美国长期国债上，而大量美国资本流到他国，投资在高回报的短期股票和其他金融产品上。危机已经在相当程度上减缓、甚至打断了全球金融一体化进程。

在可以预见的未来，贸易保护主义，包括商品和金融贸易保护主义抬头的风险增大。危机加大了中美以及美国和其他经济摩擦的可能性。2010年奥巴马面临巨大的政治压力：10%的失业率、国会的压力、美国贸易保护主义势必抬头。

随着危机的发生和演进，全球失衡正在减缓。据IMF测算，美国的经常账户下赤字占全球GDP的比例从2005—2008年间的1.4%减少到2009年的0.7%，并将在2010—2014年维持在此水平。中国的经常账户下盈余占全球GDP比重从2005—2008年的

0.6%减少到2009年的0.5%。发达国家私人储蓄将可能进一步提升，而发展中国家私人储蓄可能进一步下降。

汇率调整

汇率问题在一定程度上是由于实体经济中的一些刚性所致，尤其是全球劳动力无法自由流动。中国富裕的是人力资源，缺少的是自然资源和市场。中国虽然地大物博，但由于人口众多，人均资源很少，50%的石油及高份额的其他原材料，包括铁矿石和有色金属，依赖进口。中国要和平崛起，由于大量的人口输出已不现实，中国必然长期面临原材料和市场两头在外的问题，必须善于利用汇率机制。

中国的汇率问题包括汇率机制和货币升值。汇率机制选择对于经济增长、国内金融市场发展是一个重要的变量。如杰斐·弗兰克所言，没有一个汇率机制同时对所有国家都适用，也没有一个汇率机制对一个国家的所有时段都适用。一个不变的汇率机制不可能永远是最优的。中国的汇率机制要与时俱进，要进一步大力增加汇率的灵活性。

人民币适度升值对中国本身有利，可以增加货币政策灵活性，发展金融市场，扩大内需，促进经济结构调整和有利于处理通胀和汇率两者之间的平衡。处理通胀和汇率两者之间的平衡需要一个合适的政策框架——全球新的宏观政策框架的建立将为更好地处理这二者之间的关系提供理论基础。中国如果希望保持汇率稳定，但选择面临大幅通胀，即先通胀、再升值，就将难以有发展中国金融市场的良好环境。由于高通胀的风险，金融市场难以发展，金融体系稳定难以保持。高通胀危害金融稳定，可能导致经济增长硬着陆，之后贬值将不幸随之而来。先通胀、再升值的政策将对中国危害极大，值得深思。

或许有人觉得20世纪90年代日元升值对日本经济冲击巨大。

但如果把日本70年代和80年代和90年代三个时代放在一起考虑，结论就会不同。70年代通胀，汇率没有改革，10年里通胀增加300%，当时日本未能发展金融市场。80年代日元升值，日本金融资产大幅升值，金融市场一度极为繁荣。90年代通缩，金融市场大跌，经济停止增长。把30年放在一起来看，汇率机制没有及时改革好是后来一系列问题的重要原因。设想如果70年代改革汇率，80年代时汇率继续进行调整，日本或许能避免输出那么多资本和90年代——衰退的10年——那么大的损失。

基于中国自身利益考虑，中国要积极推行人民币国际化。人民币国际化所带来的利益有利于实体经济的成长壮大，有利于国内调整经济结构失衡，增加汇率和货币政策灵活性以及增加在国际事务中话语权和规则制定权等，远远大于其所带来的可控性风险。① 人民币国际化有利于促进经济结构转型、实现技术升级换代。

实现实体经济与金融经济的更好匹配关系的关键是调整内外经济关系失衡，因此汇率问题是关键性和纲领性的问题。对内理顺资源价格，开放服务业和其他过度监管或带有垄断性的市场，发展国内大市场，提高全民福祉等政策，和对外理顺汇率价格，支持企业（包括金融业）在海外发展等政策，既与人民币国际化政策目标相互兼容，又可以作为实行人民币国际化政策目标的必要前提。积极推进人民币国际化也有利于我们认真研究和解决一系列重要问题，包括对外的贸易、汇率、货币和国际金融战略，对内的财政、税收、收入分配、社会保障、城市化、环保、农业、产业结构转型、技术升级等。

中国要以战略、发展的眼光分析复杂国际政治、经济、金融形势，维持与美国关系良好、互利合作的关系。美国关注汇率问题，

① 人民币国际化也有一些风险，包括本币被非居民持有可能导致的投机风险；本币被非居民持有之后导致货币调控难度加大；给金融体系带来的调整需要，包括逐步减少对资本流动的限制。这些风险因素只要积极应对，认真研究，都是可以化解和控制的。

尤其是在发生危机之后，国内政治压力是原因之一。危机导致美国经济衰退，失业率上升到10%，贸易保护主义抬头。2010年中美关系面临新挑战，谷歌事件、对台军售事件、会见达赖……诸事多忧。在维持双方良好关系的前提下，中美的经济和金融市场的互补性大于竞争性，这对中国发展是长期有利的。中国面临原材料和市场两头在外的现实，要求中国与国际社会分享经济增长果实。中国金融市场欠发达，有必要继续引进外资。同时，要鼓励国内的企业和金融机构走出去。人民币国际化有利于在多个层面积极推动中国经济实现结构调整和可持续发展。

美元的地位

危机之后，美国财政赤字快速上升，赤字水平存量很快超过GDP的90%。按照OECD估算，美国在2011—2017年财政赤字可能接近GDP的6%。按照IMF前首席经济学家罗高夫的分析，当财政赤字水平存量超过GDP的90%，经济增长速度会下跌。因此，在可以预见的未来，作为趋势性观察，美国经济增长速度下滑、通胀水平上升、美元汇率下跌——尤其对新兴市场国家的货币——等现象难以避免。美国实现结构调整也要求美国大力发展实体经济，增加出口，提升储蓄。

但美元对其他发达国家的货币短时间内难以贬值，因为欧元区、英国、日本等面临的经济问题和困难比美国更大。由于发达国家的权重在美元汇率指数中占比较大，远高于发展中国家的权重，美元汇率指数未必贬值。如果全球金融危机有所反复，则美元兑新兴市场国家的货币也会升值。在危机中，美元仍然是全球投资者避险的首选工具。

在相当长的时间内，美元不会轻易主动地退出全球最主要的储备货币的地位。丰田神话的破灭和欧元面临的巨大问题，继续为美元作为全球最主要的储备货币的地位创造条件。人民币国际化的进程越慢，美元作为全球最主要的储备货币的地位的时间越长。

一国的货币要担当全球主要的储备货币，这个国家在全球经济和金融体系中要扮演积极的角色，并提供一系列公共产品，包括：协调全球宏观经济政策；支持一个稳定的汇率体系；如有必要，担当全球最后救助人；扮演全球最后的消费者；提供反经济周期的贷款。①

在后布雷顿森林体系下，全球资本大幅度流动，另外两种公共产品也变得相当重要：提供可以作为标的的投资货币，提供深厚和可预测的金融市场。事实上，美元是全球最重要的投资货币。全球18.5万亿美元的流动股权市场中（2008年），美国市场为8.3万亿美元，占45%；欧洲市场分割，日本市场小（占10.6%），中国市场更小（内地加香港占2.5%）。全球20.7万亿美元的债券市场中（2008年），美国市场为5.7万亿美元，占27.7%。欧洲债市分割，一些国家又面临主权风险，日本市场不小（占25%）但不如美国市场有更大的流动性，中国市场几乎可以忽略不计（内地加香港占0.1%）。② 美国在此两大市场均执牛耳。

综合看来，在可预见的未来，相对于其他国家，美国满足上述公共产品的条件最多。美元作为全球最重要的投资货币这一角色将继续支持其作为全球最重要的储备货币的地位。

相对贬值压力而言，美元的通胀压力可能更快显现。在贬值和通胀的平衡取舍中，美国的内部和外部条件支持美国更倾向于选择一面贬值，一面通胀，但更倾向于通胀。新的宏观政策框架也支持这类选择。

而欧洲不能。一些欧洲国家，包括希腊、葡萄牙、西班牙、意大利和爱尔兰（欧猪五国）面临日益上升的主权债务偿还风险、国

---

① Charles Kindleberger, "Manias, Panics and Crashes: A History of Financial Crises", John Wiley and Sons, 1978.

② Barclays Wealth, "Signpost Schema", January 2010.

家破产风险，通货紧缩压力加剧，通胀无法成为其主观政策选择。欧元贬值和通货紧缩压力可能同时存在，从形势上看更倾向于选择贬值。英国和日本也存在类似于欧元区的问题。

中国只有进一步发展资本市场，推进人民币国际化，才有可能进一步提升人民币作为投资货币的地位，进而向储备货币功能迈进。

推进人民币国际化

“金融海啸”的到来开启了全球金融的“战国时代”。周小川在G20会议之前建议的改革国际货币体系的主张，引起了国际社会的广泛关注和讨论。① 扩大IMF的特别提款权的主要目的是克服主权储备货币的内在矛盾，但实施过程无法一蹴而就，可以结合推进人民币国际化的可行策略。

改革开放需要合适的推进器。中国30年改革开放的巨大成功得益于中国政府和人民适时抓住了全球化的机遇，顺应时势，坚定不移地实行改革开放，以改革促进开放，以开放带动改革。改革开放是一项巨大的、复杂的、长期的系统工程。如果把这项系统工程比作发射卫星——把中国推到经济繁荣、民族复兴的轨道，则需要像火箭一样的多极推进器。② 30年前的包产到户，20年前的招商引资，10年前的加入WTO都是这类起关键作用的推进器。这些政策也是重要的承诺手段，政策效果至少可延续一二十年，一旦推行，不便后撤。

推进器从以国内为着眼点（包产到户）到越来越以国际为着眼点（从招商引资到加入WTO）。从内部改革到引进来，再到进一步开放，逻辑清晰。下一步自然是进一步走出去，进一步融入全球经济。进一步融入全球经济可以获得进一步的利益，包括出口、进

① 周小川．关于改革国际货币体系的思考．中国人民银行网站，2009年3月．
② 黄海洲．人民币国际化：新的改革开放推进器［J］．国际经济评论，2009年第7—8期．

口、海外并购、建立全球性金融中心、全面提升国际地位等，当然这也面临新的风险。人民币国际化是获取利益、防范和控制风险的关键，因此是实施这一步的自然和必然选择。

在微观层面，人民币国际化有利于实体经济的成长壮大。中国外向型企业数量和规模庞大。由于人民币非国际化特征，大量的对外经济交易都是以美元和其他货币计价的，这使进出口企业必须面对美元和相关货币汇率波动的风险。随着人民币国际化，对外经济交易可以逐渐增加人民币计价的频率，减少进出口企业面对汇率波动的风险。

在宏观层面，在人民币汇率相对于美元汇率灵活性不够的前提下，中国的货币政策必然受制于美国货币政策。中美两国经济周期不同，面临的主要经济问题不同，美国的货币政策未必恰恰适合中国。尤其是危机之后，美国要通胀，中国要防通胀。在改革开放的初期，人民币钉住美元是正确的政策选择，以便获得对主要货币的汇率稳定和对人民币货币政策的信心；积极扩大出口、增持外汇储备也是正确的政策选择。30 年后的今天，以外贸出口为主导的发展和开放模式明显不能适应正在形成的全球经济新格局。人民币国际化使得汇率和货币政策决策变得更加灵活，既有利于中国有效控制宏观风险，也有利于改善外汇资产管理。

在国际层面，只有坚定不移地推动人民币国际化，中国才能在国际事务中逐渐增加知情权、话语权、规则制定权。而这些相关权力的增加也有助于进一步推动人民币国际化。在人民币国际化的过程中，需要积极、稳妥地逐步取消对资本流动的限制，但并非完全放弃资本账户管制。

人民币国际化是一个相对长期的过程，非一二十年之功不可。在此过程中，需要取得一些重大的阶段性成果，包括积极、稳步地推进汇率改革、资本账户管理，逐渐实现人民币成为结算货币、投资货币并最终成为储备货币。在技术层面，何时取得这些阶段性成果、成果规模等变量又具有一定的灵活性。

从实施策略来看，建议分三步走，逐步、逐级推进人民币国际化。第一步，支持人民币在双边贸易中作为计价单位，促其成为结算货币；第二步，积极发展香港成为人民币离岸投资交易中心，大力发展债务市场，并积极利用人民银行和各国中央银行之间的互换协议，促进人民币成为投资货币；第三步，创造条件使人民币及早成为SDR的一部分，促其成为储备货币。

人民币国际化正当其时。相对2007年、2008年和2009年的单边行情，2010年中国资本市场不确定性大。如果宏观经济整体趋稳，但市场担心退出，则宏观经济数据越好，越引发调控的预期；反之，经济数据越差，出口回落，反而预期调控会放松。

2010年全球经济和市场预计有三种可能的情景。

第一种可能是大概率事件，宏观经济整体向上，但市场很快摸到天花板，因为担心伴随而来的政策退出。退出是大风险，资本市场也不知道如何计算退出的风险。此时，当实体经济出现好的信号，资本市场则会理解成坏事情，市场表现因之会胶着。

第二种可能是小概率事件，经济二次探底。此情景不太可怕，政府会救市，保住胜利果实。政府有能力也知道怎么做，投资者也知道怎么做。

第三种可能是更小概率事件，经济不好不坏，在天花板和地板之间波动。看似不会出现大问题，但实际上可能隐藏巨大风险，出现黑天鹅事件，杀伤力大。希腊、西班牙、葡萄牙的主权债务风险最容易成为攻击目标。20世纪70年代以前希腊每隔一年就会出现财政危机，化解的办法不外乎货币贬值、通胀上升、财政紧缩。由于货币和汇率工具不再可用，如果出现这种情况政府就不得不提高征税和实现紧缩的财政政策，导致罢工和社会动荡，富人移民，并导致一系列连锁反应。资本市场上可能的投资策略和顺序是：先做空希腊、西班牙、葡萄牙的国债，再做空欧元，做空英镑；拉丁美洲的资金不得不回流西班牙、葡萄牙，拉丁美洲经济振荡下行，大宗商品放量下跌，美元持续上涨，亚洲包括香港受到巨大冲击。资本市场冲击可能导致经济出现二次衰退。

面临国内失业率高升和中期大选等方面的压力，2010 年美国贸易保护主义抬头风险极大，欧洲情况也不容乐观，由此对中国出口不应该有过高预期。在产能过剩的情况下，通胀不仅仅是一种货币现象。

与 2004 年相比，2010 年中国经济和市场面临的问题有相同的地方，也有不同的地方。2003 年 SARS（非典型肺炎）后货币政策宽松，2004 年市场开始同时担心产能过剩（结构调整）和通胀上升，后来发现通胀是主要问题。2004 年中国出口占全球份额低，再加上外部环境不错，可以抢占其他市场份额；而且 2004 年西方国家对加入 WTO 之后的中国有期待。2010 年形势大不相同，中国出口占全球的比例已经很高，再抢占份额已经很困难。更何况全球经济大病初愈，外部环境差。2010 年中国对外经济可能会遇到较大的经济和政治挑战。

由此看来，中国庞大的以出口为导向的产能过剩化解需要比市场预期更多的时间，希望在于提升内需，尽快转化出口产能为内需供给。同时积极推进人民币国际化，改善汇率机制，进一步有效利用全球自然资源和资本市场。

积极推进人民币国际化正当其时。20 年之后，全世界的主要储备货币除了美元之外，希望人民币有所作为。

人民币国际化与区域经济一体化

导读

1985 年《广场协议》前后，德国马克与日元一样，都经历了同样的兑美元大幅升值。但 1985 年后德国经济的走势与日本完全不同。由此可见，1985 年前后日元大幅升值不是日本经济萧条的根本原因，而日本央行货币政策操作的失误、银行风险过于集中在房地产领域、政府对银行救助不及时以及人口老龄化才是 20 世纪 90 年代日本经济低迷的根本原因。

2017 年 6 月 13 日，欧央行宣布增持价值 5 亿欧元的人民币作为外汇储备，这是欧央行首次持有人民币外汇储备，也是人民币国际化进程中又一关键性事件。

在人民币国际化问题的探讨中，一直有一种观点认为人民币国际化的推进进程要更为谨慎，并常以 20 世纪 80 年代的日元国际化（大幅升值）对日本经济造成的伤害作为例证。谨慎推进人民币国际化自然是正确的选择，但以日元国际化为例证而对人民币国际化过度谨慎有欠妥当。1985 年《广场协议》前后，德国马克与日元一样，都经历了巨幅升值（见图 1）。但 1985 年后德国经济的走势却与日本完全不同，因此，1985 年前后日元大幅升值不应该成为之后日本经济萧条的根本原因。日本央行货币政策操作的失误、银

* 原文发表于 2017 年第 7 期《当代金融家》，与吴杰云合作。

行风险过于集中在房地产领域、政府对银行救助不及时以及人口老龄化才是20世纪90年代日本经济低迷的根本原因。

1985年《广场协议》后，为了应对汇率大幅升值带来的经济增长下行，日本推出了相对宽松的货币政策。从1986年初开始，日本央行累计下调贴现率250个基点至1987年2月的2.5%，并保持此利率至1989年5月。尽管1985年日元升值导致日本进出口同比增速明显下降，但贸易顺差没有出现大幅缩减，因此从GDP增长的角度看，1985年后日元升值的负面冲击可能并没有想象的那么大。现在回顾过去50多年日本的经济增长情况，在日元大幅升值的1985—1990年，日本实际GDP增速也确实维持在一个相对稳定的水平。

图1　马克和日元兑美元汇率

资料来源：彭博资讯，中金公司研究部。

另一方面，20世纪70年代至80年代初的金融自由化使得日本大型企业可以通过资本市场进行直接融资，银行则转为发放房地产贷款给地产开发商及居民。随着日本利率长期保持低位，日本股票、土地等资产价格持续攀升。

当注意到房地产泡沫的危害时，日本央行又快速拉升贴现率。在1989年5月到1990年8月短短1年多内，日本贴现率上升350个基点到6.0%，直接刺破了经济泡沫。在泡沫破灭后，日本政府并没有及时帮助银行修复资产负债表，影响了银行对实际经济的融资，导致经济长期陷入低迷。此外，人口老龄化也是1990年后日本经济长期低迷、无法摆脱通缩的一个重要原因。

德国央行在1985—1992年也与日本央行一样先大幅降息，然后快速加息，但德国经济并未因此受到明显冲击。主要是德国一直努力控制房地产泡沫及通胀，且成效要远好于日本。在控制房地产泡沫方面，德国政府通过健全的法律体系，严格控制房价涨幅，大力发展租房市场及社会福利房。比如相关法律规定，如果地产商制定的房价超过政府认定“合理房价”的20%即为“超高房价”，购房者可以向法院起诉地产商，如果超过50%，则直接构成犯罪；在租房方面，德国也特别保护租客的利益，除非有非常特殊的原因，房东无权单方面终止合同。[①] 1980—1989年间，德国名义房价年均涨幅仅2.9%，与CPI年均通胀基本持平。

在控制通胀方面，德国央行是“通胀目标制”货币政策操作框架的“先驱”，自成立之日起，德国央行就将控制通胀作为实施货币政策最重要的任务。德国在治理通胀方面的成效，是德国马克币值稳定的重要保障，也是马克国际化的基础之一。

通过比较日元和马克的国际化进程我们不难发现，实现本国经济的可持续增长、稳定通胀、维护资产价格健康发展、防范系统性风险是实现人民币国际化的关键条件。

除此之外，区域经济一体化也是极为重要，但常被忽视。可以说，德国马克（之后的欧元）国际化之所以如此成功，关键就在实现了区域经济的一体化，而日元国际化进程在20世纪90年代后基本停滞了，关键就在日本未能（或无法）在亚洲实现区域经济的一体化。

德国马克的国际化受益于两次经济一体化进程，一次是1990

① 许兵，孟学礼，孔炜．德国房地产市场保持平稳的经验［J］．中国货币市场，2011（4期）：13－17.

年的两德统一，一次是1986—1998年的欧盟经济一体化（及之后的欧元区成立）。

1973年布雷顿森林体系崩溃后，为保持汇率相对稳定，欧洲主要国家开始寻求一个适用于欧洲内部的汇率机制，并在1979年成立了欧洲货币体系（EMS）。根据EMS，成员国以欧洲货币单位（ECU）为基础，任何两个成员国之间的汇率波动上下不超过2.25%。在这个过程中，由于德国经济本身强大、德国央行在控制通胀方面的声誉良好，马克就自然成了欧洲货币体系中的核心货币。这是欧洲货币联盟的雏形，为德国马克国际化奠定了良好的基础。

1990年的两德统一，不仅直接扩大了德国马克的使用范围，也使得德国经济变得更为强大（合并后的德国总人口从此前的联邦德国的630万人上升到近800万人），这进一步加强了马克作为区域性国际货币的地位。1986—1998年这十多年间，德国一直主导欧盟经济一体化进程，并最终成立欧元区。在这个过程中，欧洲主要国家在贸易、人口流动等方面不断融合，德国经济再次快速发展，德国产品的市场成倍地增长。以1986年签署的《单一欧洲法案》（Single European Act）为标志，1986—1988年短短三年内，德国对欧元区18国的出口额差不多翻倍，马克作为区域性国际货币的地位自然也不断加强。

为进一步推进日元国际化，20世纪90年代末日本虽然也开始努力推动区域经济一体化的发展战略，但并未成功。1997年亚洲金融危机使得日本注意到亚洲钉住美元汇率制度的弊端，开始积极寻求亚洲区域合作来提高日元的国际化程度，而1999年欧元的诞生直接促使了这一发展战略的实施。1997年9月，日本在香港举行的G7（七国集团）会议上提出了建立“亚洲货币基金”的构想，即由日本和其他9个亚洲国家和地区共同筹资1 000亿美元基金来处理亚洲国家和地区在国际收支平衡方面的紧急问题，但因遭到美国和 IMF 的反对而搁浅。①

1998 年 10 月，日本又提出向危机国家和地区提供资金援助的“新宫泽构想”，即日本建立总额 300 亿美元的亚洲基金，其中 150 亿美元用于满足危机国家和地区的中长期资金需求，150 亿美元用于满足短期资金需求。截至 1999 年 3 月底，日本向韩国、菲律宾等 5 国提供了 188 亿美元的援助。②。

1999 年 9 月，日本财政部专门成立研究小组，对日元国际化的战略实施进行分析研究。研究发现，日元国际化程度不高主要是因为投资者对日本经济缺乏信心，需要重塑日本经济和国内金融体系，开放日本市场，提高日元使用的便利性。同时，该研究报告提出要注重扩大日元在亚洲地区的使用。③

2000 年 5 月，中日韩与东盟 10 国之间签署了《清迈倡议》。该倡议起源于日本对“亚洲货币基金”的提议，提出亚洲国家和地区要在监测资本流动、监测区域经济、建立双边货币互换网络以及人员培训等四个方面进行合作，其中双边货币互换网络是其最重要的组成部分。不过，由于日本在亚洲金融危机中放任日元贬值，再加上过去十几年中国经济的迅速崛起，日元的区域化战略并未成功。

人民币国际化离不开“一带一路”倡议。通过回顾日元和德国马克的国际化进程，我们不难发现，要实现人民币的国际化，首先是要“练内功”，即实现本国经济的可持续增长、稳定通胀、防范系统性风险，这是最基本的条件。其次，也要实施区域经济一体化（如“一带一路”），一国货币的国际化与区域经济一体化相辅相成。

德国就是一国货币的国际化与区域经济一体化的成功例子：从

① “亚洲货币基金”构想中包括日本、中国、香港地区、韩国、澳大利亚、印度尼西亚、马来西亚、新加坡、泰国以及菲律宾十个国家和地区。

② 李晓．“日元国际化”的困境及其战略调整［J］．世界经济，2005（6）：3－18.

③ 宋敏，屈宏斌，孙增元．走向全球第三大货币［M］．北京大学出版社，2011.

1979 年成立的欧洲货币体系到 1999 年成立欧元区的过程，欧洲各国经济不断融合，马克作为区域性国际货币的地位不断加强；1999 年欧元区成立后，欧元作为全球第二大货币的地位进一步加强，德国自身也是欧洲经济一体化（成立欧元区）的最大受益者之一。

第五部分

中国发展新策略

中国发展的中长期金融政策和策略

导读

本文从大金融史的视角探讨四个相关专题：金融创新与英国的强盛；金融制度与美国的崛起；金融博弈与欧元的诞生；金融政策与中国的发展。随着时代的进步，全球金融制度建设不断进步，金融理念不断发展。大浪淘沙，拥有先进金融制度和金融理念的国家替代了落后的国家。在金融体系领域，落后也要挨打，其表现形式可能是金融危机。为了实现中国在中长期能够快速、稳定、和平地发展，中国在金融方面必须具有战略高度、开阔的视野，并使自己成为国际金融格局里负责任的战略博弈者之一。正确的、富有前瞻性的金融政策和策略可以帮助中国经济走得更远，实现中长期快速、稳定、和平发展的目标。2018 年中国经济如能融入世界，2038 年中国经济可能引领世界。

自改革开放以来，中国经济经历了前所未有的连续 27 年的高速增长，其间 GDP 增长幅度更超过 10 倍。目前中国经济规模已经超过了意大利、法国和英国，成为全球第四大经济体。如以 1978 年为改革开放元年，我们已经看到“1978 年中国经济开始面向世

* 原文发表于 2006 年 7—8 月《国际经济评论》。作者衷心感谢与陈平、丁一凡、Charles Goodhart、李杨、梁能、邵滨鸿和张宇燕等就相关问题的讨论，感谢与中国社会科学院金融研究所，北京大学中国经济研究中心和中欧国际工商学院等地同仁的交流。

界，1998年中国经济已经影响世界”。继续向前看，中国正面临一个重要的发展机遇，特别是加入WTO之后，这个机遇已经显得越来越明朗。以我之见，“2018年中国经济必须融入世界，2038年中国经济可能引领世界”。①

中国国家主席胡锦涛最近在美国阐述了中国的和平发展和崛起。中国已经成为重要的发展中国家。如果发展战略和政策执行得当，中国有可能实现和平崛起并实现中华文明的伟大复兴。和平崛起中的和平是跟战争相对应的，有不少理由相信和平崛起是可能的。但在全球发展的过程中，金融风险和危机也将长期存在，世界范围内大的金融危机将是难免的。全球金融危机带来全球金融大洗牌、新的全球金融体系在大乱中重生。但全球金融危机也可能减慢甚至阻止发展中大国的崛起——过去的多次大洗牌使一些发展中大国已经丧失了崛起的机会。

中国可能成为一个经济发达大国。任何发达大国在国际金融方面都有巨大影响力，而在成为发达大国之前也必然满足了包括金融政策在内的一些重要条件。别的国家在成为发达国家的过程中，在金融政策和策略方面有一些什么样的经验和教训很值得我们总结和思考呢？

从全球化角度而言，最早的全球化也可以说是中国推动的。在欧洲中世纪的时候，中国的GDP占全世界70%。中国不出产白银，但是中国用银本位。中国的海上和陆地丝绸之路都和白银相关。但是，中国后来并没有与时俱进，相应发展起先进的金融体系，经济发展也逐渐落后。中国当今的快速发展是我们正面临着新的机会。本文试图从大金融史的角度分析大国发展中金融政策方面的经验和教训，并希望从中找出对我们今天发展有意义的借鉴。

大金融史观从世界发展的角度大跨度地看待金融史。受大历史

① 黄海洲. 从国际市场看中国经济发展面临的挑战［J］. 国际经济评论，2006（3-4）.

观的启发，大金融史观中的大是指其跨度比较大、考虑的角度比较宏观（大）。从大跨度看金融历史对中国的现实意义在于认清在全球化前提下金融起什么作用，金融对一国的兴衰有什么重大影响。

我们需要从历史和国际角度探讨全球化，因为全球化是我们现在必须面临的大问题。大金融史观也能帮助我们了解国际政治局势、经济发展动向及商业成长机会。中国有可能成为一个发达大国。中国要真正成为发达大国的话，一个重要的条件是中国在金融方面有一个具有战略高度的、开阔的视野，并使自己成为国际金融格局中负责任的重要成员，成为主要的战略博弈者之一。

引　言

古代帝国——包括古代中华帝国——的兴盛跟金融关系不大。在古代，建立一个国家主要需要合适的政治体制及时机、优秀的政治家和军事家、强大的军队和优良的技术水平，但是那个时候没有全球化带来的影响。

但是，全球化以后，要建立一个大国或者复兴一个大国，靠上述因素已经不够了。这是因为近代大国的兴起必须依托全球化的力量。从葡萄牙帝国到西班牙帝国，尤其是西班牙帝国开始，金融全球化力量实际上是这些帝国兴衰的关键。顺其者昌，逆其者亡。

尽管在古代军事和技术是影响一国兴衰的重要因素，但是从中世纪的欧洲开始，要建造一个大的帝国，军事和技术已不是仅有的主要制约因素，经济、金融也变成主要制约因素。

欧洲 1400—1559 年爆发了 281 场战争，在 1559—1648 年爆发了 162 场战争。[①] 当时打仗需要几个条件，第一要有一定的技术，武器相对先进；另外打仗要有兵源。当时英国和欧洲大陆经常发生战争，英国人口的 5% 在军队里。那时候打仗靠人数，主要靠男青

① Ferguson, Niall (2002): The cash nexus: Money and Power in the Modern World, 1700 - 2000, Basic Books.

壮年。可以推算，在人口分布中，从 18 岁到 35 岁的男青年人口里面，这个比例经常达到 30% 以上。

再者，打仗需要钱，兵马未动，粮草先行。钱从哪里来呢？在当时主要是靠课重税。但是，欧洲当时国与国边界划分并不是很清楚。而且当时移民非常容易，没有边界控制，没有护照。所以那时各个城邦，或者是各个国家之间有相当大的竞争性。如果一个国家要课重税，后果是经济衰退，人口减员，有钱人移民到别的国家。在那种情况下，一个国家靠课重税的办法来支持国家长期战争是非常困难的。国家能不能做强，在很大程度上跟经济有关系。课重税对经济有两层负面的影响，第一是经济增长的直接影响，第二是损失人口。那时金融的作用主要是支持贸易。

金融创新与英国的强盛

欧洲爆发战争的频率从 1400—1550 年的 80% 下降到 1917—1984 年的 9%，这里面有政治和其他各方面的因素，也有金融方面的因素——金融甚至是非常重要的因素。从 18 世纪开始，战争融资问题已经有办法解决。得金融之力，这时少数几个国家可以很大很强，它们之间的博弈使得大规模的战争很难爆发。

认识金融重要性的一个好办法，是比较英国和法国在上几个世纪的金融政策和经济发展。原因如下：第一，英国和法国从技术上来说没有太大的差别，法国在军事技术上与英国相当。第二，法国出了一系列的战略家和军事家，当然英国也出了一些，但是法国完全不在英国之下。第三，法国国家面积和人口与英国相当。第四，历来法国和英国国防开支较为接近，而且法国和英国参与欧洲或者全球大规模战争次数也差不多。从 1695 年起，法国卷入了 50 场大规模战争，奥地利 47 场，西班牙 44 场，英国 43 场。这几个都是当时主要的欧洲大国，卷入战争的次数各个国家差不多。如果说战争胜负里面有天时地利或者其他随机因素，经历四十多场战争，决定胜负的主要因素应该可以看清楚了。

英法两国军事政治体制相近，技术水平和人才相近，人口和国土面积也相差不多，国防开支也接近。经历了这么多战争，西班牙和奥地利衰落了，英国实际上在全球格局中比法国势力大了很多。为什么英国如此成功？这里面重要的因素是金融，金融对大英帝国的强盛是非常重要的。

人类历史有很多重大的发明和发现，萨缪尔森的教科书认为人类历史上三个最重要的发明和发现是火、轮子和中央银行。由此可见中央银行的建立是一项伟大的发明。以前打仗靠课重税，其后果是经济衰退、人口损失。有没有办法为战争融资，但是又能够使经济不衰退，使人口不减少？在 1694 年之前人类对这个问题没有解。以英格兰银行成立于 1694 年为起始，这个问题得以解决。1694 年，英国政府希望向商人和金融家借 120 万英镑资助战争，商人和金融家跟政府谈妥了一个重要借款条件，即设立具有中央银行功能的英格兰银行。1844 年，英国议会通过立法形式，确定英格兰银行有银行系统最后贷款人的职能，完成了其向现代中央银行功能的转变。这一重大改革标志着现代金融体系的诞生，包括现代银行体系的诞生，实际上也完成了人类一项最伟大的金融创新。

英格兰银行前面有一条小街，叫朗伯德街。在这条街上，银行和银行之间的流通性交易，即同业市场交易，把闲置的流通性调动起来。当时是金本位，容易发生黄金挤兑。由于同业市场交易能够把闲置的流通性调动起来，从理论上讲整个银行系统的黄金挤兑应该可以减少。但同业市场交易经常会停止，甚至会加剧黄金挤兑。原因很简单，因为商业银行之间是有竞争的。即使没有流通性短缺，同业市场交易的风险也比较大。一家银行如果能够在对手面临流通性短缺时有机会置其于死地，则它有钱也不一定会借给对手。这时候，谋取长期竞争利益变成主要考虑，靠来自多余流通性的边际利润而赚取短期利益则成为次要的考虑。英格兰银行的最后贷款人的职能使得单个银行谋取长期竞争利益而置对手于死地的动机很难实现，因此具有一箭双雕的作用——既减少了黄金挤兑的风险，又减少了银行间过于激烈的竞争关系带来的银行系统风险。尽管实际上英格兰拥有的黄金在历史上大部分时间里比法兰西银行要少，但是英格兰银行用最后贷款人的职能使得英国整个金融体系更加稳定。

弗格森（2002）总结了大英帝国成功的三大要素，即军事、货币和金融、宗教。军事比较容易理解，因为那个时候是靠殖民地和军事扩张。但实际上军事本身也涉及战争融资的问题，从这个意义上来说，战争能不能打下去与金融是直接相关的。

货币和金融要素也很重要。要使这个要素真正起作用，把金融力量做大做强，需要三个层面的条件。在第一个层面要有强势的货币，这也需要有很高信誉的央行。如果一切交易只是靠黄金的话，似乎要不要中央银行不是很重要。但是，没有中央银行，金融体系的稳定性不能保证，而且信用货币无法大规模产生。中央银行发行银行券，可以让货币发行量在短时间内和黄金拥有量脱钩。中央银行的建立有三个意义，第一是防范黄金挤兑的危险，第二是在很大程度上减少银行危机，第三是大规模产生信用货币并提高整个银行系统的效率。

在第二个层面要建立强大的金融机构。当时最重要的金融机构是银行，所以英国建造了一些世界顶级的银行。在第三个层面要建立先进的金融市场，当时是指银行间同业交易市场和结算中心。为了使同业交易市场和结算中心能够比较有效率地运转，银行与银行之间必须能在短时间内完成低成本的拆借。这就导出了一个抵押的需要。

银行跟银行之间的借贷，如果大家信用都非常好则问题不大。如果借出银行对借入银行的信用很担心，信用风险问题就出来了。借入银行可以用贷款做抵押，但由于借出银行对借入银行的贷款质量不了解，对其跟客户的关系也不清楚，在这种情况下抵押带来两个问题：第一信用风险比较大，第二是贷款定价困难——如果要定价的话，贷款价格比较高或者抵押折扣比较大。因此银行之间拆借交易量就不可能做到很大。解决问题的关键在于有一个大家共同可以接受的抵押的工具——这个工具信用风险小，而且定价容易，政府债券就是这个工具。所以，要支持金融市场的发展，政府债券可以起重要的作用。

尽管大多数时间法兰西银行黄金储备多于英格兰银行——英格兰银行曾经多次向法国银行借钱，但英国的金融实力远比法国要强得多。英国在世界上第一次把真正的中央银行建立起来，把银行同业拆借市场做起来，把政府债券作为一个抵押的基准工具也做起来，最终成为全世界最重要的金融强国。英国的总体国力大小跟金融是直接相关的，而比较英法能把这个问题看清楚。因为英法两国从人口的多少、国家的大小、技术水平的高低以及军事人才的多少等，都有可比性。英国通过创新的办法把金融体系和制度做强做大，这使得英国成为当时全世界最强大的国家。

英国中央银行的建立实现了几个重要的功能。第一，尽管在金本位前提下货币发行量应取决于拥有的黄金量，但是中央银行的建立可使货币暂时脱离黄金量的限制。在银行系统最困难的时候，可以降低储备率。虽然大多数情况下黄金量起制约作用，一旦有危机的时候可以自救。英国因此使货币制度摆脱了僵化的制约，而整个欧洲大陆仍被黄金束缚。法国当时过分看重黄金，黄金量多少就决定其银行贷款规模有多大。

第二，帮助大规模资本输出，从而使全世界都用英镑这一货币。英国央行有意压低利率水平，当时伦敦的利率比法兰克福、巴黎利率要低 1 ~ 2 个百分点。英国公司或者是个人在海外赚到钱，要拿回英国，但由于英国利率水平低，钱就又出去了，在外面赚更多的钱。实际上一进一出获得两重好处，这是很精巧的设计。

第三，有了一个很强大的中央银行，就有条件发展出很多发达的商业银行，存款货币也就随之而来。这些大的商业银行和投资银行在全世界所向无敌，没有钱可以向中央银行借钱。面临竞争的时候，英国的银行有很大的优势。第一可以在同业拆借市场借钱，跟同行借钱，一家银行没有钱没有关系，只要别的银行有钱，就很可能借到。第二可以从央行借钱。这个制度在欧洲大陆当时是没有的，英国在人类历史第一次把这个制度突破了。

从1861年以后，英国资本输出每年大于GDP的7%，1913年达到9.1%。其资本输出存量在1913年超过GDP的140%。那时候为什么英国有这么多资本输出？当然跟其金融政策有关。英国当时在全世界很多地方有殖民地，进行经济扩张，并用炮舰政策支持全球化和全球贸易。当时全球贸易的70%是在伦敦进行的，全球金融体系中基准货币是英镑。英国通过殖民和贸易在全世界赚了很多钱。怎么用这些钱？

法国人通过殖民和贸易不断赚取黄金，然后把黄金存放在法国。之前的葡萄牙人和西班牙人也是如此。与此相反，英国的办法是压低自己的利率水平，鼓励把赚回来的黄金再投资出去。如此一来，钱又出去了，形成资本输出，到国外建项目、修铁路、买外国的国债。与此同时，英国培育了许多大公司，吸引海外投资者到英国买股票。

英国压低自己的利率，还有另外一个好处，使得发行国债比较便宜。当时是英镑储备，但由于英镑放在手里没有利息，因此就产生了对英国政府债券的需求。英国的政府债券利率很低的好处是使其融资的成本大幅度下降。如别国付8%，英国付6%就可以了，这样融资成本就降低了25%。英国的低利率政策曾是一个百年国策。

现在讨论一国的财政政策时，经常会看一个指标：一国的负债占GDP的百分比。一般来说国际货币基金组织常用的指标是60%，一国借债超过GDP 60%的话会有较大的还款风险。到目前为止，人类历史上一国借债水平的上限在哪里？这个上限的世界纪录发生于1818—1848年，地点在英国，英国当时借债占GDP百分比高达250%。这里面涉及两个问题：第一，英国发行的国债得有人买，投资者愿意买而不是被强迫；第二，从英国国家来说，以现金流往回折算，它有能力支付。250%确实是很了不得。

金融制度与美国的崛起

在18世纪，美国只是一个新兴市场国家，类似于当时的阿根廷和巴西。从自然资源角度来说，美国实际上并不比阿根廷和巴西更好。它在政治和军事上跟随英国，尤其只在一战和二战后期加入战争。英国在一战和二战中付出极大的代价，使得国力很难维持，而美国实际上从中渔利。

美国在崛起过程中，除了外交、政治、军事以外，在金融上面也有一些创新和值得借鉴的地方。在金融方面，第一是稳健的货币政策，第二是持续的黄金储备增长，第三是在犯了两次错误之后，建立了一个信誉卓越的中央银行。

稳健的货币政策是指钉住当时的强势货币，同时美国不断积累黄金。在1949年的时候，美国黄金储备达到250亿美元，占当时全世界货币黄金的75%。崛起是要有经济和金融条件的。当一国拥有全世界75%的黄金储备，它的货币就不难成为全世界基准货币。

美国也创立了一个信誉卓越的中央银行，但是这个中央银行创立并不是一帆风顺的，是试了三次才成功的。美国历史上在相当长时间内有金融危机，时不时有银行危机。虽然它的货币稳定是因为通过钉住英镑，但是银行实际上一直是不稳定的。直到联邦储备银行成立以后，才把银行危机的问题解决。美国开国之父之一，首任财长汉密尔顿对这个问题有很清晰的认识。他认为开国之后要马上做的一件事，就是要建立中央银行——第一国家银行。

美国拥有75%的储备黄金以后，实际上已经基本具备了在国际上享有领导地位的重要条件，但是要实现这个国际地位还需要一系列的策略。在二战快要结束的时候，美国跟英国进行多次谈判，确定布雷顿森林体系。[①] 在这个体系当中，美元与黄金挂钩，美国承诺每盎司黄金兑换35美元，同时美国开放自己的市场，接受进口。其他货币跟美元挂钩，它们的汇率浮动空间要事先定义好，如果要调整的话，需经过国际货币基金组织的批准。

美国要使美元成为全世界基准货币，必须支持其他国家积累美元储备。别国积累美元储备则要求美国开放自己的产品和金融市场，让别的国家换取外汇。同时，还得想办法帮助别的国家，把别的国家都自动拉入自己的货币体系。这方面有意思的是"马歇尔计划"。"马歇尔计划"是战后美国帮助欧洲经济重建的重要计划。除了这层意义之外它还有另外一层含义，那就是美国通过给欧洲国家战后重建的支持，一下子顺理成章地把欧洲国家拉入美元体系。当时这些欧洲国家资金短缺、百废待兴，美国经济援助马上成为储备货币，一次性解决了国际储备系统中的基准货币问题，一下子把别的国家货币拉入了美元体系。

今天讨论美国的问题，许多人认为美国借债风险比较高。[②] 但我个人认为，美国离这个上限还很远。美国的低储蓄和过分依赖资本输入问题更为严重！像美国这样一个大国，在全世界金融体系中美元成为基准货币前提下，它的借债上限应该可以超过GDP的100%，尽管美国可能没有能力做到250%。60%不是没有道理，但只适用于小国和发展中国家，因为其金融市场不完备。

---

① 布雷顿森林体系之父是英国的凯恩斯和美国的怀特。当时民国政府派了一个高水平的代表团参加布雷顿森林会议。民国政府的金融政策，尤其是在内战时期非常失败，中国当时高通胀，而中央银行通过法币等方式，强行低价收购老百姓手里面的黄金、白银和美元。但是，民国政府在国际金融方面还是为中国做了一些有意义的事情。中国是IMF的创始人，在创始国中，中国的股份居第五位。中国现在的位置是第八，而且是经过了艰苦的谈判。在现在的股份中，美国占17.14%，其后是日本、德国、法国、英国、意大利、沙特阿拉伯、中国和俄罗斯。

② Obstfeld, Maurice and Kenneth Rogoff (2004), "The unsustainable US current account position revisited", NBER Working Paper 10869.

美国现在的做法跟英国上两个世纪的做法在很大程度上是类似的。美国吸收外资有几个方式：其一是外国投资者买美国的股票，帮助美国的公司做大做强，使其股票升值；其二是外国国家和投资机构购买美国的国债。美国自己的钱也是大量输出的，主要是对外直接投资，或者是合资办厂、建项目。但是，美国今天的情况跟当时的英国有一点不一样，英国在成为全世界头号强国的时候，一直是资本输出国，而美国实际上从 20 世纪 70 年代以后是资本输入国。这个差别对美国将来的发展会有很多政策层面上的限制。比如，美国财政赤字的安全线可能达不到 250%，原因之一是美国是资本输入国。

金融博弈与欧元的诞生

布雷顿森林体系后来还是垮台了。二战后全世界经济逐渐恢复，欧洲经济和贸易高速增长，使得全世界需要大量的美元储备。这个时候美国继续开放自己国内产品市场的话，必然会有大量的贸易逆差。全世界需要美元储备，就必然产生对美元的短期和长期国债的大量需求。美元短期国债从 1950 年 80 亿美元增加到 1960 年的 200 亿美元，再到 1971 年 600 亿美元，增加了七倍多。如此快速增长，第一跟美国国内经济环境有关系，第二跟全世界储备需求的快速增长有关系。

全世界其他国家逐渐积攒美元储备，美元跟黄金挂钩，在这个过程中全世界积攒的美元可以购买黄金。美国的黄金储备逐步从 1949 年的 250 亿美元减少到 1958 年的 220 亿美元，到了 1971 年降到不到 100 亿美元。从美国角度看，是从全世界的 75%，下降到 1971 年不到 30%。后来布雷顿森林体系垮台，实际上动摇了美元作为全世界储备货币的基础，而且使得世界其他国家的货币有可能成为强势货币，比如日元、德国马克和今天的欧元。

欧元的产生关系到国际货币体系大的变革，必然涉及国际政治和国际金融方面大国的博弈，以及国际政治家之间的较量。从政治层面来讲，戴高乐起了重要的作用。1965 年 2 月 4 日爱丽舍宫，超过 1 000 名记者出席戴高乐的记者会。时任财政部长（后成为法国总统）的德斯坦在巴黎大学向 3 000 多名听众做演讲。这时候以法国为首的欧洲国家挑战美国在全世界的金融霸主地位，从财政部长到总统有一系列的行动。不光是口头上说，如新闻记者写社论、评论、报道，也有具体的政策和策略跟进。

法国从 50 年代开始逐渐积攒黄金。法国历来喜欢积攒黄金，以前积攒黄金是希望保证货币的信用。在布雷顿森林体系下积攒黄金有不同的作用。早期的时候，美国承诺每盎司黄金兑换 35 美元，谁持有 35 美元都可以兑换一盎司黄金。到了 60 年代，黄金跟美元之间的市场价格已经超过了 35 美元。这时个人不能按此价兑换，但是中央银行仍然可以按此价兑换。法国的出口换回来的外汇尽快换成美元，再由法国央行以 35 美元兑换一盎司黄金的价格马上换成黄金。当市场价格超过 35 美元时，美国也动员其他中央银行一起联手保持汇率稳定。多个中央银行的黄金放在一起形成黄金总汇，共同保持这一固定汇率制度。但不久，黄金总汇就垮台了。

60 年代末，戴高乐大力呼吁全球回到金本位。法国拥有这么多黄金，都是由美国保管着，只是账面上划到了法国。戴高乐认为这么多黄金再继续放在美国不安全了，因为美元跟黄金的汇率已经不能得到保证，美元对黄金的汇率可能会崩溃。他认为，美元对黄金的汇率一旦崩溃，美国可能会要求按照新的市价兑换，这等于把法国的黄金按 35 美元换一盎司折算成美元，再按照新的市价兑换成黄金，法国将可能蒙受太大的损失。所以，戴高乐要求回到金本位制，并要求把黄金从美国取回来。他还承诺欧洲其他国家，如认同金融体系有疑问，法国可以免费帮它们把黄金从美国运回来。为此，戴高乐派了一个法国的海军舰队到纽约港，把在美国储存的黄金取回来了。当时的荷兰、比利时、卢森堡、瑞典等国家，搭法国海军舰队把存放在美国的黄金运回欧洲了。法国军舰搭载着大量黄金，穿过大西洋回到了欧洲。①

可以说布雷顿森林体系垮台的临门一脚是戴高乐踢的。美国最后放弃美元兑换黄金。之后黄金价格飙涨，很快从35美元换一盎司涨到1977年的180美元换一盎司。黄金价格在1978年达到250美元一盎司，现在超过600美元一盎司。

在布雷顿森林体系下，全世界需要的货币只有一种就是美元。其他各种货币基本上只做一些国内支付。跨国支付全世界只要一种货币，就是美元。从这个意义来说布雷顿森林体系不瓦解，没有其他货币存在和生长的空间，所以欧元也不可能有生存的空间。法国人当时摒弃政治前嫌，和德国在经济上联盟，并以此为基础建立欧盟。戴高乐1965年后的动作，实际上是在布雷顿森林体系中划了一道裂口，让欧元和其他货币后来的成长成为可能。当前尽管美元仍是全世界最主要的储备货币，但是已经有欧元和其他货币生存的空间。

金融政策与中国的发展

欧元的成长也为人民币将来的发展造就了一些空间。中国要成为一个经济发达的国家，要过很多门槛，包括解决国有企业改革、银行问题、收入分配等重要问题。中国发展面临的最重要的题目之一是金融问题。我们现在已经是国际金融体系里一个重要的成员，因此必须从宏观和战略层次上进行思考。

国际经济和金融的博弈有不同层次。有些国家选择保护自己的贸易，千方百计不让别人进来，但自己要出口，这是一种做法，短时间内好处明显，但长期来看经济难以真正做大做强。18世纪和19世纪，英镑的国际地位跟英国是世界工厂有关系，更由于英国

---

① Bernstein，Peter L（2000）：The Power of Gold：The History of an Obsession. Wiley.

本身开放度高。从另外一个角度来看，二战之后，德国经济强大，也是世界工厂，但马克国际化不大，一个原因就是跟德国的政策有关。德国长时间出口大于进口。中国从改革开放以来，中国的市场也逐步对外开放。中国的 WTO 承诺远远高于日本和韩国等加入 WTO 时的承诺，今天中国市场的开放程度甚至已经不低于日本。中国是大国，虽面临经济转型的困难，但是经济增长迅速。中国的贸易结构和经济发展方针应该跟一些国家不同。中国的金融有可能做大做强，继续坚定不移地开放市场是实现这一目标的重要的必要条件之一。

从英国和美国经验来看，金融创新非常重要。中国要做大金融市场，在国际上占有重要的一席之地，很显然要有国际水平的金融机构，需要有一些重要的银行，包括商业银行、投资银行、或其他金融机构。这些机构要有开拓意识、创新意识，在国际上能为中国争得一席之地，为中国的发展提供一系列支持和保障。同时，必须建立一系列富有流动性、高效率的金融市场，因为只有高流动性、高效率的市场才能有效产生信用，同时能够比较好地解决资源配置。

中国到了快速发展金融机构和金融市场的时候了。中国实体经济发展迅速但金融经济发展缓慢，实体经济和金融经济间的不匹配和不相容成为日益突出的矛盾，并已成为制约中国能否持续稳定地增长的关键之一。在国家层面，中国自 1998 年以后在实物商品经济领域已经事实上部分地左右了世界经济。但是在金融经济这一部分，在对世界经济影响力重大的金融市场、金融衍生品领域，由于中国发展的落后，而使自己陷入十分被动的境地。

中国的企业要走出去需要中国的金融机构和金融服务发展壮大，但如果没有相当强大的国内金融机构和金融市场，走出去的战略难以实施，中国经济的崛起难以实现。可以说，不管中国在实物商品经济领域成就多大，只要中国资本市场欠发达的状况不改善，中国面临的原材料和市场危机就不会解除。因此，中国必须大力发展金融衍生品市场，包括外汇和商品期货市场，并争取尽快确立中国在世界原材料期货市场中的定价中心地位。作为世界上最大的原材料进口国，中国具有确立在世界原材料期货市场中的定价中心地位的必要条件。

相关的宏观政策层面上也有不少问题值得深思。比如说政府发行的债券到什么规模？中国作为一个大国，财政政策规模和空间比一个小国或一个中等规模的国家要大得多，但是大到哪里？又比如，如何进一步提升中央银行的信誉？如何加大中央银行独立性？再比如，关于亚洲货币市场和亚洲货币基金，中国在这里面应该做什么？中国对亚元应该采取什么样的态度？

中国的发展将伴随着金融风险和危机，因为世界范围内大的金融危机将是难免的。全球金融危机带来全球金融大洗牌，新的全球金融体系在大乱中重生。但全球金融危机也可能减慢甚至阻止发展中国家的崛起——在大洗牌的过程中一些发展中国家已经丧失了崛起的机会。金融危机如何化解？仅仅消极防范够吗？

中国经济要发展，很显然需要人民币成为一种强势、广泛流通的货币。这是什么概念呢？第一，人民币价值要稳定，人民币在完成可兑换之前，汇率宜经常面临小幅的升值压力。一个新兴市场国家的货币只有在面临一定的升值压力才能逐步变成强势货币。第二，人民币汇率要有足够的灵活性。中国作为一个新兴市场国家，既需要增加汇率的灵活性，又不宜使人民币汇率起伏过大。

人民币国际化已经走了很长的路程，比如在东南亚一些国家可以看到人民币流通，这实际上是中国国力强盛的表现。怎样把人民币做大做强，这里有很多的问题值得研究。第一，对人民币国际化应该采取何种态度？是积极支持还是反对？第二，如果支持的话应该如何支持？德国央行不积极支持马克国际化。德国马克虽然稳步升值，但没有真正国际化。我个人认为应该积极促进人民币国际化，因为人民币国际化可以把中国很多问题放在国际金融市场上化解，使局部优化变成全局最优。

总之，为了实现中国在中长期能够快速、稳定、和平地发展，中国在金融方面必须有具有战略高度的、开阔的视野，并使自己成为国际金融格局里负责任的战略博弈者之一。正确的、富有前瞻性的金融政策和策略可以帮助中国经济走得更远，实现中长期快速、稳定、和平发展的目标。2018 年中国经济如能融入世界，2038 年中国经济可能引领世界。

全球流动性、投资和“种树经济”

导读

> 中国经济的长期增长是由市场化、城镇化、全球化推动的，城镇化将是未来推动经济增长的最主要动力。中国应更好地利用全球化带来的市场和资源，更好地在真实资产和金融资产之间进行匹配。从全球流动性来看，宏观政策取向可能需要“稳投资、促进口、带消费”和“发展国内金融市场，改进国际资产投资”。

我们正处在一个全球经济大变革的时代。在过去二三十年中，全球化风起云涌，给全球金融体系带来了非常深刻的变化，其中之一就是全球流动性。从20世纪90年代到现在，先有流动性短缺带来的亚洲金融危机、俄罗斯金融危机等事件，后有全球流动性过剩和新兴市场国家和全球经济的快速增长、欣欣向荣。

本文试图从全球流动性的角度进一步研究探讨一些问题，集中在宏观调控和投资，涉及汇率政策、城市化和教育，并对郭树清先生的相关观点做一回应。

全球流动性今非昔比。以前说的流动性主要来自发达国家，但是现在新兴市场国家扮演的角色越来越重要。事实上，新兴市场国

* 发表于2007年5—6月《国际经济评论》，为郭树清先生《体制转轨与宏观调控》一书序言的评论。

家已经变成了资本输出国，这是现有的经济学模型所不能解释的。按照比较优势理论，发展中国家应该输入资本。从 2002 年开始，新兴市场经济体的储备增长很快，新增外汇储备占 GDP 的比例已经高达 5%。在 2006 年第四季度，仅中国大陆、台湾地区、印度、韩国、泰国这五个经济体就新增了 1 100 亿美元外汇储备，其中中国大陆新增外汇储备 780 亿美元。

新兴市场经济体变成资本输出国，引起了全世界宏观经济政策发生深刻变化。中国逐渐推进资本账户开放，比如从 2007 年 2 月 1 日起，居民可以购买 5 万美元的外汇，而泰国走上了另一条不同的路。新兴市场经济体变成资本输出国是过去 20 年全球化带来的结构性的变化，是以前没有经历过的。

新兴市场经济体资本输出的主要途径是中央银行，而私人的作用不大。这些资本输出的一个特点是数量很大，另一个特点是对冲不足。过去大家觉得新兴市场经济体外汇储备不足，因此一有风吹草动，就可能发生金融危机。但是亚洲金融危机、俄罗斯金融危机、土耳其金融危机、阿根廷金融危机使得这些经济体“一朝被蛇咬、十年怕井绳”，这些经济体外汇储备迅速增加，成了资本输出国，但也面临另一种风险。

原来的风险存在于负债方，一旦发生流动性冲击，负债方的风险就会变得很大，导致货币危机和银行危机。而现在这些国家面临着新的危机，即风险从负债方转移到了资产方。外汇储备基本上只投资于固定收益产品，这与私人投资是不同的。如果美元利率调整或美元下跌，新兴市场国家没有对冲的外汇储备可能面临大量的损失。由于有些新兴市场国家基本面不是那么好，将来可能会出现隐患。

由资产缩水带来的危机是具有相当讽刺性的，但不是不可能。而且，由于大多数新兴市场国家都在输出资本，而可以投资的项目却不多，导致了固定收益产品供给相对不足。例如由于中国对美国债券的投资，导致美国的收益率降低了 25 个基点，资本变得越来越不值钱。

新兴市场经济体的私人资本输出也在增加，但是增加幅度和官方资本输出的增加幅度有很大差别。官方新增储备占 GDP 的比例是 5%，而私人资本输出的增加额只占 GDP 的 2% 左右（图 1 和图 2）。不能说私人资本的大量输出就没有问题，因为这些行动可能说明他们对本地经济没有信心。私人资本输出最快的时候是 1998 年之前，正好在金融危机前夕。如果仅根据这个来推断，由于现在私人资本输出和 1998 年之前一样多，2007 年就可能发生金融危机。但由于当今全球流动性非常充裕，私人资本输出迅速增加并不一定会导致危机。

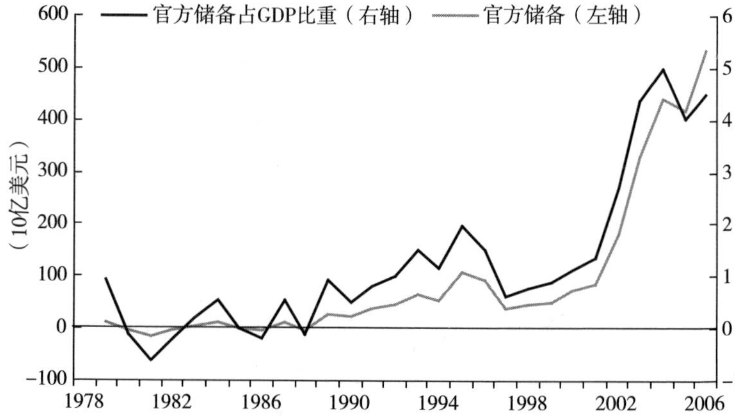

图 1　新兴市场经济体的官方储备积累

资料来源：彭博资讯。

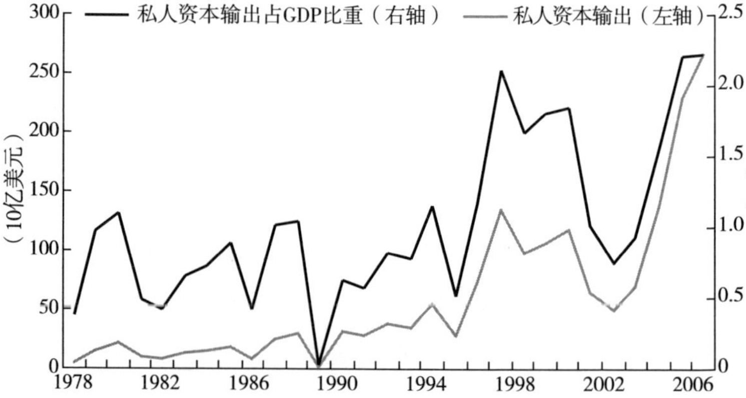

图 2　新兴市场经济体的私人资本输出

资料来源：彭博资讯。

充足的流动性需要在各个货币之间进行多样化投资，这引起了外汇汇率波动的加大。对中国来讲，面临汇率风险增加时，如果仍然继续钉住一种货币，风险会大大增加。所以从这个角度分析，笔者很赞成人民银行积极推进汇率改革，大力增加货币灵活性，更好地维护国家经济利益。

由于全球流动性增加，汇率波动增大，固定收益类产品短缺，笔者想从这个角度简略分析中国的宏观经济政策。中国的外汇储备已经接近1.1万亿美元，占GDP的比例超过40%。笔者不知道中国的外汇储备中有多少是美元。做一个简单的估算，假设其中60%投资于美元。如果美元贬值10%，资产损失占中国GDP的2.4%。美元贬值10%的可能性是有的。如果这个风险不能得到有效化解，会抵消老百姓辛苦工作创造的GDP增长。

显然，中国需要积极地改进外汇储备管理。但怎么做？有很多问题值得研究和思考。这实际上有点类似于“胜利大逃亡”的问题，即有百万大军被包围了并随时减员，如何将百万大军安全撤出？这需要高超的艺术。从金融的角度看，外汇储备投资组合需要渐进的、有管理的、稳妥的改善，除了投资债券之外，也要增加股票、商品等投资。

汇率制度方面，中国很有必要增加人民币汇率的灵活性，同时让人民币升值。升值也不应是单向、直线式的。目前中国增加汇率双向风险的做法值得称道。公众知道人民币要升值，但并不知道哪一天是升还是跌。这样就要对冲由此产生的汇率风险，要发展新的对冲工具。此外还需要资本账户的有序开放和人民币的国际化，二者之间要进行协调。

货币政策方面，中国央行更加成熟、更加积极。2006年是中国货币政策非常积极的一年，从调息和法定准备金率调整来看是全球央行动作最多的。由于央行的这些举措，现在中国的货币政策基本上是中性的。笔者同意这样的观点，即现在仍有流动性富裕，但问题不是太大。根据中国货币状况指数，上一次货币政策中性发生在2003年，但只是擦肩而过，现在则是基本稳定在这个水平，这是和以前不一样的地方。

尽管不严重，中国仍然面临流动性过剩问题。从银行间利率和存款准备金率的关系来看，2006年10月以前，每次银行准备金率的提高都会导致银行间利率的提高，二者是同步的。但是从2006年10月开始这种关系不成立了，法定准备金率的提高并未导致银行间利率的提高。这说明了流动性的相对过剩，央行的紧缩政策并没有立即导致资金成本的相应上升。为何流动性问题变得更加突出？因为2006年第四季度中国的外贸出口是创纪录的，净出口的增加速度也是以前没有过的，新增加的流动性部分冲销了央行回收流动性的努力。

由经济学基本公式 $X-M=(Y-C-G)-I$ 可看出，一个经济的经常账户盈余等于这个经济的储蓄和投资的差额。对中国而言，流动性富裕是由出口过多或者说储蓄过多造成的，出口过多是相对于进口而言，储蓄过多是相对于投资而言，或者说消费与政府支出不足。出口大于进口确实是一个问题，但有无过多储蓄尚取决于投资水平和人口结构等因素，不能轻易下结论。

通常认为中国的投资率过高，信贷投放过快。最近由清华大学钱颖一、白崇恩、谢长泰和北京大学卢锋、宋国青两个小组的研究认为，中国的投资回报率是相当高的，这样的话应该继续扩大投资。下面从全球流动性的角度分析支持他们的结论。

为什么全球流动性这么多？为什么投资不足？过去20年，全球经济发生的最大变化是发达国家把工厂迁移到发展中国家。生产同一个产品，设想在发达国家劳工成本高达5万美元，为了节省一个劳工需要增加50万美元的资本，这样资本回报率是10%，并不低。但是在工厂迁移到发展中国家后，由于发展中国家人工比较便宜，不必增加50万美元的资本来节省一个劳工。这样，全世界的就业人口在增加，但资本投资增长速度在下降，而 GDP 增长速度没有下降。结果导致真实经济和金融经济不能很好地匹配，全球金融资本过剩，流动性过多。在最简单的古诺模型中，假设有两个国家，当一个减少投资的时候，另一个的最优决策就是增加投资。所以，从宏观政策角度来看，中国应该继续稳定甚至加速投资。

过去几年，中国 GDP 增长率比较高。在保持增长率不变的情况下，投资增长率降低时净出口就会增加，两者具有很好的镜像关系（图 3），只有把经济增长率压下去才能让二者同时降低。对于中国这样的国家，出口盈余应该下降，投资应该增加。

图 3　固定资产投资增速和月度贸易盈余

为什么投资不能降？货币政策宽松的根源是全球流动性增加和资本增长率下降，同时固定收益证券供给不足。美国反向的收益率曲线，乃至几乎所有大的经济问题都与此有关。

或许中国需要罗斯福式的新政。罗斯福新政是用来解决大萧条的，繁荣时候还需要新政吗？关键是怎么看投资。在全世界投资增长率下降的情况下，中国的宏观政策选择应该是稳住投资和就业，同时增加进口。

20 多年前，郭树清先生在研究起草经济改革总体规划时，把教育和文化与科技一道放在了非常突出的位置。1995 年，郭树清先生在研究“九五”计划时，曾经提议要把特大城市的轨道交通作为基础设施建设的重点进行考虑和安排，然而由于要控制通胀率和投资规模，地铁规划和投资很快被宣布为冻结类项目。当时在许多人看来，地铁是发达国家奢侈的交通工具，发展中国家绝对不应模仿。

正如他在《体制转轨与宏观调控》前言中指出的：“事实上，在伦敦和纽约建设地铁网的时候，英国和美国的人均国民生产总值只有几百美元，而且地铁从一开始就是大众交通工具。更重要的是，在1995年时的上海、北京、广州，每年由于交通堵塞造成的所有直接和间接损失就已经达到几百亿元人民币。今天，在这三个城市同时建设的轨道交通线路分别都有五条左右，每个城市都有数十个车站在同时施工。全国则另有十几个城市忙于这类投资和规划。”

今天我们仍在苦寻宏观调控的良方。或许不少人对发展高等教育和许多长期投资项目仍持怀疑态度，同样是担心投资过热，但是若干年后，我们会不会后悔？

发展经济有两类办法：“砍树经济”和“种树经济”。在全球投资不足的前提下，中国既然有这么多贸易盈余，那么从代际迭代模型来看，多为下一代创造财富的长期投资是很有必要的。2020年之后，中国老龄化现象会很严重。因此，目前最优的选择是做出对子孙后代有利的长期投资，保护资源和环境，避免产能过剩问题。只要投资稳住，消费问题就可能随之解决了。

金融风险可以分为两类，一个是跨区的，一个是跨代的。像中国这样的大国，全球化降低了跨区风险（和短期跨时风险），但是跨代风险只能由中国自己解决。过分依赖美国长期国债难以解决跨代风险，将来要吃后悔药。在经济增长比较好的时候，减少外部不平衡的有效方式可能是保持稳健的国内投资。发展教育和建设城市轨道交通是典型的“种树经济”。环境保护也当属“种树经济”，包括实实在在地“种树”。

中国经济的长期增长是由市场化、城镇化和全球化推动的，城镇化将是未来推动经济增长的最主要动力。中国应该更好地利用全球化带来的市场和资源，更好地在真实资产和金融资产之间进行匹配。

从全球流动性来看，宏观政策取向可能需要“稳投资、促进口、带消费”和“发展国内金融市场，改进国际资产投资”。

改革开放的新内涵和新策略

导读

为了抓住并积极利用全球经济格局转变中的新机遇，实现经济增长软着陆、经济结构转型、技术升级换代，中国需要全新的改革开放战略。对内改革开放的新内涵，主要是进一步理顺资源价格，开放服务业和其他过度监管或带有垄断性市场，发展国内大市场，提高全民福祉；对外改革开放的新内涵，主要是积极推进人民币国际化，理顺汇率价格，支持企业（包括金融业）在海外发展。在此基础上，我们需要认真研究一系列重要问题，包括对外的贸易、汇率、货币和国际金融战略，对内的财政、税收、收入分配、社会保障、城市化、环保、农业、产业结构转型、技术升级等。

中国30年改革开放的巨大成功得益于中国政府和人民适时抓住了全球化的机遇，顺应时势，坚定不移地实行改革开放，以改革促进开放，以开放带动改革。

如以1978年为改革开放元年，中国经济对世界经济的实际影响力在1998年成功应对亚洲金融危机后，开始为世界瞩目，尽管当时不少人并未认清这一重要里程碑。今天，中国经济规模已经超过了意大利、法国、英国和德国，成为全球第三大经济体。

* 原文发表于2009年《比较》第40辑。

2007年次贷危机以来，全球经济格局正在发生重大转变。美国正在积极转型，其第三产业（尤其是金融业）在收缩，但第一产业和第二产业在快速发展。同时，全球经济正在向多极化迈进。全球资本流量和贸易量（占全球GDP的百分比）将可能下降，贸易保护主义可能抬头。这将对中国过去30年的开放和发展模式带来新挑战。中国未来20年的外部经济环境将与过去20年大为不同，难以继续寄希望于过去粗放式、以外贸出口为主导的发展和开放模式。

多极世界的显现也为中国的发展带来了前所未有的新机遇。2008年年中以来，全球石油价格、大宗商品价格大幅回落。这一巨大的环境变化为中国经济实现结构转型和增长软着陆带来了新机会。为了抓住并积极利用全球经济格局转变中的新机遇，中国需要全新的改革开放战略、新的政策智慧、坚定的决心和果断的执行力，以实现经济结构转型，提高全民福利水平。简言之，改革开放需要有新内涵和新策略，我把它概括为大力保增长、调结构、改价格、促开放。

每一次大的金融危机都是一次“洗牌”。有些国家变得更强，有些金融机构变得更强。只有经过这样的危机，才能看到哪些国家、哪些机构能够经受住考验，哪些只是“裸泳者”。对一个国家而言，如果不能抓住机会积极推进改革，尤其是那些平时难以推动的改革，变危为机，则可能躲过初一，躲不过十五，难免最终成为“裸泳者”。只有坚持改革，才能变危为机。

1978年中国经济处于崩溃边缘，形势与今天不可同日而语。当时经济中的主要矛盾之一是生产问题，表现为供给的严重不足和工作积极性的制度性缺失。以邓小平为首的领导人，审时度势，及时启动改革和开放，打破了人民公社制度下积弊已久的“大锅饭”制度，以农村包围城市，开拓了工业品市场，刺激了衣、食、住、行的供给。民营经济初步兴起，民间投资活跃，全国经济走向了繁荣。

1998年，亚洲金融危机对中国和周边国家经济造成空前冲击。

除了采取扩张性财政政策保增长之外，中国政府及时启动了住房改革，将住房推向了市场，释放了巨大的住房需求。可以说，住房改革对拉动需求的作用超过了财政刺激。同时，中国借加入 WTO 之际，积极推动金融和国有企业改革，改进公司治理，创造银行和其他国有企业的上市条件。巨大的海外市场需求、充满活力的现代企业和更有效率的金融体系成为中国经济过去 10 年高速增长的保证。

2008 年，“金融海啸”席卷全球，这场由美国引发的危机开始蔓延到世界各个角落。众所周知，次贷危机之前，以美国为一极，其他一组国家为另一极的商品和资金流入流出，构成了一幅相对稳定的平衡图景。美国在经常账户上有巨大逆差，但在资本项目上却有几乎相同规模的顺差，使美国的国际收支总体状况接近平衡。美国的快速转型——经济的实心化和制造业的复兴——正在打破上述平衡。当前，更紧迫的问题是：美国不进口这么多的商品和服务，这些贸易盈余国家，尤其是中国，如何填补这么大的出口市场需求?

虽然贸易盈余国家可以开发新市场，在多极世界这是可能的。但在多极世界，全球贸易量（占全球 GDP 的百分比）可能下降，贸易摩擦可能加剧。多哈回合的贸易谈判未能成功并非偶然。

次贷危机之前，中国经济内部和外部不平衡的特征明显。过去粗放式、以外贸出口为主导的发展和开放模式导致外部不平衡，明显不能适应正在形成的全球经济新格局；而以消费不足为特征的内部不平衡更具有基础性、恒久性影响，带来的不良后果也更为严重。内外两种不平衡紧密联系，相互依赖，甚至相互推波助澜，相互不断强化，形成一个愈演愈烈的格局。

当前的中国经济面临不少困难，包括增长速度下滑、出口疲软、需求不足。改革 30 年之后，主要矛盾之一从生产不足问题变成了消费不足问题。为了增加需求、保增长，政府及时推出了 4 万亿的财政刺激。最近数月，新增贷款呈爆发性增长，11—12 月分别达到4 769亿元和 7 718 亿元；2009 年 1 月的前 20 天已达 9 000

亿元。市场预期这些刺激措施，通过得益于过去十几年改革的金融和企业传导，将可能引发中国经济增长反弹。但如果不及时配套相应的进一步改革措施，则保增长或许只是暂时的效果，信贷换增长难以持续，甚至会变成一场以优良资产换不良资产的空欢喜（这就是斯蒂格利茨担心的“用现金换垃圾”）。

一个人均 GDP 不到 3 000 美元、正在实现工业化和城市化的发展中国家，为何有需求不足的问题？如何刺激需求？关键在于进一步改革，理顺价格，尤其是汇率机制。另一关键在于对内开放，发展消费市场。中国的潜在需求巨大，尤其是服务业，包括金融服务业，但受制于体制束缚。人民币的低估可能是内需市场不足的主要因素之一。这些新内容的改革开放将有利于实现经济增长软着陆、经济结构转型、技术升级换代。

危机的一个重要教训是实体经济与金融经济需要一种匹配关系。在这方面，美国的问题不是最严重的，虽然美国金融业占 GDP 的比重将有所收缩。一些小的经济开放体例如冰岛，金融业发展很快，但实体经济可能已经无法支持金融经济，在危机中受到的损害比较严重。中国则需要进一步发展金融服务业，以达到实体经济与金融经济之间的匹配。本次危机的一个重要启示是，小国办大金融之路风险非常大，大金融机构只应该在大经济体里存在。这对中国是一个利好消息，随着小国所办的较大金融机构慢慢收缩，只要我们政策应对得当，就可以进占小国腾出的空间。

简言之，为了抓住并积极利用全球经济格局转变中的新机遇，实现经济增长软着陆、经济结构转型、技术升级换代，中国需要全新的改革开放战略。我们需要认真研究一系列重要问题，包括对外的贸易、汇率、货币和国际金融战略，对内的财政、税收、收入分配、社会保障、城市化、环保、农业、产业结构转型、技术升级等。

中国对外开放在新形势下的战略布局

导读

30 多年的实践经验表明对外开放促进了中国经济社会的全面进步，为改革事业提供了较好的基础条件。新形势下，中国正面临对外开放战略布局的重大契机。但在新一轮的全球平衡中中国也面临着严峻的挑战。文章提出十点改革建议：一是打破认识误区，加强宣传教育；二是加强理论研究和技术准备，做好基础梳理工作；三是以加快推进中美双边投资协定谈判为契机，推动服务贸易和投资协定领域标准的提高；四是加快实施更高标准的自由贸易区战略；五是以服务业领域扩大对外开放为突破口，取消限制，推动实质性扩大开放；六是进一步扩大农业对外开放；七是加快人民币资本项目可兑换的进程；八是通过扩大对外开放促进国内改革；九是开放的同时也要注重监管；十是要以开放的心态进行全球配置，迎接全球化时代。

随着全球化的不断深入，尤其是这次国际金融危机后，世界各国经济复苏都面临着比较复杂的国内国际矛盾和冲突，长短期矛盾

* 原文发表于 2013 年 7 月《国际经济评论》，与周诚君合作。原文为中国金融四十人论坛（CF40）2013 年重点课题《深化经济体制改革重点领域一揽子方案》之子课题《新形势下对外开放的战略布局》。报告执笔人为：黄海洲、周诚君（按姓氏音序排列）。课题组感谢李波、刘海泉、金鹏辉、魏加宁、伍戈、张健华、张燕生、赵海英、林赞等专家提供的宝贵意见，执笔人也感谢李志勇和王慧的协助。

继续凸显，不平衡复苏格局短期难以取得明显改善，合作与竞争共存。美国短期动能减弱、长期动能增强；欧元区短期波动减弱、长期余震不断；日本短期市场欢呼、长期前景不明；新兴市场短期微弱复苏、长期依靠改革。

国际贸易与投资规则发展也呈现不同于以往的新趋势：一是服务贸易和投资协定成为新一轮国际贸易谈判和规则制定的核心内容；二是具有更高标准的新自由贸易协定将引领全球贸易新规则；三是 WTO 多边贸易体制将日益边缘化。

在过去的 30 多年里，中国通过改革开放、引进资金、引进管理、培养人才、提高出口、提高外汇储备、改造银行、改造实体经济，提高了国际地位。展望未来，这些方面的改革红利继续存在，但边际贡献下降，中国应该重点着眼于寻找新的机遇，扩大开放，提高标准，以开放促改革。

抓住机遇，改革开放

过去 30 多年来，国际局势风云变幻，国际竞争风起云涌，国家之间、地域之间、版图之间合作与竞争并存，此消彼长。在这样的国际环境下，中国是怎样抓住机遇、快速发展的？

1978—1989 年

20 世纪 60 年代末至 70 年代初，美苏争霸愈演愈烈。美国一方面面对来自苏联的步步紧逼，艰难迎战；另一方面又深陷越南战争的泥潭，难以自拔。那时，美国急需寻找同盟，而中苏关系早已破裂。同时，中国在台湾问题上若能获得美国支持，意义重大。中国领导人以战略家的远见卓识和政治勇气，把握历史机遇，做出改善两国关系的战略抉择，对中美关系和世界形势产生了深远影响。

1979 年 1 月 1 日，中美两国正式建交，结束了长达 30 年之久的不正常状态，这是两国外交史上具有里程碑意义的大事，由此揭开了两国关系的新篇章。中美关系从对抗向合作转化，为中国提供了有利的国际和平环境，为中国带来了战略红利，可以放手进行改革开放，大量吸收以美国为首的西方国家的资金和技术发展经济，不断积聚中国的财力物力。除了经济地位之外，中国的国际政治战略地位也得到了极大的提升。

1989—2000 年

20 世纪 80 年代末到 90 年代初，东欧各个社会主义国家的政治经济制度发生剧变，苏联宣告解体。东欧国家成了西方世界的宠儿，而中国由于 1989 年“政治风波”被欧美制裁和冷落。中国的外部环境严重恶化，中美、中欧关系也急剧倒退，陷入低谷。

中国国企当时面临的改革困难也很大，1998 年还遭遇了亚洲金融危机的冲击。面对内忧外患，中国虽积极地在改革开放道路上奋勇前行，但是缺乏国际机遇。欧美世界对中国改革开放的努力将信将疑，仍然采用围堵策略。中国的国际战略发展进入艰难的阶段。

2000—2008 年

这一时期，三方面外部环境的变化为中国经济快速发展提供了难得的机遇。

从中国内部改革来看。中国以加入 WTO 为契机，大力推动改革。由于抓住了有利因素，中国实现了经济的快速发展和国际政治地位的提升。

从国际战略环境方面来看。“9·11”事件之后，美国的国际布局发生了变化，美国在应对伊拉克和阿富汗问题上希望赢得国际上的支持，这在无形中化解了中国被围堵的困境。中美建立了战略互信的关系，中美领导人之间的友谊也得以增进。2001 年 10 月和 2002 年 2 月小布什总统在不到半年时间里两次访华，中美领导人就发展两国建设性合作关系达成共识。江泽民主席也于 2002 年 10 月访美，并与小布什总统举行了重要会晤。此后，中美关系得到全面发展，尤其中美经贸关系更是突飞猛进。2001 年中国是美国的第三大进口市场，到了 2011 年跃升为第一大进口市场；2001 年中国是美国的第四大贸易伙伴，到 2011 年成为第二大贸易伙伴。

从国际金融体系方面来看。2000 年美国互联网泡沫破裂。为应对该事件对实体经济的冲击，2001 年美联储连续 11 次降息，基准利率从 6.5%一路降至 1.75%，之后在 2002 年和 2003 年分别再次降息，利率降至 1.0%（图 1）。在低利率的刺激下，美国的房地产市场和消费市场走向繁荣，也拉动了美国经济的快速恢复和增长。欧洲 1999 年开始建立欧元区，区内利率下行，经济快速繁荣。美国和欧洲的繁荣为中国的出口提供了空前良好的机遇。

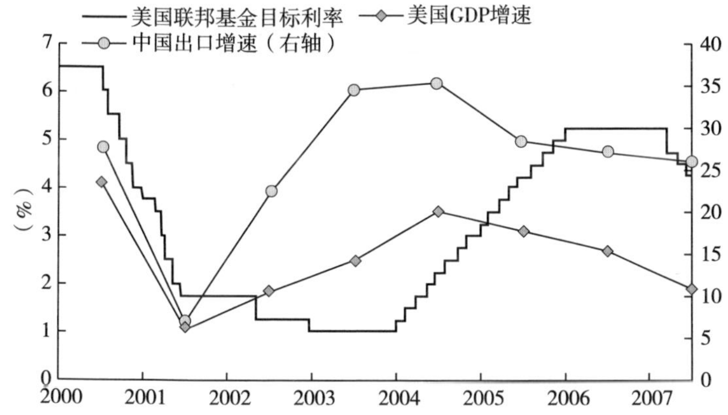

图 1 2001 年美联储连续 11 次降息，美国经济快速恢复和增长，也拉动了中国出口复苏

资料来源：美联储，Haver Analytics，中金公司研究部。

2001 年，中国正式加入 WTO。中国在争取入世和入世之后实现承诺的过程中，对内有效推进了一系列改革，使得经济更市场化、更有效，与世界经济进一步融合。中国廉价的劳动力也使中国成为世界的“制造工厂”，“中国制造”渗透到各个领域，包括汽车、电子消费品甚至奢侈品等，中国元素和中国概念共同影响着世界。中国的进出口贸易拉动了全球经济的增长，更成为亚洲邻国和其他发展中国家经济增长的重要动力源泉。中国对重要原材料的消费不断增加，目前是国际市场原油、钢材、矿产等资源的主要进口国。中国在推动经济增长、发展国计民生大业的过程中，也从国际上采购了大量的设备和技术。中国在国际上的地位更加重要，并且成为金砖四国的“领头羊”。

改革开放以来的重要获益

1978 年，以党的十一届三中全会为标志开启了改革开放航程，特别是十四大、十四届三中全会确立了发展市场经济和开放型经济，以及 2001 年加入 WTO 之后，中国的对外开放取得了明显成效，对于促进各个领域的体制机制改革发挥了有力推动作用。正如邓小平同志曾指出的，“要尊重社会经济发展规律，搞两个开放，一个对外开放，一个对内开放”，“对内开放就是改革”。在改革开放 30 多年的历程中，中国顺应了经济全球化的时代潮流，既坚定不移地打开国门，又有效地抵御了国际政治、经济风波的冲击，走出了一条具有中国特色的对外开放道路。以 2001 年中国加入 WTO 为时间分界线，中国对外开放在不同时间段的策略不同，获益也不同。

“引进来” 和 “走出去” 的历程

第一阶段：1978—2000 年

1978 年前的国民经济面临着严峻的形势，经济体制弊病积累，工业总体效率递减，产业结构严重失衡，粮食总产量增长缓慢，人民生活水平徘徊不前。1978 年底召开的十一届三中全会，直接开启了改革开放的航程：坚决抛弃“两个凡是”，重新树立解放思想、实事求是的马克思主义思想路线；决定抛弃“以阶级斗争为纲”，把党和国家的工作重心转移到经济建设上来；启动了触及经济管理体制、社会政治体制的改革。在坚持社会主义道路的前提下，为经济体制改革和对外开放迈出了具有决定意义的一步。

1992 年 10 月，党的十四大明确中国要建立社会主义市场经济体制。十四大报告中用专门篇幅明确阐述，要“进一步扩大对外开放，更多更好地利用国外资金、资源、技术和管理经验”，强调“对外开放的地域要扩大”“利用外资的领域要拓宽”，要“积极开拓国际市场，促进对外贸易多元化，发展外向型经济”。1993 年 11 月，党的十四届三中全会通过了《中共中央关于建立社会主义市场经济体制若干问题的决定》（即“50 条”），第一次以党的文件的形式明确提出要发展开放型经济，进一步强调“坚定不移地实行对外开放政策，加快对外开放步伐，充分利用国际国内两个市场、两种资源，优化资源配置。积极参与国际竞争与国际经济合作，发挥中国经济的比较优势，发展开放型经济，使国内经济与国际经济实现互接互补”。同时，还明确了扩大开放、发展开放型经济的若干具体措施，如“实行全方位开放”“进一步改革对外经济贸易体制，建立适应国际经济通行规则的运行机制”“积极引进外来资金、技术、人才和管理经验”等。

这一时期中国对外开放的重点在于引进外资、引进技术、引进人才、引进机制，利用国外现代化管理经验改革国企、建立民企。随着这些改革开放政策、措施的全面贯彻实行，中国吸引和利用外资规模大幅增长；兴办了一大批中外合资经营、中外合作经营及外商独资企业，学习了现代管理经验，引进了先进的技术；对外贸易网络初步形成，对外贸易总额实现了质的飞跃。根据 IMF 统计，改革开放初期的 1980 年，中国进出口贸易规模仅占全球的 2.0%，是名副其实的贸易小国；1990 年中国贸易全球占比上升至 3.4%，居世界第 14 位；到了 2000 年，占比扩大至 7.3%，居世界第 7 位。至此，中国基本确立了沿海、沿江、沿边、内陆地区相结合的全方位、多层次、宽领域对外开放的格局。

第二阶段：2000 年以来

2001 年 12 月 11 日，中国正式加入 WTO，进入对外开放的新阶段。入世以来，中国全面兑现入世承诺，严格履行行业开放时间表，金融、电信、农业、零售、家电和汽车等行业先后对外开放。至此，中国对外开放已经从区域性的推进转变为全国性的开放。

在过去的 10 多年间，中国经济在国际整体经济格局中所处的地位和影响力都显著提升。根据世界银行统计，中国的对外贸易总额从2000 年的 0. 5 万亿美元迅速增长至 2011 年的 3. 6 万亿美元，在全球的排名从 2000 年的全球第七位迅速攀升为 2011 年的第二位，年均复合增长率高达 20%；进出口分别占全球的比例均达到 10% 左右，是2000 年占比的近三倍。与此同时，中国的外汇储备从 2000 年的 0. 17万亿美元提升至 2012 年的 3. 31 万亿美元，规模扩大了近 20 倍。

入世之后，中国全面开放的对外政策不仅包括“引进来”，还包括“走出去”。中国企业逐渐发展壮大，走出国门，成为国际市场上的重要一员。据联合国贸发组织发布的《2012 年世界投资报告》，2011 年全球外国直接投资流出量 1. 5 万亿美元，中国对外直接投资为 746. 5 亿美元，约占全球当年流量的 5%，名列全球前十位。

相关行业经受住国际竞争考验并得到空前发展

中国加入 WTO 为不同行业的差异发展提供了一个很好的观察窗口。在开放度较大的行业中，无论是入世前中国有比较优势的纺织服装产业，还是当时在国际竞争中处于明显劣势的家电、机电、机械等行业，在入世后都得到了快速发展，国际竞争力、市场占有率大幅提升，助推中国成为新的世界工厂。甚至一些当时被普遍认为属于弱势产业、将遭受重大冲击的行业，如汽车、银行业等，也都获得了空前发展。不妨来看几个具体例子。

第一，汽车业。业界预计加入 WTO 后中国汽车业将面临“灾难性毁灭”，几代人发展汽车工业的努力会付诸东流。但实际情况却大相径庭，中国汽车业通过合资、并购和重组等多种形式，竞争力稳步提高，获得了前所未有的黄金发展期。到2011年，中国汽车产销量分别跃升至1842万和1851万辆，均为世界第一位，分别超过美国2倍和1.5倍。汽车工业总产值2.1万亿元，是2001年的4.7倍。汽车生产的零部件国产化率达到80%左右，每个职工年生产汽车已达10辆之多（入世前为1辆）。一批民族汽车企业从无到有逐步崛起，出口快速增长；有的还收购了国际一线汽车品牌企业，进军国际市场（图2上）。

第二，金融业。按照入世承诺，中国银行业、保险业到2006年末结束五年过渡期，全面取消外资银行经营人民币业务的地域和客户限制；保险业外资除不得经营法定财产险业务、寿险不超过50%的持股比例外，无其他限制。当时国内反应强烈，很多人认为将对国内银行业、保险业产生巨大影响，特别是国内银行业被普遍认为处在技术性破产边缘，国有银行实际不良资产比例估计超过50%，资本充足率更是远低于8%的最低标准。世界银行也认为中国银行业大约需要十年才能做好准备而不至于陷入险境。当时预计，入世十年后外资银行在中国的市场份额将达10%~15%。现实是，入世后外资银行的确在华迅速发展，但国内本土银行在竞争的压力中锐意改革，在公司治理、经营管理上不断向国际标准靠拢，获得了跨越式发展。截至2012年末，中国银行业的资本充足率为13.25%，不良贷款率仅为0.95%；四家大型银行全部跻身全球十大银行之列。过去一直担心的外资银行重大冲击并没有发生，外资银行市场份额最高也仅为1.6%（图2下）。保险业也类似，入世后外资保险公司在华获得了快速发展，但并未对中资保险公司产生重大冲击，2012年外资保险在中国保险市场的占有率仅为3.5%左右。

入世后的发展表明，当时广为担心的情况并没有出现。总体而言，凡是对外开放比较彻底、积极参与全球资源配置的领域，都是发展得比较好、竞争力强、与国际接轨比较密切的领域；凡是保护

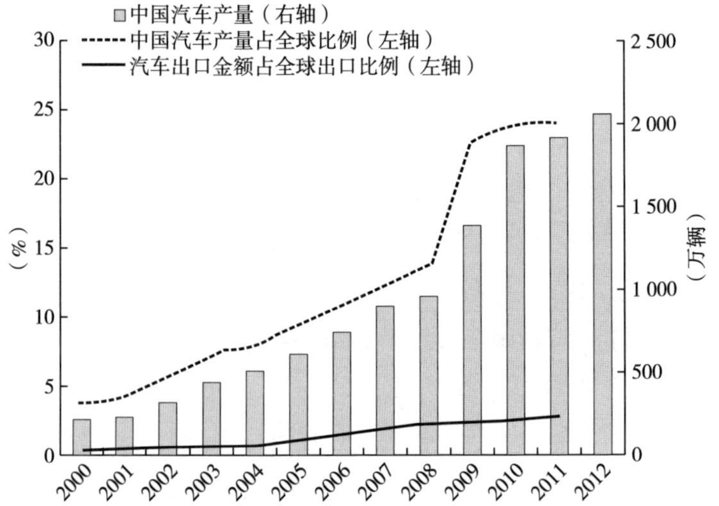

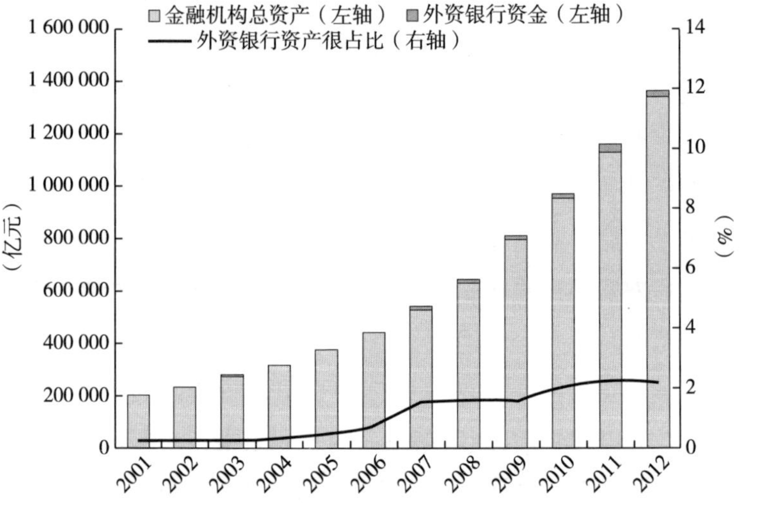

图 2　加入 WTO 以来中国汽车业、银行业的发展

资料来源：世界银行，WTO，中国人民银行，Wind。

比较多，对外开放、参与全球化比较滞后的领域，都是改革发展相对落后、创新能力不强、竞争力差、产品或服务质量不高、社会满意度较低、与国际标准和前沿水平差距比较大的领域。当时出于各种考虑对部分行业给予更多保护，其实际效果是适得其反，反而保护了落后，保护了垄断，比如电信业和农业。

对外开放有力促进了改革

30 多年的实践经验表明对外开放极大地推动了改革。这段时期，国有企业改革加快、民营经济迅猛发展、金融改革、投资体制、住房体制、社会保障体制改革全面推开。对内改革为中国经济增长奠定了根基，对外开放为中国经济腾飞注入了强劲动力。对内改革和对外开放的有机结合实现了中国的大发展和大繁荣，也推动了中国的国际地位不断提升。2011 年，中国一跃成为世界第一大出口国、全球第二大经济体，成为全球经济增长的“发动机”。

一是促进了中国经济社会的全面进步，为改革事业提供了较好的基础条件。经过 30 多年的改革开放，中国经济持续快速增长并保持稳定，综合实力大大增强；工业化、信息化、城镇化和农业现代化加快推进，就业和社会保障持续改善，人民生活水平显著提高；微观主体经济活力明显增强，民营企业得到快速发展，国有企业财务状况显著改善，等等。这些都为推进改革、凝聚共识打下了良好的物质基础。

二是提升了国内标准，促进了各领域的改革和与国际接轨。在 1992 年确立社会主义市场经济体制目标以及 2001 年加入 WTO 后，中国通过积极引进借鉴国际先进技术、制度和管理经验，有效促进了国内技术、商业模式和管理制度创新，努力在标准上以国际水平为目标，通过体制机制改革不断与之靠拢、接轨。在此过程中，伴随着综合实力的提升，中国在国际上的地位和影响力也显著提升，中国参与国际经济交流与合作、更广泛地融入国际的内外部环境逐步改善。

三是参与国际竞争和国际规则制定，倒逼国内体制改革。在微观领域，企业广泛参与国际竞争，充分发掘国际市场和国际资源，在全球竞争中赢得了一席之地；在宏观领域，随着中国对外经贸关系的不断推进，中国作为G20等国际组织和机构的重要成员国，在国际经济治理中的地位和发言权已有重大跃迁，基本实现了从被动到主动、从外围到核心、从配合讨论到参与决策的角色转变。这些客观上要求中国在国内经济体制改革方面做出表率，从而在国际经济舞台上展现负责任大国的形象。这一点在这次国际金融危机以来表现得尤为明显，中国积极落实G20领导人决议、推动全球经济治理改革，少数领域已走在国际前列。

2012年11月，党的十八大胜利召开，也时值党的十四大召开、“社会主义市场经济”提法确立20周年。中国经济在经历了30多年的快速发展后，遇到了2008年这轮日益深化、影响深远的国际金融危机，国内经济发展和转型面临着一系列的深层次矛盾和挑战。党的十八大报告指出，“世情、国情、党情继续发生深刻变化，我们面临的发展机遇和风险挑战前所未有”。中国经济体制改革也逐渐进入了深水区，前进道路上有不少困难、问题和风险，经济增长的制约条件显见，利益格局正在发生深刻变化，社会收入分配差距较大，影响人民群众切身利益的问题较多。同时，人民群众对进一步深化改革、提高增长质量、加强和改善公共服务提出了新期待。在此背景下，回顾和总结30多年来改革、开放相互促进及其经验教训，通过进一步扩大对外开放促进国内改革，可谓恰逢其时。

当前中国面临的重大契机

世界由单极向多极转变的趋势更加明显

和20世纪末期相比，当前最大的变化是2008年金融危机之后，美国的实力有所削弱。新兴市场凭借多年的发展，经济实力大大增强，经济总量和比重上升的同时在国际事务中的话语权也相应上升。欧洲未来的情况虽然不乐观，但经济总量和美国相当，仍然不可忽视。得益于过去十年原油和能源价格的上涨，俄罗斯已经摆脱了“休克式”经济改革带来的后遗症，财政和经常账户状况大为改观。日本在经历了两个“失去的十年”后也将面对严峻挑战，在货币和财政政策方面实施激进政策，意图扭转颓势。在全球力量更趋均衡的情况下，中国在和美国的博弈中将有更多的“筹码”在手，可以凭借自身的优势，与欧盟和主要新兴国家都建立良好的关系，在国际事务中取得更大的话语权并承担更多的国际义务。例如，在获取IMF和世界银行的份额和话语权方面，更广泛地参与国际事务和全球治理等方面，中美、中欧都可以合作，可以有所作为。

美国有望进入高增长、温和通胀的繁荣周期

这对于中国的意义类似于2000—2007年，即外需将有望再次成为拉动中国经济增长的重要因素。同时，虽然全球的经济复苏处于上升阶段，但一些结构性因素将在较长时间内压制全球的通胀水平：美国的就业市场要想完全复苏还有很长的路要走，因此产能缺口仍将存在；欧洲需求不旺，压低了全球总需求；发达国家工会的势力和影响力在下降；过去30年全球化的结果导致竞争在世界范围内增强，资本在各地区之间的流动也更加容易等。全球央行在过去几年中的货币政策虽然非常宽松，但央行传统意义上的政策目标并未改变，因此在必要的时候仍将有足够的手段和空间收紧过于宽松的流动性。这些因素的意义在于，未来数年全球的通胀水平仍将维持在一个温和的水平，通胀风险并不高，国际大宗商品原材料的价格很难如2000—2007年那样大幅上涨。这为中国继续增加投资、把握美国和全球经济复苏所带来的机遇提供了一个良好的外部条件。

中欧、中日以及与新兴市场国家关系的新契机

欧洲经济需要走出衰退，而欧洲的技术和品牌正是中国所需。中国拥有巨大的外汇储备，但大多数都投资于美元资产，尤其是美国国债，投资回报很低；如果投资欧元区，“欧猪五国——葡萄牙、爱尔兰、意大利、希腊和西班牙”与中国在重点产业上有合作意义

和机遇，中国可以结合“欧猪五国”的产业优势，同时考虑自己经济发展过程中对稀缺资源、海外扩张、技术升级、资产保值增值等需求，积极寻找合作机会。另外，可以设想，欧洲的状况迫使欧洲各国在未来对外的经济政策方面只能采取“防守”的姿态，而中国则可以更加主动地出击，逐渐“蚕食”欧洲老牌资本主义国家在新兴国家的经济利益，包括矿产资源、投资目的地等。

中日关系要在中美大的关系框架下讨论，也要在中国和朝鲜半岛关系框架下讨论。比如中日之间要保持一定的竞争态势，比如面对钓鱼岛问题不能放松，但如何使得中国在竞争中胜出？中国和新兴市场之间存在着合作和竞争双重关系。美国经济将拉动美元升值，这对于依赖外资、同时改革不充分的国家未来三五年将可能造成巨大的冲击，部分国家可能将面临类似当年亚洲金融危机，或者拉美债务危机时的情况。这次，经历危机的则很有可能是印度、越南、菲律宾等，由此中国则将拉开与其他新兴国家的发展水平差距。中国先发展起来，集聚发展势能，将为未来的进一步可持续发展创造空间和赢得时间。

国际政治、经济及贸易投资规则的发展趋势

随着全球化的不断深入，尤其是这次国际金融危机后，世界各国经济复苏都面临着比较复杂的国内国际矛盾和冲突，不平衡复苏格局短期难以取得明显改善，合作与竞争共存。

发达国家格局的变化

全球经济从2009年下半年开始复苏以来，已经经历了三年多的时间。总体来说，复苏之路较为艰难，国际经济形势复杂多变。危机之后，主要国家的央行，包括美联储、欧洲央行、英格兰银行、日本央行和中国人民银行等，在过去几年中大幅扩张了资产负债表，史无前例地加大了基础货币的投放。危机后，由于面临经济

复苏的不确定性，主要央行的政策可能更倾向于保增长。这样的国际环境对中国是有利的。

美国：跨过悬崖，准备出发

2008 年金融危机之后，美国经济的复苏情况比较乐观，数据显示制造业和服务业仍然处于扩张当中。从目前的情况看，就业情况改善较为缓慢，无就业复苏的窘况仍然存在，但大的趋势是就业增加、失业率下降。随着私人部门去杠杆化和资产负债表修复接近尾声，消费者的信心有了很大的回升，虽然和危机前相比仍有很大差距，但已经达到了复苏以来的高点。总体来说，美国经济维持过去几年中表现出的温和复苏的态势的可能性较大，房地产的复苏加速和实体经济的投资增加将是 2013 年拉动美国经济的主要因素。

和欧洲主要的国家相比，美国经济去杠杆化基本完成，基本面健康。一个经济体通常被划分为政府、金融、居民和企业四个部门，每个部门都有其资产负债表。2008 年金融危机也是资产负债表的危机。危机发生时，在政府、金融、居民和企业四大负债表中，只有企业负债表维持相对稳健，为经济持续复苏奠定了一定基础。走出金融危机的过程，也是修复资产负债表的过程。在经济开始复苏三年后的今天，美国实体经济去杠杆化的过程进展顺利。从 2009 年以后，美国金融和居民部门的债务水平已经大幅降低，同时政府部门的负债和杠杆率大幅上升。随着居民消费信贷和住房按揭信贷需求的上升，银行的放贷意愿也在增强，表现为更加宽松的放贷标准。信贷上升即代表更高的杠杆率，因此美国经济再出发将以经历一个再杠杆化的过程为表征。

奥巴马在第二任期内将着力解决长期的赤字和债务问题，而美国长期被诟病的问题，包括财政、教育、移民和公共设施陈旧等，也都会在未来的几年中得到一定程度的改善。长期看，美国具备低利率、低能源价格、低劳动力成本、市场和技术创新五大优势，经济增长具备再出发的条件，2015 年前后经济可能强劲增长，美国或成为全球三大板块中最早走向稳步增长、恢复繁荣的国家，很可能重复2002—2007年的增长势头。

受益于美联储长期的低利率政策、美元的国际货币储备地位及美元资产在全球动荡环境中的安全特征，美国国债收益率创下了两百多年以来的最低。同时，美国高等级公司债券的收益率也在近年来呈下降趋势。这说明美国政府和企业能够以很低的成本融资，有利于支持经济复苏。在技术创新方面，美国仍是世界上最有竞争力的国家，其科研投入仍占全球总投入的31%。美国发达的高等教育和科研体系，宽松的研究环境、优厚的待遇、有倾向性的移民政策仍吸引着全球的科技人才。同时，美国成熟的资本市场形成了一套完整的从发现、培育直到壮大科技生产力的体系。

在金融危机结束之后，有两个与美国相关的趋势值得密切关注。一是制造业的回流。由于中国的劳动力、土地等成本持续上升，加上对中国经济和制度环境的担心，中国不再成为美国制造业扩展的首要选择。相反，受到美国本土成本下降、美元汇率疲弱、美国政府税收政策优惠、生产效率提升等因素的鼓励，以满足美国国内市场需求为主的制造业已经有明显回流的迹象，美国产业空心化的趋势得到逆转，未来美国在高端制造业方面的优势将更加突出。

二是北美能源独立正在发生。在页岩气开发方面的成功大幅降低了美国天然气的价格，而页岩油产量爆发式增长可能使美国在未来数年内停止从海外进口石油。自2005年以来，美国的石油对外依存度开始下降。同时由于2010年以来美国的产量回升，美国已经于2010年底从油品的净进口国转为油品的净出口国。今后北美市场的供需平衡将大幅放松，而北美以外市场供需平衡反而有所趋紧。持类似的观点，国际能源机构（IEA）认为，美国将在2030年成为石油净出口国，在2035年前后基本实现能源独立，超过沙特阿拉伯成为全球头号产油国。

欧洲：步出危机，恐难出发

欧债危机已历时超过三年，仍然是影响全球经济和金融市场的最大风险因素。归功于相关欧盟机构尤其是欧洲央行，危机最危险的时刻已经过去。自 2011 年 11 月欧洲央行行长德拉吉上任至今，欧洲央行及时推出措施，欧洲央行的资产负债表规模扩大了约 30%，效果显著。周边国家的国债收益率明显下降，市场流动性得到有效缓解，银行业和金融市场的稳定性得到巩固。欧债危机仍将反复（希腊、西班牙的问题远未结束），但最危险的时刻已经过去。未来的一两年，欧元区将逐步摆脱债务危机的影响。不过单凭欧洲央行在危机恶化时向市场提供流动性还远远不够，真正要摆脱债务危机需要欧元区各国政府在政治、财政和经济方面的进一步整合，但这个过程将会比较漫长而痛苦。

2009 年底欧债危机爆发以来，整个欧元区除了政府部门债务占 GDP 比重大幅上升之外，其他各经济部门的资产负债表情况变化不大。实体经济要想恢复健康，欧元区还需进行大规模的、漫长的去杠杆化过程。加上人口老龄化等不利影响，欧元区存在成为下一个日本的可能性，即增长乏力、信贷收缩，甚至是陷入“流动性陷阱”。欧元区的长期前景更加悲观。

日本：改革积极，效果待察

自从自民党重新掌权、安倍晋三重任首相以来，日本开始推行激进的财政政策、货币政策、结构性改革以及国家主义等一系列政策，被称为“安倍经济学”，旨在结束通缩、重振日本经济和实力。就财政政策而言，日本最新一轮财政刺激计划总额是二战后推出的规模最大的财政刺激。安倍政府还不断通过官员喊话，促进日元贬值。就货币政策而言，此前日本央行已经决定推出宽松措施来配合政府的财政刺激计划。在 2014 财年日本央行将推出开放式的量化宽松，并将中期通胀目标上调至 2%。这些措施用来配合日本政府的财政刺激计划。在结构性改革方面，安倍内阁也在准备一系列措施，来提升日本经济的竞争力。

日本央行新行长上任后推行了更加宽松的货币政策。与英美的量化宽松一样，日本极度宽松的货币政策也同样搅动了全球金融市场。安倍经济学，尤其是日元贬值，对中国外贸总量影响不大，但对个别行业存在影响。一种担心是，如果亚洲新兴市场国家也陆续推出极度宽松的货币政策，加入所谓的“货币战争”，追随日元贬值，这是否会对中国外贸形成很大冲击？考虑到亚洲新兴市场占中国出口总量的比重接近40%，这是一个合理的担忧。对于亚洲新兴市场会不会出现大规模的“货币战争”，我们认为不必过分担忧，但亚洲新兴市场货币纠纷的可能性增加，尤其是受日元贬值影响较大的韩国、中国台湾地区和新加坡。

极度货币宽松政策造成的日元贬值，除了贸易渠道的影响以外，还会通过金融渠道影响中国，而这种影响的渠道主要是通过资金跨国流动实现的。日本的货币放松对资金跨国流动的影响要小于美国的货币放松，其制造的流动性对中国的直接投资与间接投资影响都比较有限。

发达国家之间的关系

从以上对于发达国家三大板块的分析来看，各版图的现状和未来走向都会有较大的差异。在此基础上，我们可以梳理各板块之间的关系。

第一，美国和日本关系紧密，但也并非铁板一块。美国和日本在二战之后就一直是同盟国的关系，美国负责日本的防务，日本则在经济利益方面回报美国。这种关系持续了半个多世纪。但美国和日本之间并非铁板一块，比如美国重回亚洲、朝鲜问题等就有可能削弱美日关系。

第二，安倍刺激日本经济的改革，采用货币宽松政策、使日元贬值等手段，使得日本与德国制造业的竞争加大，将导致日本与欧洲的利益分化，关系紧张。

第三，从美国的国内和国际战略发展来看，将会有一些新的发展。美国国内经济具备再杠杆化的条件，美国经济有望实现高增长、温和通胀。美国能源在2020年之后有望自给自足，由此对全球布局将产生重大影响。美国对中东的能源依赖将减弱，那么，美国是从中东撤退，留在中东，还是成为中东局势的搅局者？金融危机之后，美国的财政问题变得空前突出，为了自身经济复苏的需要，美国有必要进行海外战线的收缩，比如从阿富汗撤退。

第四，在亚洲问题上，中美两国之间是存在利益契合点的。首先，中国应该利用朝鲜问题加强中美之间的合作，促使美国对日本施压，包括钓鱼岛争端。其次，美国仍然面临财政赤字问题，未来几年战争不是美国的首选策略。最后，面对中东的选择题，中美存在合作的空间。中国可支持美国不要急于从中东撤退，加强美国继续成为中东秩序维护者的意愿。

国际贸易与投资规则发展的新趋势

金融危机过后，一方面，国际经贸活动中各种形式的保护主义上升，贸易摩擦加剧，各国围绕市场、资源、人才、技术、规则和标准等方面的竞争更加激烈；另一方面，主要经济体在多哈回合谈判受阻情况下，纷纷调整国际化战略，加快推进更高标准的自贸区建设，强化区域次区域合作，使得当前国际贸易与投资规则发展呈现不同于以往的新趋势。

一是服务贸易和投资协定成为新一轮国际贸易谈判和规则制定的核心内容。当前，经济全球化路径已由传统的商品贸易向服务贸易和跨境投资转变，过去传统的自由贸易谈判主要侧重于消除关税、贸易配额和优先级别的一些国家的组合，目的是为商品贸易提供便利。随着全球化的推进，新一轮国际贸易谈判已经出现了明显的贸易投资并重，并突出构建服务贸易和投资规则的趋势，其目的是促进参与各方在服务贸易和投资领域更好地发挥比较优势，推动各成员国家经济的深度融合和持续发展。具有代表性的是美国主导的、正在谈判中的服务贸易协定（TISA）和 2012 年 4 月美国发布的《双边投资协定 2012 年范本》（BIT2012）。

服务贸易协定。服务贸易协定首轮谈判开始于 2013 年 3 月，参与方包括美国、欧盟、日本、澳大利亚、墨西哥、智利、新西兰、韩国、香港地区、台湾地区等 22 个国家和地区，覆盖全球服务贸易总量的 2/3。各参与方希望在 2013 年年内通过 5 轮谈判达成最终协定。服务贸易协定拟确立的主要原则包括：全面给予外资国民待遇，即除各经济体明确保留的例外措施外，所有服务部门，包括目前不存在但未来可能出现的各类新型服务业，均需对外资一视同仁；原则上应取消必须设立合资企业的各种要求，不得限制外资控股比例和经营范围；新的开放措施一旦实施不得收回等。同时，服务贸易协定还将在经济体内部管制、国企竞争、信息通信技术、电子商务、金融、专业服务、海运、政府采购、服务业补贴、自然人移动等领域制定新的自由贸易规则。服务贸易协定的 22 个参与方之间实际上多数已经签署了各种自由贸易协定，相互之间本身已实现了较高水平的开放。在此基础上，服务贸易协定则提出了更高标准的开放要求，其影响不容小觑，有可能成为未来国际服务贸易规则的新标杆。

《双边投资协定 2012 年范本》。投资协定和服务贸易协定具有密切的内在联系，这是因为服务贸易和传统的商品货物贸易不同，通常需要通过跨国投资来实现，服务贸易自由化和投资协定相辅相成，是一个问题的两个方面。进入 21 世纪以来，以美国、加拿大等为代表的发达国家倡导通过双边投资协定来解决跨境投资方面存在的问题，逐步形成了关于保护双边投资的一系列内容和要素，形成了《美国双边投资协定 2004 年范本》，并广泛运用于各国双边投资保护。2009 年美国决定对 2004 年范本进行内部审议和升级，并在 2012 年 4 月发布了最新的《双边投资协定 2012 年范本》。《双边投资协定 2012 年范本》不仅包括了国际投资协定的传统内容，如投资待遇的最低标准、最惠国待遇、征收、转移、代位、损失补偿、投资争端解决等，还纳入了准入前国民待遇、国有企业、劳工、环境、业绩要求等新条款。应该承认，《双边投资协定2012年范本》既着重于强化投资权益保障，又注重通过投资协定解决投资市场开放、维护公平竞争等问题，是目前世界上国际投资领域中标准最高的范本之一，其多数规则不仅为发达国家所倡导和遵守，也为与主要发达经济体签订自由贸易协定的多数新兴市场国家和发展中国家所接受和运用。

二是具有更高标准的新自由贸易协定将引领全球贸易新规则。1990年向关贸总协定（GATT）通报的自由贸易协定（FTA）只有20项，到2000年向WTO通报的FTA也仅有86项，但在21世纪的这十多年中，FTA蓬勃发展，势不可挡。2007年向WTO通报的FTA达到159项，到2012年6月底已达324项。其中，比较突出的有东盟自由贸易区、安第斯共同体和正在谈判的中日韩自贸区谈判。根据WTO官方统计数据，目前全世界有210多个国家和单独关税区签订了1个以上的区域自由贸易协定，有30多个国家参加了20项以上的自由贸易协定（不含服务贸易协定），欧盟、墨西哥、智利、韩国、印度签订的自由贸易协定所涉及的国家或地区已超过80个。总体看，自由贸易协定已成为一股席卷全球的浪潮，影响力越来越大，而且还在不断加快延伸。当前，最为各国关注的是美国主导的、正在谈判中的跨太平洋战略经济伙伴协定（TPP）和跨大西洋贸易和投资伙伴协议（TTIP）。

以跨太平洋战略经济伙伴协定和跨大西洋贸易和投资伙伴协议为代表的新自由贸易协定之所以重要，首先是因为其覆盖范围广，截至目前，跨太平洋战略经济伙伴协定成员已扩大到美国、文莱、智利、新西兰、新加坡、澳大利亚、秘鲁、加拿大、墨西哥、日本十个国家。其次是其覆盖的经济体量巨大，跨大西洋贸易和投资伙伴协议所涵盖的欧盟和美国两大经济体拥有8亿人口，经济总量占全球总量的一半，贸易量占全球贸易总额的近1/3，美国对欧洲的投资是对亚洲投资的3倍，欧洲对美国的投资则是对中国和印度投资总和的8倍。因此跨大西洋贸易和投资伙伴协议一旦达成，无疑将成为全球规模最大的自由贸易区，尤其是一旦由美国主导的跨大西洋贸易和投资伙伴协议与跨太平洋战略经济伙伴协定融合，将重塑国际贸易、投资和世界经济格局。最后是标准高。总体而言，跨太平洋战略经济伙伴协定和跨大西洋贸易和投资伙伴协议的主要内容包括：一是消除商品贸易的关税和非关税壁垒；二是消除对服务贸易和投资的限制性措施；三是在知识产权、劳工、环境、政府采购等领域制定高于WTO现行标准的规则；四是消除或削减所有不必要的“边境后壁垒”。特别地，跨大西洋贸易和投资伙伴协议还增加了一项更激进的内容，即推进欧美两大经济体法规和标准体系的统一。应该看到，无论是跨太平洋战略经济伙伴协定、跨大西洋贸易和投资伙伴协议还是服务贸易协定或《双边投资协定2012年范本》，这些升级版的自由贸易谈判旨在通过解决贸易和投资领域的市场准入，确立环境、劳工、知识产权、竞争、资金转移等领域的新标准、新规则，而且这些标准和规则都高于目前正在谈判或已签署的其他自由贸易协定。正如欧美自贸协定谈判工作组所指出的那样，未来的跨大西洋贸易和投资伙伴协议将成为“21世纪自由贸易协定的标杆”；跨太平洋战略经济伙伴协定也如美方所强调的，将打破传统自由贸易协定模式，达成高标准、无例外的综合性自由贸易协议，成为“2.0版的WTO”。

三是WTO多边贸易体制将日益边缘化。总体看，欧美发达国家的贸易优势更多地体现在服务贸易和投资领域，但2001年启动的多哈回合谈判历经7轮而踟蹰不前，这使得欧美对基于传统模式的多边贸易体制心生厌倦，而寄希望于更高标准的服务贸易与投资协定，以及更具立竿见影效果的双边自由贸易协定。尤其是这次金融危机以来，美国与韩国、哥伦比亚和巴拿马签署了基于更高标准的自由贸易协定，并取得了实实在在的效果，表明双边自由贸易协定是切实可行且成效明显的。这正是自由贸易协定风生水起的重要背景。同时，服务贸易协定、《双边投资协定 2012 年范本》、跨太平洋战略经济伙伴协定和跨大西洋贸易和投资伙伴协议所引领的自由贸易新趋势，也在客观上抛开了 WTO，形成了更高的标准，为未来全球贸易谈判提供了新的指导性框架，这也将使现有的 WTO 多边贸易体制日益边缘化。越来越多的发展中国家必须做出选择，要么主动参与，要么被动接受国际贸易领域的新规则。

当前中国面临的挑战

总体而言，中国过去 30 多年的改革开放取得了举世瞩目的成就，但也要看到，在国内经济发展总体成绩斐然，尤其是这次全球金融危机中经济未受较大冲击且率先复苏的情况下，当前中国国内有一股自我感觉良好、骄傲自满的情绪，保护主义、民粹主义仍然有相当的市场，甚至有所抬头；在一些领域的进一步对外开放上，很大程度仍然停留在加入 WTO 所要达到的标准，满足于加入 WTO 所带来的改革开放红利和经济发展成就，对国际自由贸易的新标准、新发展知之甚少或简单排斥，在进一步扩大对外开放、推动开放型经济发展上缺乏战略性眼光和突破性进展，少数领域陷于停滞甚至有所倒退。尤其是近年来欧美等西方国家积极倡导和推进新自由贸易协定，进一步拉大了中国对外开放的差距，使中国深化对外开放、发展开放型经济面临严峻挑战。

认识上存在偏差

一种表现是对中国当前对外开放的成就沾沾自喜，觉得对外开放的程度已经足够高了，现有的保护措施都是必需的，都是有利于保障民族产业发展和经济安全的，没有再进一步扩大开放的必要了。另一种表现是对当前国际自由贸易发展的新趋势、新标准和新规则不屑一顾，认为是发达国家“遏制”中国等发展中国家的伎俩，带有过多民族情绪和冷战思维，把国际自由贸易问题政治化。这两种认识往往相互交错和支撑，对要求进一步提高标准、扩大开放的呼声形成打压。

理论上准备不足

总体而言，中国对国际自由贸易的理论研究在相当程度上还停留在传统的 WTO 多边贸易框架体制下，对新一轮贸易自由化所具有的贸易与投资并重、侧重于服务贸易和投资协定的趋势转型，对正在如火如荼推进中的服务贸易协定、跨太平洋战略经济伙伴协定和跨大西洋贸易和投资伙伴协议谈判，以及对当前中国正在与美国谈判的《双边投资协定 2012 年范本》等更高标准国际自由贸易协定的框架、内容、要义及相关具体问题，理论研究和评估还普遍不足。对中国现有规则、具体做法以及相关的体制机制与国际新标准、新规则的差距认识也不到位，对吸收和引入这些新标准、新规则可能造成的影响和风险更是缺乏系统研究和评估。这不仅与前述的认识偏差密切相关，而且也很大程度上导致中国在推进中美双边投资协定谈判，在对服务贸易协定、跨太平洋战略经济伙伴协定、跨大西洋贸易和投资伙伴协议谈判的认识和判断，在进一步提高标准、扩大开放等方面因理论视野和技术路线的匮乏而陷于被动。

步骤上相对落后，开放水平较低

虽然 2001 年中国加入 WTO 后认真履行开放承诺，但应当认识到，中国在加入 WTO 时还在一些领域保留了限制措施，如在商品贸易领域，对农业的保护主义倾向还相当严重；在服务贸易领域更为突出，市场准入限制十分严格。当前美欧国家反应比较强烈的领域有以下七方面。

一是银行业：外资并购中资银行持股比例单家不得超过 20%，多家累计不得超过 25%；

二是证券业：证券公司外资持股比例不得超过 33%（目前实际已放宽到 49%），不得从事 A 股交易（目前已有试点有条件放开）；

三是保险业：寿险公司外资持股比例不得超过 50%；

四是电信业：必须与现有内资电信企业设立合资企业，移动、固话等基础电信业务外资持股比例不得超过 49%，增值电信业务外资持股比例不得超过 50%；

五是邮政快递业：仅开放包裹递送业务，维持信件的邮政专营权，并限制外资企业的网点设立数量及经营地域范围；

六是建筑业：外国建筑公司仅可承担外方出资或是中方因技术原因无法承担的项目；

七是法律服务：外国律师事务所可设立代表处，但不得雇佣中国注册律师。

目前世界上大多数服务贸易协定谈判参与方在上述领域已没有外资持股比例或经营范围限制。在这些领域没有做到实质性开放，大大降低了中国的对外开放水平，也使中国缺乏参与新一轮自由贸易谈判的基本条件。

在市场经济中，市场应是配置资源的基础性手段，但中国不少服务业领域垄断色彩十分强烈，一些部门过分看重某些领域的社会属性（如银行调节经济手段的属性，科教卫体等公益性、福利性事业的属性，文化、传媒等意识形态的属性等），在这些领域设置了十分严格的准入限制。结果是服务业的发展远远适应不了中国经济的发展和人民群众日益增长的需求，不仅降低了社会福利，还影响了服务企业的经营和机制创新，降低了服务业效率，不利于服务业的成长。

标准明显滞后，与国际新规则差距较大

与国际新标准、新规则相比，中国在自由贸易协定，特别是服务贸易和投资协定方面存在明显短板。目前，中国已签署了 1 个区域自由贸易协定（即亚太自由贸易协定）和10个自由贸易协定，涉及22个国家和单独关税区。在投资协定方面，中国已与128个国家和地区签署了130个双边投资协定，但其中只有小部分规定了国民待遇，而且中国主要遵从准入后国民待遇。

在中美双边投资协定谈判方面，由于在投资准入、公平竞争和权益保障方面差距较大，主要体现在准入前国民待遇及负面清单、国有企业、外汇资金转移、劳工规则、金融服务、业绩要求、税收、法律法规透明度和环境条款等14个主要领域差距较大，从2007年至今中美双方举行了近20轮谈判，但进展缓慢，至今未果。这些也导致了中国在服务贸易协定和跨太平洋战略经济伙伴协定谈判方面，目前还够不上参与的标准。事实上，欧美在新标准、新规则方面力推的准入前国民待遇和负面清单方式、国企的竞争中立原则等，均直指中国当前部分领域投资保护不足、部分行业国企占主导地位以及在监管方面与欧美主导的新规则不符的软肋。

总体看，参加服务贸易协定、跨太平洋战略经济伙伴协定和跨大西洋贸易和投资伙伴协议的大多数国家和地区（包括韩国等新兴市场国家和印度、巴西等发展中国家），都已经在相当程度上认可当前国际上关于新一轮自由贸易协定，特别是服务贸易与投资协定的新标准、新规则，并身体力行参与谈判和规则制定。而中国目前已签署的多项自由贸易协定和双边投资协定则大多仍属于标准较低的自由贸易协定，与国际新规则、新标准相比差距较大，不得不被跨太平洋战略经济伙伴协定、服务贸易协定等拒之门外。

总之，国际贸易发展的新趋势以及中国当前在对外开放领域的相对滞后，对中国进一步扩大对外开放、参与国际规则制定提出了严峻的挑战。如果继续保持当前故步自封、裹足不前的被动状态，不仅不利于中国的国际形象，不利于走出去，也不利于通过扩大开放促进国内改革以完善体制机制，而且更严重的是可能导致中国在新一轮国际贸易自由化浪潮中，在标准和规则制定方面被边缘化，最终无法维护好战略机遇期，在新一轮国际竞争中败下阵来。

以开放促改革

“打铁还要自身硬。”要想充分利用新的国际政治经济形势给中国带来的历史机遇，应对新的挑战，我们既要认清国际经济和市场所蕴含的战略和历史机遇，并抓住这些机遇，同时也必须做好自己的事情，推进改革开放。在过去的30多年里，中国通过改革开放，引进资金，引进管理，培养人才，提高出口，提高外汇储备，改造银行，改造实体经济，提高了国际地位。展望未来，这些方面的改革红利继续存在，但边际贡献下降，中国应该重点着眼于寻找新的利益，推进新的改革。目前中国仍处于发展的重要战略机遇期，要继续抓住和用好这个战略机遇期，与时俱进，进一步放开目前还存在过多限制的领域，更大范围、更广领域和更高层次上参与全球资源配置、规则制定和治理，坚定维护好战略机遇期的平稳延续，为经济发展和综合国力的进一步提升创造良好的外部条件。

打破认识误区，加强宣传教育

首先是提高认识，要统一思想，充分认识到当前进一步扩大开放、提高标准、更深层次参与全球自由贸易新浪潮的紧迫性、重要性，凝聚共识，把扩大开放提升到维护中国战略机遇期、实现中华民族伟大复兴“中国梦”的高度来认识。其次要正确认识美国主导的服务贸易协定、跨太平洋战略经济伙伴协定和跨大西洋贸易和投资伙伴协议谈判，不仅不能渲染冷战思维和民族情绪，将这些谈判妖魔化、政治化，而且还要以积极、开放的心态审视这几个协定。要认识到它们很大程度上代表了当前国际贸易自由化发展的新方向，我们应该更多地创造条件向其靠拢，以臻于更高的开放水平和开放标准。同时，要加大宣传力度。中国加入WTO前后，曾在全国范围内开展了大量的普及宣传工作，可谓深入人心。但到目前为止，中国仍然没有系统、大范围地对新一轮自由贸易协定进行宣传、培训和普及，很多部门和企业对双边投资协定、服务贸易协定、跨太平洋战略经济伙伴协定、跨大西洋贸易和投资伙伴协议等概念都比较陌生，加上一些误导宣传，往往容易产生排斥心理。因此，有必要尽快加强开展相关的宣传、培训和普及教育工作。

加强理论研究和技术准备

自由贸易协定涉及世界诸多国家和地区，内容广泛，条文庞杂，而且发展变化很快。加强研究意味着要投入大量的人力物力，因此要有规划地进行学科和课题设置，明确研究的重点领域和具体内容，增加研究经费和研究力量，开展务实、细致、深入的研究。一方面，要对各相关自由贸易协定的具体标准、规则乃至条款逐一研究清楚，找出中国目前存在的差距；另一方面，对当前中国滞后较多的领域逐一进行梳理，分门别类提出改进的建议。例如，可将现有的差距分为三类：第一，有条件予以清理的，尽快消除限制、扩大开放；第二，有条件提高标准的，可以在一定范围内进行试点；第三，条件暂时不满足的，考虑如何通过配套的改革措施，逐步提高予以满足；等等。在此基础上，可以制定出中国在若干重点领域扩大开放的时间表、路线图，并以此为目标抓紧开展相关工作。

推动相关领域标准提高

中美双边投资协定谈判已有一定基础，积极推动谈判进程，力争尽快取得实质性进展并达成协定，是中国顺应国际贸易发展新趋势及其通行规则的需要，有利于为中国后续扩大开放、提高标准打下良好的基础，因此怎么强调其重要性都不过分。当前，中国应围绕中美双边投资协定谈判分歧比较集中的投资准入、公平竞争、权益保障三个领域，及其涉及的准入前国民待遇及负面清单、国有企业、外汇资金转移、劳工规则、金融服务、业绩要求、税收、法律法规透明度、环境条款等14项具体内容开展逐一评估，有取有舍。在部分领域如准入前国民待遇、负面清单、国有企业条款、外汇管理和金融服务等方面有所让步，并抓紧开展相关工作，包括：对中国外商投资及国内投资管理体制相关法律法规予以修改完善；对包括金融、文化、医疗、教育等行业在内的服务业扩大开放尽早做出通盘考虑和整体设计；对涉及国有企业、劳工规则、环境条款等过去中国较少触碰、相对陌生的领域抓紧研究，给出判断，制订方案。

总体看，尽管中美之间在诸多问题上存在分歧，但达成中美双边投资协定总体对中国有利，风险可控。只要中国在认真充分评估基础上制定缜密可行的谈判方案和工作预案，有取有予、巧与周旋，并通过设计负面清单、完善国家安全审查制度，以及其他风险防控措施，中美之间就完全可以缩小分歧，达成共识。

加快实施更高标准的自由贸易区战略

回顾过去，中国加入WTO获益良多。展望未来，中国能否在对外开放的道路上更进一步，与其他国家建立更为紧密、更高标准的经贸关系？总体看，中国自贸区发展相对滞后。2011年美国、欧盟、韩国、墨西哥与其自由贸易协定伙伴的贸易额占其贸易总额的比例分别为37%、27%、35%和73%，而当前中国同自由贸易协定伙伴的贸易额仅占中国外贸总额的24%，如果剔除港澳台地区，仅占11%，这与国际水平差距较大，也与中国当前在国际贸易中的地位完全不相符。同时，加快实施自由贸易区战略也是扩大开放、提高标准的一条重要途径。一方面，在多哈回合受阻、发达国家急于经济复苏的背景下，推进以跨太平洋战略经济伙伴协定和跨大西洋贸易和投资伙伴协议为代表的自由贸易区谈判已成为发达国家和很多新兴市场国家、发展中国家的不二选择，中国在这个浪潮中已然落后，亟须迎头赶上；另一方面，发展不同层级的自由贸易区，有利于中国在提高标准、扩大开放中进行各种尝试，以摸索经验，控制风险，如可以以台港澳、中韩、中日韩、中澳、中瑞、中冰自贸区协定谈判为突破口，小范围内先行推动部分领域的高标准开放试点，为逐步扩大乃至全面开放积累经验。

推动服务业领域的扩大开放

中国加入 WTO 以来的经验表明，不管是制造业还是服务业，凡是对外开放比较彻底、积极参与全球资源配置的领域，都是发展得比较好、竞争力强、与国际接轨比较密切的领域。因此，当前宜重新全面审视中国加入 WTO 时保留的限制措施，下决心加快仍然留有保护和限制措施的行业、特别是服务业的改革开放步伐，尽快主动推出取消限制和保护、进一步扩大开放的实质性举措。

第一，注重在服务业领域的开放，从以货物贸易为主转向货物贸易和服务贸易并重。在加入 WTO 之后，得益于对外开放，中国有了“世界工厂”的称号，在制造业领域的竞争力很强。目前，中国经济进入转型期，中国经济增长将从注重“量”的扩充，到注重“质”的充实。大力发展服务业是经济转型的重要过程和手段，而发达的服务业也是未来经济转型成功的重要标志之一。服务领域对外开放空间和潜力巨大。在银行业、证券业、保险业、电信业、邮政快递业、建筑业和法律服务彻底放开市场准入，取消外资持股比例或经营范围限制，实现实质性开放。开放的同时，也要注意控制风险，可以设计相应的投资审查制度，在加强监管的透明度和公平性的同时，确保国家经济安全和稳定。例如，对于一般的小额投资仅要求其向有关部门备案即可，对于一些涉及重要领域的重大投资，可以考虑根据具体情况启动基于维护国家安全的非常规审查机制。对国家安全审查机制所涉及的范围可以采取较为模糊的定义，使其可以在更大范围内、更长时期内解决外资与国家安全之间的问题。该国家安全审查的机制不但可以用于外资并购，也可以用于新设项目；不但可用于审查国家国防安全，也应可用于审查国家经济安全、产业安全等。

第二，逐步放开金融领域，推进人民币国际化。首先，择机进一步有序开放资本账户，在充分认识国际资本流向的基础上，利用国内经济增长放缓的时机，推进藏汇于民，稳定人民币汇率；同时放松国内企业和居民对海外投资的限制，提高中国对外投资的收益和外汇储备的使用效率。资本账户开放，也有利于资金的跨境配置，在当前的环境下，适当的资金流入对改善民营企业、中小企业融资有帮助。其对货币总量增长的影响，可以通过加强对银行信贷的控制来对冲。其次，避免人民币剧烈升值。短期内，在应对海外货币极度宽松的时候，需要把握好人民币升值的节奏，避免人民币大幅升值，造成国内经济增长下滑的风险。最后，推进人民币国际化，通过人民币国际化降低汇率风险和摩擦成本，使中国与全球经济的融合度进一步提高。

第三，在教育、医疗、文化等行业扩大开放试点。现阶段中国教育、医疗、文化等公共服务领域发展主要面临供不应求的问题。随着中国城乡居民消费结构升级不断加快，医疗、教育、文化等发展型消费需求增长迅速。2011 年该领域城镇人均消费支出为 2 820 元，较上年同期增加 12. 86%，和 2000 年相比，增加了 185. 6%，其中教育文化方面增加了 176. 55%，医疗方面增幅为 204. 64%。但这些行业发展并不能有效满足城乡居民消费升级的现实需要。2000—2011 年，中国每千人执业医师人数仅从 1. 68 人增加至 1. 82 人，每千人医院卫生院床位数从 2. 38 张增至 3. 5 张，增长速度缓慢；中等和初等教育机构分别减少了 1 万家和 28 万家，虽然高等教育机构增加了 1 368 家，但学生教师比（学生数/教师数）却增加了一倍；各类从事文化事业的机构仅增加了 9. 6%，其中从事群众文化服务业的机构还减少了 1 646 家，可见相对于日益增长的医疗、教育、文化服务需求，其供给相对不足。

政府职能缺乏科学定位，加剧供给不足。诚然，医疗、教育、文化这些具有较强准公共性、存在市场失灵问题的社会公共服务领域的发展需要政府提供良好的环境，给予必要的公共资源和政策支持。但现在中国政府在这些领域设置了很高的准入门槛以及一些针对非公经济的歧视性规定。结果不仅制约了社会服务水平的提高和相关行业的发展，更重要的是，在政府能力和公共资源有限的情况下，政府难以在基础教育、基本医疗、基础设施等基本公共服务领域提供足够的、公平的、高效率的公共服务。

第四，加快事业单位改革，促进公共服务与市场化服务并行发展。一方面要加快推进市场化进程，将政府提供的公共服务与市场竞争业务进行拆分。对能够实行市场化经营的服务，可以引导民间资本和外国资本增加市场供给，实现产业化发展；对于公益性服务、保障社会公平的基本公共服务，应加快创新公共服务提供方式，从原来政府单一提供、直接提供的方式，转变为政府与社会多元化提供相结合的方式。以政府公共财政作为支撑，在继续发挥事业单位积极作用的同时，采用政府补贴、采购等方式鼓励民营组织、非营利机构参与提供公共服务。另一方面要加快健全事业单位法人治理结构方面的改革，探索建立理事会制度，作为事业单位的决策机构，决定本单位业务发展规划、财务预算方案、人事管理等重大事项，促进事业单位向非营利机构或现代企业转变，并积极引导和鼓励社会资本通过控股、参股、收购、兼并等方式参与事业单位改革。

第五，积极建立改革试点。考虑到这些行业发展面临的制度问题比较复杂多样，且不同地区、不同行业面临的制度约束差异较大，为促进改革顺利推进，需要加强试点工作。由于这些行业关乎社会公平与和谐，对经济发展和社会稳定具有重要作用，应该结合其行业自身特性与发展要求，重点推进准入方式、监管体制、多元化市场主体发展、相关市场机制和市场体系建设等方面的综合配套改革。可选择大型经济中心城市作为试点，使其成为所在区域乃至全国的龙头和示范，为加快服务业发展和促进区域经济结构调整探索经验。

推进农业领域的对外开放

加入WTO以来，中国在不断降低农产品进口关税的同时，也与世界其他国家一样设置了进口关税配额及非关税措施，如农业生物技术安全管理法规、进口许可证、法定动植物检验检疫、食品卫生检疫等，限制了土地密集型农产品的进口。根据有关测算，中国非关税贸易措施实施对农产品总体起到的贸易限制和进口保护效果相当于征收了42.6%的进口关税。对农产品的过度保护不仅对以其为原料的工业发展不利，会损害消费者的利益，而且也不利于中国农业在参与国际竞争中发挥比较优势和不断提高农业科技水平，从而阻碍农业生产力的提高。

进一步扩大农业对外开放主要是为了促进农业生产也参与全球分工，发挥比较优势，通过自由贸易更好扩大粮食供给，保障中国粮食安全，节约土地、水资源。主要举措包括以下四方面。

一是基于粮食结构性保障措施，取消过多的农产品进口限制、贸易保护政策。农业对外开放首先要立足于国情实行结构性保障措施，重点保障稻谷和小麦两个主粮食品的基本自给。在此基础上，适度进口大豆、玉米等资源性农产品，探索建立统筹利用国际国内两个市场、两种资源的战略机制，不仅可以在一定程度上缓解国内农业资源短缺的压力，而且对中国立足国内实现粮食基本自给、确保国家粮食安全和主要农产品供给具有重要意义。

二是注重发挥中国农业生产的比较优势，调整农产品出口结构，按更高标准推进农产品贸易自由化。优化农产品出口结构，从价格和品质两方面培育出口农产品的比较优势，建立形成以劳动密集型产品为基础的优势农产品出口体系。

三是优化和整合农产品支持体系。对重要农产品实行适度的价格支持，为生产者提供最低收入保障，继续加大对种粮农民的直接收入补贴，减少对贸易产生的扭曲。

四是积极扩大农业走出去。中国之所以能够利用有限的资源解决13多亿人口的吃饭问题，原因在于较高的农业生产力。中国的农业自给率和单产水平远高于非洲、大洋洲、中南美洲及亚洲其他国家，也就是说，中国有可能在除北美洲和欧洲之外的任何地区开展农业开发与国际合作，其中撒哈拉以南非洲、亚洲其他国家和非洲北部是农业走出去的重点地区，而经济较为发达但农业相对落后于中国的大洋洲和中南美洲，土地资源十分丰富，也可作为中国农业走出去的目的地。鼓励国内农业企业到这些国家和地区投资，在帮助对方发展农业和粮食生产的基础上，实现合作共赢。但是目前国内农业走出去的企业整体实力不强，面临融资难，人才、经验缺乏等问题，一方面需要政府采取财政、税收、金融等方面的支持政策措施，鼓励各类企业走出国门；另一方面需要企业提高自身竞争力，发挥主动性、积极性和创新性，不仅可采取农产品出口、对外劳务输出、建立营销渠道的方式，还可通过对外直接投资模式、境外农业资源开发、农业对外承包工程、农业对外劳务合作、设立境外研发中心、建立国际营销网络、提供境外咨询服务等多种途径走出去。

五是建立全球大宗商品交易中心及风险调节机制。在现有商品交易所的基础上，筹建全球大宗商品交易中心，逐步掌握在全球大宗农产品定价中的话语权，统筹利用国际国内两个市场、两种资源。同时还要建立与市场具有兼容性的风险调节机制。国内目前风险管理水平较低，期货市场还不健全，需要对粮食流通领域进行必要的干预，调控粮食价格的过度波动。此外，还要提高农业领域运用反补贴、反倾销以及贸易争端解决机制的能力，加强农业产业损害预警体系建设，维护中国国际贸易权益乃至国家经济安全。

加快实现人民币资本项目可兑换

资本项目可兑换是指以投资或融资为目的，一国货币与外币之间可以自由兑换，并可以比较便利地使用本币或外汇开展跨境的资本项目交易。1993 年，党的十四届三中全会首次提出要使人民币成为一种可自由兑换的货币；1996 年，中国承诺了国际货币基金组织第八条款，正式宣布了经常项目可兑换；21 世纪以来，随着国力增强以及利率、汇率、国有银行和金融市场改革的深化，推进资本项目可兑换的条件越来越成熟。

目前，中国资本项目可兑换的程度偏低，同时影响了经常项目的可兑换，造成对外贸易和投资不够便利，引进来和走出去面临较多限制，不利于中国融入新一轮国际贸易投资一体化。同时，较低的资本项目可兑换水平，也造成中国金融市场相对封闭，不利于金融机构摆脱惰性，影响了金融支持实体经济发展的能力。在新形势下，为了进一步扩大开放，促进贸易投资便利化，更好促进金融为实体经济服务，提高中国参与全球资源配置的能力和效率，增进国民福祉，有必要加快人民币资本项目可兑换的进程。

一是制定并公布人民币可兑换的路线图、时间表，明确 2015 年末实现可兑换。二是对现有政策进行梳理，对已经可兑换或基本可兑换的项目进一步做实，如货物贸易和服务贸易收付汇、直接投资项下绝大部分跨境收付与汇兑等，大幅简化审核手续，降低政策门槛，为企业提供更高的便利性和自由度。三是近期加快推进跨境贸易结算及资本市场跨境投资领域改革。推动人民币成为更广泛的交易和结算货币，同时推行 QDII2、股票市场国际版、境外发行熊猫债等资本市场改革，推动形成以人民币定价的国际资产，并在条件基本许可的范围内加大试点和推广力度，测试人民币实现交易和定价国际资产的功能后对中国金融体系的影响。四是中期可全面推进外债、资本市场领域的对外开放。将外债管理转向以负债率和币种匹配为核心的宏观审慎管理；允许部分非居民金融机构进入中国银行间市场；进一步扩大 QDII 和 QFII 主体资格，增加投资额度；允许境内银行和企业参与境外衍生品市场，允许非居民机构投资境内衍生品市场；允许个人接受或发放跨境贷款以及合法资金转移等。同时，构建与资本自由流动相适应的跨境资金流动监测预警体系，健全风险防控措施。此外，要将资本项目可兑换纳入法制框架，加快推进相关法规清理。

需要注意的是，资本项目可兑换并不意味着跨境资本流动完全自由，大多数的货币兑换和跨境交易都是自由的，少数还需要管理，并按照法律法规的规定开展业务。因此，资本项目可兑换是一个有弹性和调整空间的制度安排，不是“非黑即白”的选择。国际经验也表明资本项目可兑换后，仍然可以从金融稳定等角度对可疑资金、外债、短期资本流动等进行宏观审慎管理，从而有效防范跨境资本流动可能带来的风险，趋利避害，发挥好资本项目可兑换在多个方面的积极作用。同时，各项具体开放措施在时间安排上也有一定的灵活性，可根据中国国内外经济金融形势和改革基础条件的变化择机实施，成熟一项，推动一项。

通过扩大对外开放促国内改革

过去30多年，中国的经济制度经历了计划、转轨、发展三个阶段，而未来30年，中国经济制度将走向更加规范。一个规范的经济制度需要更加注重公平性、法制性和创新性。继2005年国务院出台《关于鼓励支持和引导个体私营等非公有制经济发展的若干意见》（非公经济三十六条）五年后，2010年国务院又出台了“新三十六条”。“新三十六条”及其细则虽然在政策层面上放宽了市场准入，但在实际操作中仍存在诸多障碍，“玻璃门”“弹簧门”“门中门”等问题反映比较普遍。有必要以扩大开放为推手，倒逼国内相关领域加快改革。当前，比较急迫和重要的对内开放和改革的领域是，尽快在金融、教育、医疗、文化等服务业全面扩大对内开放，重点是扩大准入，取消对民营资本投资金融、教育、医疗、文化等领域的各种限制，提高准入便利性，保护其投资权益。废止对外投资审批制度，支持企业“走出去”，通过价格杠杆引导市场主体的对外投资活动。

开放的同时也要注重监管

开放的过程中可能会遇到以前从未经历的风险，需要面对新的挑战。对外开放的过程无疑是一个祸福相依的过程，更加融入世界也意味着与狼共舞。如何才能规避风险，追寻发展的契机？首先，应着眼于如何推进开放（包括贸易领域和金融投资领域），审批不能过严，步骤不能繁复，不然会抑制对外开放的活力。其次，要注重风险的控制，美国的次贷危机中监管缺失是原因之一，由此引发的国际金融危机对全球经济打击很大，也摧毁了一批过度杠杆化的金融机构。但中国不能因噎废食，而是要寻找危中之机，通过适当的监管控制对外开放风险。

以开放的心态进行全球配置，迎接全球化时代

全球化是当今世界发展的一个重要趋势，随着现代科技的进步，交通工具现代化和网络普及，跨国公司业务的扩展，全球化的进程正在迅猛加快，任何一个国家的经济社会发展都会成为全球经济发展的一部分，一个全球化的新时代正在到来。无论是发达国家还是发展中国家，在全球化进程中都应制定正确政策，在保护本国利益的同时，积极参与其中。要以开放的心态把握全球的资源，把握全球的需求，把握全球的人才，才能在全球化的过程中实现互利双赢。

城镇化中住房制度的理论分析框架和相关政策建议

导读

住房制度的设计和实施是一个长期的系统工程，除了本文分析框架所谈地权、房权和税收三个核心变量，还包括土地供应、货币政策、信贷政策、房地产调控政策等方方面面的各种经济结构变量。从长期来看，我国的住房制度将经历从政府加大介入力度到逐渐退出的过程。目前政府是被动地应对住房问题，接下来我国住房制度应侧重于通过对土地出让金、房权以及税收方面的设计解决广大中等收入和中低收入人群的住房问题，提高住房市场中保障性质住房的占比。从更长远看，政府应该逐渐退出住房市场，让市场机制解决住房问题。

引　言

过去十几年间，房地产行业快速发展，对中国 GDP 的贡献不断增加，成为中国经济增长的支柱产业；但与此同时，居民可支配收入上涨的速度远低于房价增速，购房承受力在下降，买不起房仍是难题。目前房地产市场面临两个方面的问题：一方面是住房市场自身的问题，包括商品房房价过高，住房保障效率低下，住房分配

* 原文发表于2014年《比较》第71辑，与王慧和汪超合作。

不平衡，住房向福利化倒退，以及住房消费过于超前等；另一方面是住房市场与社会发展之间的矛盾，包括地方政府房价调控目标与社会预期存在较大落差，调控对自住性住房需求存在一定的积压效应，保障性住房融资与管理机制不健全等。

与此同时，住房制度也发生了一系列的重大变化：1998 年，国发 23 号文停止了福利分房制度，是住房制度的一次根本性变革；2003 年，国发 18 号文首次明确将房地产定位成国民经济的支柱产业；2008 年，应对金融危机，通过刺激房地产来提振经济；2010 年以来，地产调控政策达到历史上最严厉水平。值得注意的是，这几次重大的住房政策变化基本上都是反应式的，是对危机环境下的“条件反射”，而并非基于顶层设计。十八届三中全会上《中共中央关于全面深化改革若干重大问题的决定》针对中国当前的根本问题，提出了全面、可操作的改革措施，将有助于中国实现十年甚至更长时间的大发展。其中，以土地改革、新型城镇化为核心推进城乡一体化发展是我国经济增长的一条主线，而城镇化的稳步推进离不开住房制度的顶层设计。

住房制度的设计主要考虑三个最核心的要素：地权、房权和税收。我们将这个三维模型作为理论框架，分别针对不同市场类型（商品房市场和保障房市场）和住房类型［商品房、租赁房、经济适用房（含两限房）、廉租房］进行分析，以期提出有效的住房制度设计方案。

商品房：“全额土地出让金 + 全产权 + 低/中/高税收”的组合。政策建议：使用物业税调节商品房供需结构。目前商品房的房权和地权方面短期内难以做出较大的变革，从税收角度进行改变则是可行方案。与别国相比，中国住房的交易成本处于中等水平，但是持有成本处于最低水平。与其直接调控房价，不如使用税收工具调控供需。物业税的征收可以实现房地产资源的优化配置、为地方政府的财政收入提供长期稳定的来源，同时增加房地产投机成本，起到抑制房价的作用。长期来看，征收物业税是大势所趋。

租赁房： 供给方属于“全额土地出让金＋全产权＋低税收”的组合；需求方属于“无土地出让金＋无产权＋零税收”的组合。政策建议：推动商品房租赁市场的发展。建议应该使用低税收或者补贴鼓励拥有多套房的业主进入租赁房市场，从而有效增加房屋供给。一个规范的租赁市场，可以更好地运用存量房产，提高资源使用效率，也可在一定程度上缓解中等及中高收入家庭的买房需求，对高房价也有一定的抑制作用。

经济适用房（含两限房）：“部分土地出让金＋部分产权＋低/负税收”的组合，面向中等及中低收入家庭。政策建议：改变产权结构，加大金融支持。我国目前经济适用房的建设由政府出地及税费减免，而其发展滞后的最大问题就在于资金投入不足使得建设无法开展。若经济适用房定位于政府只拥有部分产权，那么政府仍可以取得部分土地出让收入，符合政府的投入能力。中等及中低收入家庭对于商品房缺乏支付能力，但与最低收入家庭不同，在一定的金融支持下，他们对经济适用房有一定的承受能力。我国目前的公积金制度就是立足于解决居民的住房问题，未来可以更加充分发挥公积金的作用，加大金融支持力度。

廉租房：“无土地出让金＋无产权＋负税收”的组合，面向最低收入家庭。政策建议：增加供给是关键。在城镇化进程下，农村人口脱离农业生产和向城市流动已经成为一个不可逆转的过程，他们在城市最大的需求就两个：一是工作，二是住房。通过廉租房的模式能够有效解决农民工的住房问题，但是廉租房土地和建设资金均由政府提供，因此廉租房成为对资金需求最迫切的保障性住房，大力建设廉租房，资金投入和土地分配都要立法支持。

住房结构： 过去十年，商品房大步向前，而保障房原地踏步。从土地供应计划来看，商品房与保障房比例为7∶3。从存量住宅类型来看，商品房与保障房比例为9∶1。对于广大居民来说，商品房价格高，买不起；保障房供给少，买不到，这离“居者有其屋”的目标还有一定的距离。政策建议：因地制宜的加大保障房建设。商品房和保障房之间的占比根据各省市、各地区居民支付能力的不同要适当调整，不可使用一个比例一刀切。商品房和保障房的建筑区域不可过度分离，或者通过城际交通和城内交通有效连接。另外，在经济适用房和保障房周围也要考虑教育和医疗的需求。

住房制度的设计和实施是一个长期、系统性的工程，除了我们上述分析的地权、房权和税收三个核心变量，还包括住房结构、土地供应、货币政策、信贷政策、房地产调控政策等方方面面的各种经济结构变量。例如，土地供应的加大会降低土地出让金的价格，从而影响住房制度中对地权的设计；宽松的货币政策或者对地产商的信贷政策会增加地产商建房的意愿，房屋供给的增加对房价有向下的作用力，从而影响住房制度中对房权的设计。这些变量动态地影响着住房制度的设计，但是由于它们的改变是一个中长期的过程，因此我们将它们作为上述理论模型的背景因素，当其发生重大变化时，就需要重新审核所设计的住房制度的有效性，以及审核对地权、房权和税收三因素进行调节的必要性。从长期看，中国的住房制度将经历从政府加大介入力度到逐渐退出的过程。

住房制度的演进及面临的挑战

住房制度的重要变化

过去十多年住房制度发生了一系列的重大变化，按时间排序可大致分为四个关键年。但值得注意的是，无论是1998年、2003年，还是2008年、2010年，当时的住房政策变化都基本上是反应式的，是对危机环境下的“条件反射”，而非基于顶层设计（表1）。

表1　房地产政策的四个关键年

时间	文件或政策	主要内容	意义
1998	《关于进一步深化城镇住房制度改革加快住房建设的通知》	停止福利分房	房地产向市场化制度发展的重要转折
2003	《关于促进房地产市场持续健康发展的通知》	首次明确将房地产定位成国民经济的支柱产业	开启了房地产的黄金发展阶段
2008	先抑后扬的系列房地产政策	上半年调控，下半年刺激	金融危机下的经济刺激计划
2010	“史上最严，时间最长”系列房地产政策组合	对房地产发展进行全面抑制	房地产政策的最大拐点

资料来源：中金公司研究部通过公开信息整理。

第一个关键年是在1998年，国发23号文《关于进一步深化城镇住房制度改革，加快住房建设的通知》（简称“国发23号文”）表示深化城镇住房制度改革的指导思想是：稳步推进住房商品化、社会化，逐步建立适应社会主义市场经济体制和我国国情的城镇住房新制度；加快住房建设，促使住宅业成为新的经济增长点，不断满足城镇居民日益增长的住房需求。提出以停止住房实物分配，逐步实行住房分配货币化；建立和完善以经济适用住房为主的多层次城镇住房供应体系；发展住房金融，培育和规范住房交易市场为目标。该国发23号文停止了福利分房制度，是住房制度的一次根本性变革。

第二个关键年是2003年，国发18号文《关于促进房地产市场持续健康发展的通知》（简称“国发18号文”）。国发18号文中首次明确将房地产定位成国民经济的支柱产业，认为要“充分认识房地产市场持续健康发展的重要意义。房地产业关联度高，带动力强，已经成为国民经济的支柱产业。促进房地产市场持续健康发展，是提高居民住房水平，改善居住质量，满足人民群众物质文化生活需要的基本要求；是促进消费，扩大内需，拉动投资增长，保持国民经济持续快速健康发展的有力措施；是充分发挥人力资源优势，扩大社会就业的有效途径”。而经济适用房原来的保障性住房性质和住房供应主体地位变为了“有保障性质的政策性商品住房”。商品房市场开始迅猛发展的同时，保障性住房市场进一步萎缩。

第三个关键年是2008年，以金融危机为分界点，房地产调控先抑后扬。2008年初，中央经济工作会议确定了本年度宏观调控的“两防”目标，一是防止经济增长由偏快转变为过热，二是防止价格由结构性上涨转变为通货膨胀。针对这两个调控目标，中央也出台了系列房地产调控政策，主要方式是通过对开发贷款和按揭贷款的收紧来控制房地产市场的过快发展，并保证廉租房质量，加大监管力度。2008年下半年，随着美国次贷危机的急剧恶化，迅速演变成一场全球性的金融危机，为了维持稳定的经济增长速度，国家政策迅速从“两防”改为了“一保”，即保增长、扩内需、调结构，房地产政策的态度也相应改变。

第四个关键年是2010年，地产调控政策达到目前历史上最严厉水平。为了控制过快增长的房价，房地产政策开始了新一轮的调控，虽然情况与2008年相似，但这次调控更有针对性，主要调控目标为一些房价上涨过快的城市，这次调控的手法也是最为直接有效的信贷收紧。从政府的态度可以看出，这次房价调控是坚决的，从政府政策出台的力度和密集度透漏出一种信息：房价不降，调控不停。与此同时，政策重心逐渐向保障性住房倾斜，制定保障性住房发展规划，大力发展保障性住房建设。

住房市场定位及定性的变革

住房市场的定位：“经济支柱产业”与“居者有其屋”的民生工程

过去十多年以来，房地产行业快速发展，对中国GDP的贡献不断增加，已经成为中国经济增长的支柱产业，与此同时，居民的人均居住面积也在扩大，但居民可支配收入上涨的速度远低于房价增速，房屋支付率在下降，买不起房仍是难题。房地产行业该如何定位？只有明确这个问题，才能对住房制度设计进行进一步的探讨。

我们认为目前的房地产已经被定义为“经济支柱产业”与“居者有其屋”的民生工程的结合体。商品房作为经济支柱产业支持经济发展，保障房则作为改善贫富差距，保证民生的政策性工程。

住房市场的定性：“金融投资资产属性”与“居住和消费属性”

房地产是一种特殊的、拥有双属性的资产，既是人们安居的生活消费品，又是劳动生产所必需的生产资料，在金融资本市场的发展下，还是人们投资获利的金融资产。在大部分发达国家和发展中国家，房地产同样是集融资与投资于一体，和股票市场一样的资产配置市场。并且随着金融经济的发展和完善，房地产投资的流动性约束会越来越小，其金融投资品属性不断增强，价格波动日益频繁。房地产的这种双重属性归根结底是区别于实物商品的价格形成机制。房地产价值的判断是基于其未来的收益风险预期，容易随着市场投资者的情绪、信心的变化而波动。这种金融资产化的定价方式引发的波动性也正是金融资产属性的重要表征。

在这种金融资产属性的定义下，我们可以从房地产价值/货币总量出发，估算 2010 年末中国房地产资产总存量 97 万亿元，其中城乡住房 74 万亿元，写字楼/商业/工业地产 14 万亿元，在建工程及储备土地 10 万亿元，与居民储蓄存款、GDP 和 M2 三项指标之比分别为 2.8 倍、2.1 倍和 1.2 倍，与美国相当，但显著低于日本。每年固定资产投资中房地产开发额已经从 2002 年的 0.78 万亿元上升至 2012 年的 7.18 万亿元，10 年间增长近 10 倍，其中既有房地产市场商品化后投资建设高速发展的因素，也有房价快速增长的因素。从房地产开发额与每年 M2 增量的比值来看，2002 年该比值还不到 30%，到了 2012 年已高达 58.59%，说明房地产市场的发展对于推动广义货币 M2 的扩张功不可没，其对广义货币 M2 增长的影响越来越重要；或者说房地产市场作为广义货币 M2 的需求方，在吸纳 M2 方面的贡献非常显著。

不过，这一比值在 2007 年首度超过 40%，攀升至 41.1% 后基本稳定下来，2007 年至 2010 年 4 年间波动范围在 39.6% 至 43.6% 之间，重心虽有所上移，但增长速度较 2007 年之前大幅减缓；自 2007 年以来，房地产市场存量规模与广义货币 M2 在增长上基本保持一致。房地产是中国经济发展重要引擎，其发展带动相关许多产业的发展，本身就相当于中国经济增长画面的一幅影像；房地产开发商筹措资金拿地建房，销售给购房者，购房者贷款买房，开发商用销售回款再次利用杠杆筹措资金拿地建房，购房者也以各种形式交易房产，在此链条中会衍生出各种形式的消费，又会给相关企业带来资金，企业会投入再生产，如此循环往复，资金在房地产及所拉动行业的内生反馈循环中以不同形式的存款放在银行系统内，最终表现为广义货币 M2 的组成部分。由此看来，几乎可以理解房地产市场是近几年广义货币 M2 的急剧膨胀的一个镜像，在这段时间里，房地产的金融属性很明显超过其消费属性（图 1）。

2010 年之后，房地产的属性出现了一定的转变，其根本原因在于政策方向的变化，即“促民生”与“稳增长”同样是社会建设的头等大事。随着限购政策的执行以及保障房建设的推进，房屋的供给增加，房地产的金融投资资产属性减弱，而居住和消费属性开始增强。这将为未来的房地产发展带来一些根本性的变化。

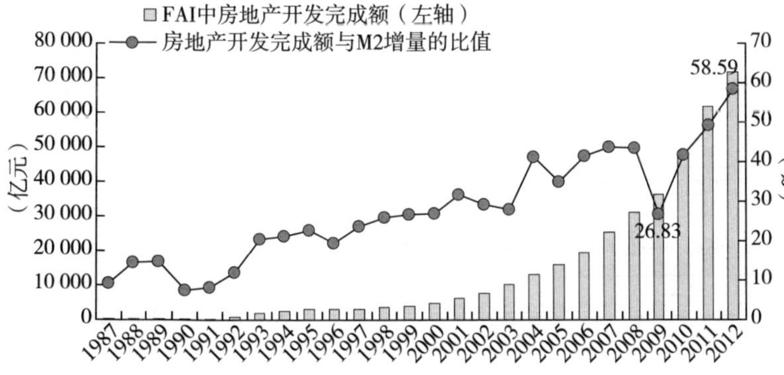

图 1　2012 年房地产开发完成额与 M2 增量的比值

资料来源：Wind，中金公司研究部。

目前住房市场发展存在的问题与不足

经历了多年的发展之后，目前的住房市场仍然面临着不少问题，从大类上看可以分为两个方面：一个是住房市场自身面临的问题，另一个是住房市场与经济发展之间的矛盾。

住房市场面临的问题

我们认为目前的住房市场主要面临以下五大问题。

商品房的房价过高

正是由于过去房价一直上涨，房子变成了一种资产，一种升值的工具，大家普遍认为房价不会跌。但是这种投资保值的需求是无限的，更加推高了房价。房价上涨有多方面原因，有经济增长周期因素、政策推动因素、货币因素、土地因素及供需问题等。

虽然2009年以来政策层面加紧了房地产调控的执行力度，但从图2中可以看到目前市场房价仍在不断上行之中，一线城市目前均价已经突破了2.2万/平方米。我们按北京市房屋均价乘以平均房屋面积再除去两倍的个人可支配收入。估算目前北京的住房收入比仍在27倍左右，虽然较2010年已经出现了较明显的下降，但与国际大都市相比仍在高位水平（图3和图4）。

住房分配不平衡

经济增长并不是平均分配给每个居民，其中高收入的人有更快的收入增长。在正常的投资渠道获益较低的背景下，房地产投机行为难以遏制。据西南财经大学调查数据显示，2010年中国家庭的基尼系数已经达到了0.61，大大高于0.44的全球平均水平。较大的贫富差距也直接造成了居民房产拥有量的差异。由于中国社会财富分配不平衡，人们想依靠劳动薪酬致富的难度越来越大，因此与过去致富后想到买房不同，如今已经有越来越多的人将买房看作致富的一种手段，这种观念持续下去，使得房地产市场面临旺盛的投

图 2 住房价格持续上涨

资料来源：Wind，中金公司研究部。

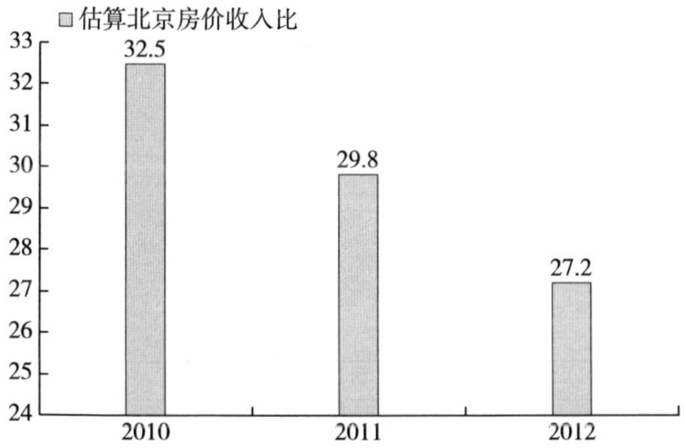

图 3 房价收入比仍然较高

资料来源：Wind，中金公司研究部。

资性需求，从而导致了高房价的产生。少数人占据了多数房，住房空置率高，也造成对社会资源的浪费，如图 5 所示，2011—2012 年住建部去部分省市摸底结果显示部分城市的空置率情况较为严重，如新余市已经接近 50%。

而且从地域投机角度来看，贫富差距越大，高收入居民对住房区位品质的需求越来越不能被满足，从而产生搬迁的动机；而地区

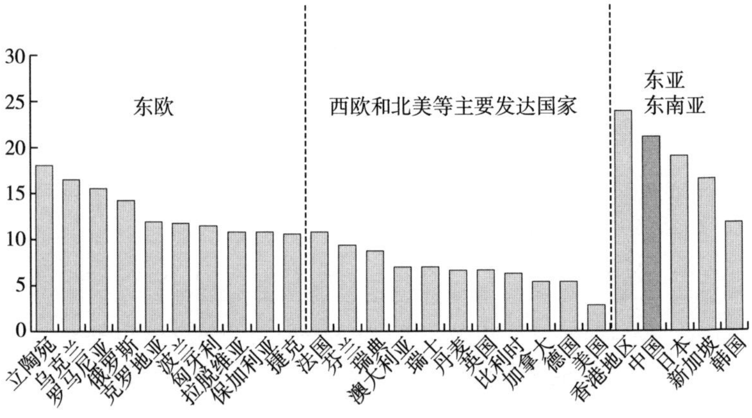

图4　2011年部分国家和地区房价收入比

资料来源：CEIC，Wind，中金公司研究部。

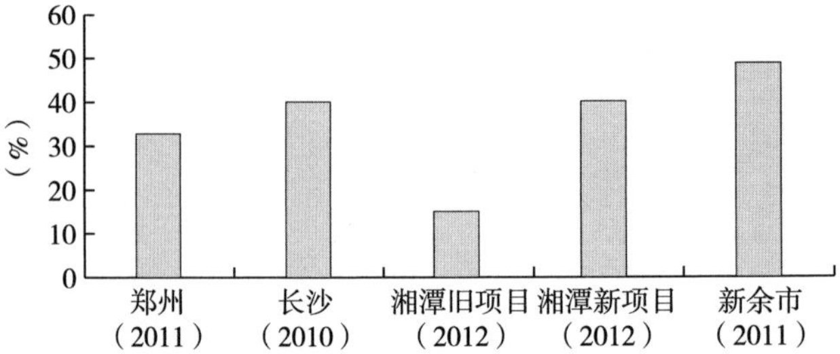

图5　部分城市住房空置率

资料来源：住建部，中金公司研究部。

差距越大，落后地区的高收入居民可在发达地区获得更高区位品质的住房，从搬迁行为中获得的收益越大。在贫富差距和地区差距较大的情况下，大批不发达地区的高收入居民为追求更好的区位品质而向发达地区流动，增加了部分大城市高端房地产的外地需求，继而引发那些大城市房地产价格的全面上涨。

住房向福利化倒退

福利房与商品房之间巨大的价差正成为一种强力的刺激和驱动，将已被房改政策封存多年的福利分房冲动重新唤起。在停止福利分房十多年后的今天，一些部委、央企、高校等进行带有福利性质的分房和建房；一些地方城市“解决历史遗留问题”的低价房，也被质疑为向特定人群输送利益。这样的局面如果不加以制止，只能是“损不足而补有余”，越陷越深，鼓励企业分担住房责任的政策率先被接近权力的单位变相利用。尤其是公务员的住房问题，“超国民待遇”的补贴福利这些年一直饱受诟病，更有甚者住着政府提供的免费房，还拿着高额的住房补贴，却屡屡爆出以超低价格团购到低价房的丑闻。

给予公务员这个特殊的社会群体以一定的区别化保障，有一定的必要性。但是，在任何国家，包括住房待遇在内，公务员的福利标准都应当是社会中等水平，而不应享受显然超出社会其他群体的超国民待遇。公务员的住房保障，必须控制在合理、合法、合规的范围内。公务员住房政策需要处理好特殊与一般的关系。如果公务员住房政策耗费成本过大，脱离整个城市公共住房政策，为公务员群体提供典型的优惠政策会引起诸多的社会不满。一个国家对待公务员住房问题的态度，与社会经济理念密切相关。在发达国家，公务员的住房福利通常被理解为公务员工资的一部分，即实物工资。如果内地能从实物工资的角度去理解公务员的住房问题，并从工资制度改革入手去解决问题，将有助于公务员的住房福利从隐性变为显性，从而增加透明度，增进公众的信任和谅解。

住房保障效率低下

住房不同于食品、教育、医疗，它的消费周期长，一旦买下，长期都不会变化。但是现在保障性住房建设的地点、面积等都难以满足多样化的需求，致使住房行政配给低效。

保障性住房需求旺盛，供需缺口大。若按整个收入阶层30%以下的家庭作为住房保障的对象，我国应有6 000万户享受保障性住房。如果保障性住房按每年新增完工300万套的速度发展，到2023年，将保障到20%的城镇家庭；30年后，到2042年，受保障家庭户数上升到30%（图6）。由此可见，保障性住房建设将是一个长期而持续的过程。各省市在保障性住房完成情况上有较大差异，但总体来说完成率较低，由于相关方面公开数据很少，我们仅能通过经济适用房的完成情况作大致了解。过去两年重点城市的经济适用房完成率均在50%以下，2008年仅完成了30%的建设计划，显示地方政府建设保障性住房动力不大。

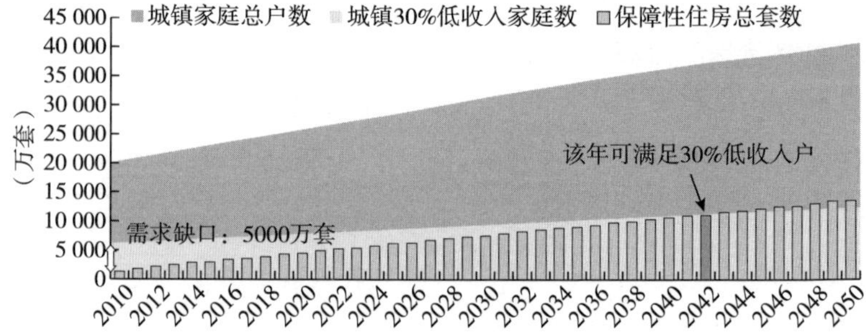

图6　保障房供需状况

资料来源：Wind，中金公司研究部。

保障性住房法制建设缺位。目前我国对保障性住房的建设和管理还只是“管理办法”“通知”等形式，没有出台相应的律法，并且在规划、建设、分配、管理、流转等细节方面仍然存在较多漏洞和不足，导致政策执行力度不够、执行难度较大。同时，我国缺乏严格的公务员制度和严厉的惩罚措施，造成了保障性住房上资金划拨和土地供应方面腐败寻租的漏洞。

地方政府也缺乏推行保障性住房的意愿。地方和中央投入资金的不平衡加上保障性住房难以像商品房一样给地方政府带来经济回报，在财政缺口的紧迫压力和高额土地收益的诱惑下，“民生”被让位于“经济”。同时，我国对于地方政府的考核大量集中在经济型指标上，使得地方政府成为利益驱动主体，保障性住房发展缓慢。只有财政缺口不大的城市建保障性住房资金压力不大。土地出让收入弥补财政缺口后仍有剩余的城市，保障性住房的资金压力较小，换言之，土地出让收入除去投入到保障性住房上的资金后，剩下部分在财政缺口中占比较高的城市建设保障性住房的资金压力较小。

住房消费过于超前

目前社会过多的资源投入了房地产市场，且在房价上涨过快的驱动下，普遍存在着消费超前现象，表现在以下两个方面。

首次购房年龄偏低。刚刚踏入社会、财富积累尚浅的年轻人反而成了购房生力军。链家地产市场研究中心与光大银行2010年合作完成的一份报告显示，北京首套房贷者的平均年龄只有27岁，而在英国为37岁，在德国和日本为42岁。北京购房者年龄足足比日德小了15岁，而在调查中发现，中国公众90.0%的人认为应在35岁以前购房最合适。7.7%的人认为最合适的年龄段是36~40岁，1.5%的人认为是41~45岁。该报告反映在房价不断攀高背景下，大多数人处于购房恐慌心理，购房需求提前释放。

商品房单套面积较大。国内的住房面积通常都能达到90~120平方米，面积过大，远超日本、韩国、台湾地区的水平。

住房市场与社会发展之间的矛盾

我们认为除了住房市场自身的问题之外，住房与社会发展之间的矛盾也是目前面临的难题。

地方政府房价调控目标与社会预期存在较大落差

如表2所示，在2011年期间600多个城市出台了房价调控目标，但是绝大多数城市政府将房价控制目标设定为增幅不高于或低于GDP增幅与人均可支配收入增幅。这些调控目标与社会预期存在较大落差，除了北京市之外，目标都是在增长的，所以被称为涨价目标或者涨价标准。我们认为这个问题到了2014年依然存在，在传统保增长思想作用下，地方政府难有调控房价的积极性和动力。

表 2　2011 年地方政府房价调控政策

省市名	城市名	房价控制目标	解读
北京	北京	新建普通住房价格与去年相比稳中有降	比去年稳中有降
上海	上海	低于全市 GDP 和城乡居民人均可支配收入增速（8%）	房价涨幅小于 8%
广东	广州	低于全市 GDP 和城市居民人均可支配收入增幅（11%）	涨幅预期不超过 11%
	深圳	低于城市本年度 GDP 和常住人口人均可支配收入增速	房价涨幅不超 10%
	肇庆	低于本年度全市 GDP 增速	小于本年度全市生产总值增速
	佛山	低于本年度 GDP 增幅（12%）	房价涨幅小于 12%
海南	海口	低于全市城镇居民人均可支配收入增速（10%）	房价涨幅小于 10%
山东	济南	低于城镇居民人均可支配收入增速（12%）	房价涨幅小于 12%
甘肃	兰州	低于 9%	房价涨幅小于 9%
陕西	西安	低于当年经济发展目标和人均可支配收入增速（15%）	房价涨幅小于 15%
宁夏	银川	低于 10%	房价涨幅小于 12%
辽宁	沈阳	低于当年城市政人均可支配收入和经济增速（12%）	房价涨幅小于 12%
	凌海	低于 5%	房价涨幅小于 5%
	丹东	低于 9% ~9.5%	房价涨幅小于 9% ~9.5%
吉林	长春	涨幅有较大幅度回落，房价收入比控制在合理区间	有较大回落
	榆树	低于去年新建住房价格增幅（50.5%）	房价涨幅小于 50.5%
湖北	武汉	低于全市 GDP 和居民人均可支配收入增速（12%）	房价增幅低于 GDP 涨幅
	随州	住房平均销售价格控制目标 3 327 元/平方米	小于本县地区生产总值
	襄阳	低于市 GDP 涨幅，与城镇居民可支配收入涨幅相适应	小于本县地区生产总值
山西	太原	低于全市年度 GDP 和人均可支配收入增长水平（13%）	房价涨幅小于 13%
安徽	合肥	低于年度 GDP 增速	房价涨幅小于年度 GDP
浙江	温州	房价涨幅小于 10%	房价涨幅小于 10%
	嘉善	低于城镇居民可支配收入增速	小于本县地区生产总值

（续表）

省市名	城市名	房价控制目标	解读
江西	宜春	低于城镇居民可支配收入增速	小于城镇居民可支配收入增速
湖南	岳阳	低于10%	房价涨幅小于10%
云南	昆明	低于人均可支配收入增速（13%）	房价涨幅小于13%
贵州	贵阳	低于去年平均值（13.67%）	小于去年平均值（13.67%）
河南	郑州	低于年度经济发展和人均可支配收入增长速度（10%）	房价涨幅小于10%

资料来源：中金公司研究部通过公开信息整理。

调控对自住型住房需求存在一定的积压效应

虽然2012年以来商业银行的信贷政策有所放松但总体来讲仍处在偏紧状态，首套房贷款首付比例、贷款利率和公积金贷款购房的利率经历两次下调后仍处于高位，尤其是2012年下半年以后货币政策已经不再放松。个人住房公积金贷款目前在4%（五年以下）/4.5%（五年以上）一线，仍高于2008—2011年的利率水平，这使得首套房信贷门槛提高，首套自住购房成本增加，负担、压力增大，抵消了消费者因房价增幅回落可获得的受益空间，使首套购房者难以分享房地产市场调控的成果。

保障性住房融资与管理机制不健全

保障性住房建设尚未形成一套完备的金融支持政策体系。保障性住房建设融资渠道不畅，特别是出租型保障性住房，比如公租房和廉租房，资金投入大、利润少且回收期长，甚至无利润或负利润，又缺乏相应的担保和保险政策，没有明确的风险补偿机制和激励机制。在建设过程中，财政补贴成为该类保障性住房的主要资金来源，但财政资金投入比例低、土地收益回落且支出门类不断增多，这种情况下，政府建设资金的来源和风险加大（图7）。

一些国企对政策及市场敏感性差，市场垄断可能性加大

部分国企对政策和市场变化的敏感性不强，市场判断力相对比较弱。在市场严厉调控的情况下，房地产市场交易低迷，部分中小

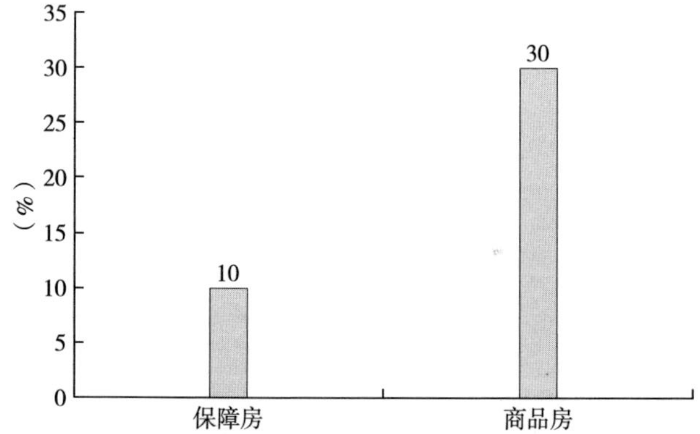

图 7　保障房与商品房毛利率差距较大

资料来源：Wind，中金公司研究部。

企业资金占用和融资压力增强，推动行业内规模重组，加大市场垄断。如图 8 所示，虽然目前全国房地产企业数量仍在上升，但是一些竞争较为激烈的如一线城市的房企个数已经有所下降，北京的房企个数自 2008 年开始便持续回落。

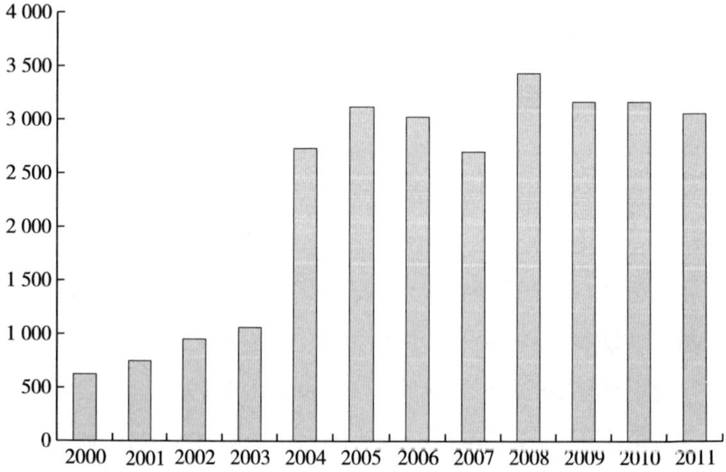

图 8　2008 年之后北京房企数量缓慢回降

资料来源：Wind，中金公司研究部。

三中全会后看住房制度的发展方向

中国进入“全面深化改革”新阶段。中国经济和世界经济已高度融合，在经济全球化、区域经济一体化、贸易自由化的大背景下推进国内经济发展，必然面临许多新的挑战与机遇。党的十八大报告中已明确提出了未来的产业转型方向，即“坚持走中国特色新型工业化、信息化、城镇化、农业现代化道路，推动信息化和工业化深度融合、工业化和城镇化良性互动、城镇化和农业现代化相互协调，促进工业化、信息化、城镇化、农业现代化同步发展。”三中全会的《中共中央关于全面深化改革若干重大问题的决定》针对中国当前的根本问题，提出了全面的改革措施，中国将有望实现十年甚至更长时间的大发展。其中以土地改革、新型城镇化为核心推进城乡一体化发展是我国经济增长的一条主线，而城镇化的稳步推进离不开住房制度的顶层设计。中央城镇化会议于 2013 年 12 月 12 日到 13 日首次在北京举行，会议提出了推进城镇化的主要任务。推进农业转移人口市民化，解决好人的问题是推进新型城镇化的关键。

新型城镇化道路是未来发展的方向

过去十多年，中国城镇化水平快速提升。长期以来，中国的城镇化水平一直较低，1949 年中国的城镇化率仅为 10.6%，新中国成立后我国的城镇化进程主要可以分为三个阶段。

第一阶段，新中国成立后在工业化进程中，中国的城镇化率从 1949 年的 10.6% 提升至 1979 年的 19.0%，30 年提升了 10 个百分点，年均增长 0.28%。这个阶段城镇化率的变化并不稳定，这与我国人口统计方式也有一定的关系。在中华人民共和国成立之初，人口迁移是不受限制的，当时是把所有在城市行政范围内的居民统计为城市人口，其他则为农村人口。1958 年《中华人民共和国户口登记条例》颁布之后，农业户口与非农业户口的区分成为定义城乡人口的依据，在此期间，由于户口控制十分严格，几乎没有城乡之间自发的人口迁移。因此1958年之后我国的城镇化率的增长出现了一定的停滞。

第二阶段，20世纪80年代以来，农村劳动力向城市流动的规模越来越大，中国城镇化率的提升进入第二阶段，从1979年的19.0%提高到1995年的29.0%，15年提升了10个百分点，年均增长为0.63%（图9）。这时一个人的户籍不再能够准确地反映其实际居住状态，因此1982年之后的统计采用了常住人口的概念，即那些离开家乡进城超过一年的流动人口，就被算作城市常住人口，1990年之后离开家乡进入城市的时间只要达到半年即使没有改变户籍，也被作为城市常住人口。

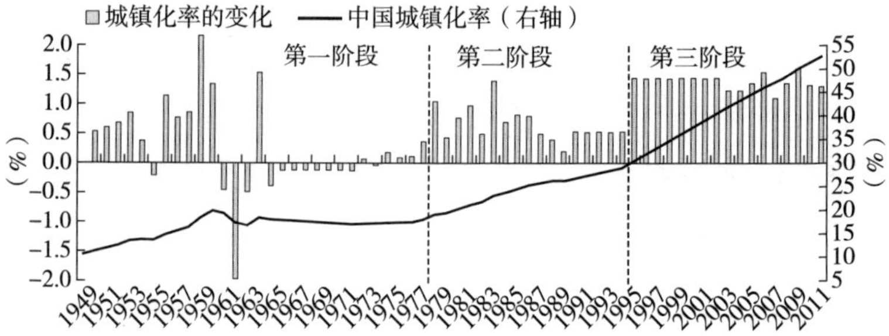

图9　中国城镇化率与变化

资料来源：CEIC，Wind，中金公司研究部。

第三阶段，从1996年开始，城镇化进入高速增长的第三阶段，2012年城镇化率提升至52.6%，[①] 年平均增长1.38%。从以上数据看出，现阶段的中国毫无疑问正处于城镇化快速提升的重要阶段。

未来城镇化的过程是新型城镇化不断深入的过程。2013年12月召开的城镇化工作会议明确了推进城镇化的主要目标、基本原则和重点任务。所谓新型城镇化，是以城乡统筹、城乡一体、产城互

① 本段内容引用的城镇化率是根据国家统计局公布的城镇人口占总人口的比例计算。如果以拥有城市户籍人口计算，这一比例只有35%左右。

动、节约集约、生态宜居、和谐发展为基本特征的城镇化，是大中小城市、小城镇、新型农村社区协调发展、互促共进的城镇化。与传统提法比较，新型城镇化更强调内在质量的全面提升，也就是要推动城镇化由偏重数量规模增加向注重质量内涵提升转变。未来城镇化的发展不可能走“先污染、后治理”的老路，而新型城镇化的概念则符合绿色经济和可持续发展。

新型城镇化是“人的城镇化”而非“土地城镇化”。新型城镇化强调推进以人为核心的城镇化，关键是提升质量，与工业化、信息化、农业现代化同步推进。通过优化布局，根据资源环境承载能力构建科学合理的城镇化宏观布局，把城市群作为主体形态，促进大中小城市和小城镇合理分工、功能互补、协同发展。新型城镇化更强调生态文明，着力推进绿色发展、循环发展、低碳发展，尽可能减少对自然的干扰和损害，节约集约利用土地、水、能源等资源。新型城镇化也注重传承文化，发展有历史记忆、地域特色、民族特点的美丽城镇。

新型城镇化同时发挥市场和政府的作用。新型城镇化，既要坚持使市场在资源配置中起决定性作用，又要更好发挥政府在创造制度环境、编制发展规划、建设基础设施、提供公共服务、加强社会治理等方面的职能；中央制定大政方针、确定城镇化总体规划和战略布局，地方则从实际出发，贯彻落实总体规划，制定相应规划，创造性开展建设和管理工作。

城镇化的健康发展需要有相应的住房制度设计

在新型城镇化道路中，必然需要相应的住房制度设计。城镇化的发展有助于拉动投资与消费，从而有利于中国经济的增长，但城镇化发展带来的住房需求也有可能推升房价，甚至是在城市中形成贫民窟。如何满足新增城市人口的居住需求，又不降低原有城市居民的居住环境和居住感受？这就是在城镇化进程中住房制度需要解决的问题，我们将在下文具体分析。除了住房制度之外，另外两方面的改革也不容忽视：一是户籍制度改革；二是土地制度改革。这两方面的改革也是影响住房制度设计和城镇化健康发展的重要因素。

户籍制度改革

住房是制约城镇化发展的最重要因素之一。农民工现在仍然是流动人口，由于户籍问题、居住问题无法融入城市，是社会稳定的重大挑战。商品房和保障性住房都无法解决这部分人的住房问题。农民工可支配收入水平较低，而商品房太贵，住房问题无法通过商品房市场来解决，但是又因没有城市户籍，也难以在保障性住房体系中解决。与此同时，这些问题不解决，不仅影响新来的人口，也会降低原来居民的生活水平。

未来的户籍制度改革将放松中小城市和小城镇的落户条件。国务院近期颁布了《关于积极稳妥推进户籍管理制度改革的通知》，在总结近年来各地城镇化经验基础上，提出户籍制度改革应以“落实放宽中小城市和小城镇落户条件”为核心，以促进城镇化发展，且遵循“城市越小，放松程度越大”的原则。目前的标准是：在县级市有合法职业和住所即可落户，在设区的市有合法职业满三年可落户。随着新型城镇化的推进，此标准可能继续放松。放松中小城市落户条件的同时，继续合理控制直辖市、副省级市和其他大城市人口规模。

土地制度改革

土地制度改革，主要有两个方向：一方面提高农民土地征收补偿标准，另一方面降低土地供给的垄断。前者有利于增加农民收入，缩小城乡差距和集约用地；后者有利于控制城镇地价和房价的上升。近期的国务院常务会议拟对农民集体所有土地征收补偿制度做出修改，预计提高征地补偿标准势在必行。在打破土地供给垄断方面，关键的问题是如何建立完善、统一的城乡土地流转市场，这方面的改革涉及的问题较多，未来的发展有待于更明确的政策方向。

住房制度的理论框架设计

理论框架

我们把住房制度所涉及的方方面面抽茧剥丝后，剩下的其实就是三个最核心的要素：地权、房权和税收。根据这三个要素，我们构建了住房制度的三维模型，任何住房制度的设计都可涵盖这三个核心要素（图10）。

地权：主要是指土地所有权，可以分为完全私有、部分私有和完全国有。由于我国土地所有权均为国有，因此我们根据支付土地出让金的方式划分为全额土地出让金、部分土地出让金、无土地出让金。

房权：主要是指不包含土地的房屋，即地上部分，可以分为全产权、部分产权和无产权。

税收：税种包括交易环节税、持有环节税以及针对租金收入的所得税等等。税率可以分为高、中、低、负四档。当税收为负时，其实就是住房补贴。

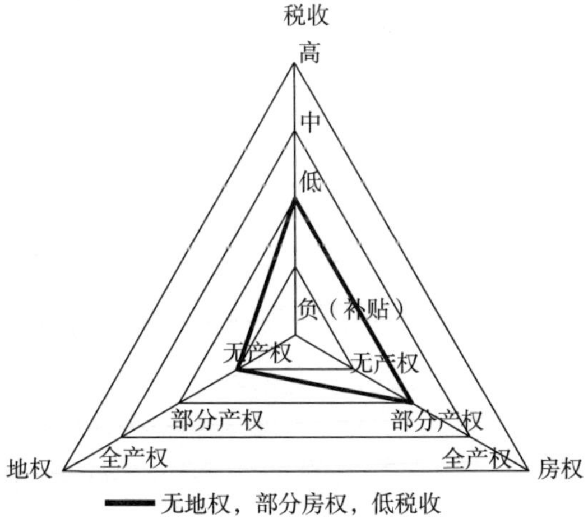

图10 "无地权＋部分房权＋低税收"组合的例子

资料来源：中金公司研究部。

我们将该三维模型作为后续分析和顶层设计的理论框架。

国际住房制度经验借鉴

美国住房制度的演变

美国政府属于“社会型”。美国居住水平较高，私人拥有住房比例较大，实行商品化为主的住房保障形式，已形成较为完善的住房制度和政策体系。美国政府较少承担对低收入者的住房保障职能，主要通过市场化和金融创新把低收入者引入住房市场，市场机制在其中发挥着主导作用。

美国住房制度主要经历了以下四个阶段，政府从开始介入到逐渐退出。

第一阶段：1913 年联邦税制开始实行住房贷款和房地产税的抵税政策。这种税收上的好处，加上对贷款业的优惠政策以及从文化取向上对自有住房的偏好，都大大促进了住房的普遍私有化。税制上的优惠政策鼓励私营机构投资于住宅建设，所以私营房屋出租业的规模一直也很大。

第二阶段：20 世纪 30 年代初，美国爆发严重经济危机，大萧条导致众多人无家可归。为复苏经济和解决住房问题，美国政府开始有计划地介入住房领域，制定了促进住房建设和解决中低收入者住房问题的政策。1949 年《住房法案》提出，“为每个美国家庭提供合适的住房和舒适的居住环境”，明确了住房的民生功能和发展目标，以及政府在保障住房方面的职责。公共住房开始出现，但规模较小，一直并未对住房需求的满足起过主要作用。

第三阶段：20 世纪 60 年代至 70 年代，政府逐渐退出实物建房领域，而由私人建筑公司通过市场化的方式建筑公共住房。政府开始对低收入家庭提供补贴，以及为符合条件的住房购买者提供低于市场的贷款利率。

第四阶段：20 世纪 70 年代以来，美国实行了以市场机制为主导的房地产金融政策，形成了以私有金融机构为主体，住房抵押贷款市场为基础，多种住房机构广泛参与，政府有效调控的房地产金融体系。利用发达的金融工具，把低收入者推向市场，让市场解决低收入者的住房问题。这一做法在解决中低收入家庭的住房问题上发挥了重要作用，1994—2006 年，美国住房自有率从 64% 上升到了 69%，但也为后来的次贷危机埋下了隐患（图 11）。

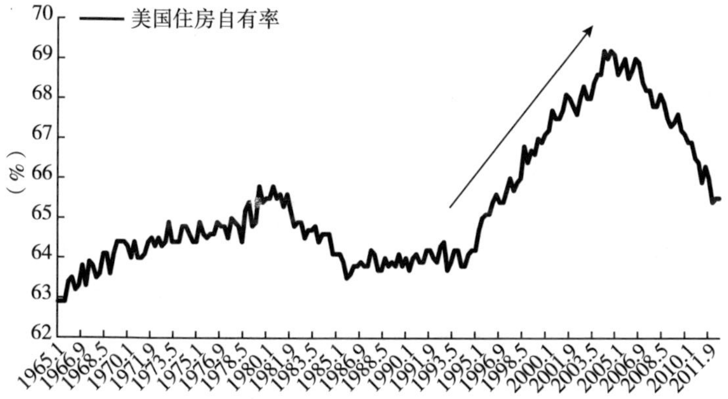

图 11　美国实行了以市场机制为主导的房地产金融政策推升了住房自有率

资料来源：US Census Bureau，中金公司研究部。

美国的住房基本制度以“全地权 + 全房权 + 高税收”的组合为代表，税收制度的设计值得借鉴：对自住支持，对投机打压。美国政府对住房的税收支持主要包括针对居民和投资者的减税、免税或发放税收补贴。为鼓励居民购房，第一套和第二套住房一定额度的抵押贷款利息免税，第一套住房免交不动产税，出售住房的部分收益免交联邦资本所得税。为引导资金流向住房，开发合格出租房的投资商在 10 年内每年免交一定额度的联邦个人所得税，购买为资助出租房开发发行的债券所获得的利息免税，等等。为抑制住房投机，对拥有产权不到 1 年的短期炒作，卖房收入要列进个人本年度的总收入，缴纳个人所得税。为防止住房交易偷税、漏税，政府要求房地产代理过户公司在过户时强制扣缴相应税收。同时，美国税收补贴的方式非常灵活，州住房金融管理机构在决定符合要求的住房类型时有很大的自由，可以有选择性地满足地方需求（图 12）。

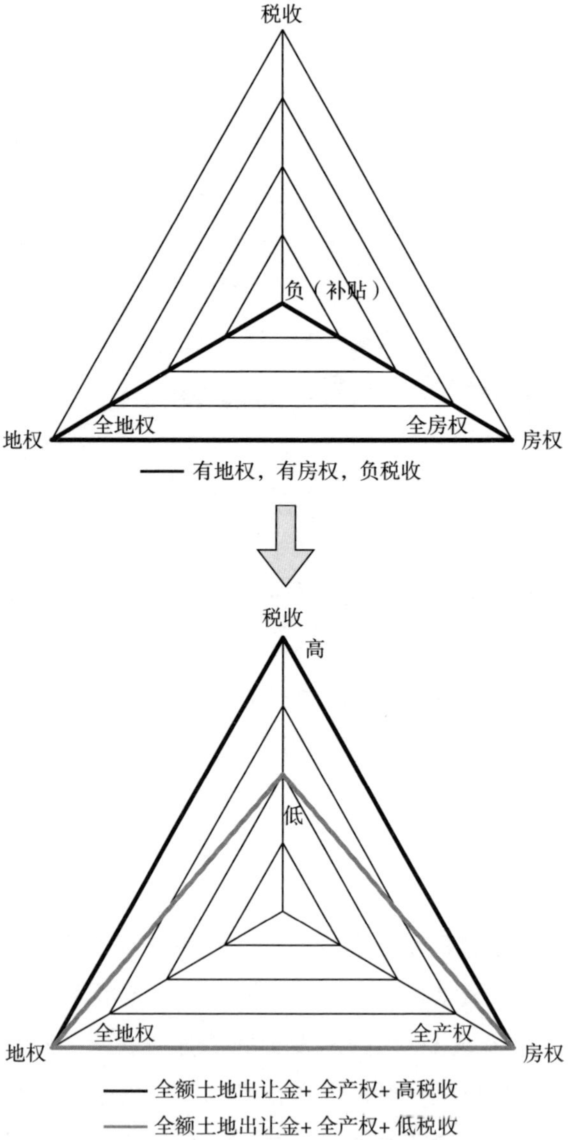

图 12　美国住房制度的变化：政府从开始介入（用税收优惠、信贷优惠鼓励住房私有化）到逐渐退出（市场化的金融政策和差别化的税收制度）

资料来源：中金公司研究部。

新加坡住房制度的演变

新加坡政府属于“全面责任型”，政府以满足所有市民房屋需求为责任，全方位介入和控制。新加坡是一个以城市为主体形态的国家，土地资源非常紧张，80%左右的属于国有土地。新加坡的住房体系分为两大类：组屋和私宅。“组屋”是政府通过建屋发展局为广大中低收入群体提供的廉价公共住房，占比约为80%；私宅是指私人房地产商投资兴建，完全按照市价运行的供应高中收入群体的高级住宅，占比不到20%（图13）。

新加坡住房制度也主要经历了四个阶段，但是政府的角色自始至终都很重要。

第一阶段：从20世纪20年代早期开始，新加坡许多人的住房都是在拥挤的陋屋区。因住房短缺日趋严重，当时的英国殖民政府于1927年设立了新加坡改良信托局，专门负责清理陋屋区，并为从那里搬出来的民众提供住所。在新加坡改良信托局存在的32年中，共建造了23 000个单位的住房，但只能为8.8%的居民解决住房问题。

第二阶段：1959年新加坡成立自治政府时，失业和住房短缺是当时两个最大的社会矛盾。新加坡政府决定把住房建设放在优先位置上，制定了《住房发展法》，并在1960年根据该法成立建屋发展局。建屋发展局在1964年推出“居者有其屋”计划，旨在为无力在住房市场上购买私人住房的居民提供公共住房。在建屋发展局的主持下，新加坡大力建设公共组屋，完成了6个建房五年计划，建成70余万套住房。

第三阶段：20世纪70年代开始，住房政策的重点向改善型转变。建房计划中所建的房屋的类型随之发生变化，由过去的一居室、二居室转向发展三居室、四居室一套的单元。1974年，新加坡政府又组建了国营房屋与城市开发公司（HUDC），专门建设大型的五居室套房。

第四阶段：到20世纪80年代初期，随着住房供应方面经验的日趋完善，新加坡开始将更多的重点放在为居民提供高质量的生活

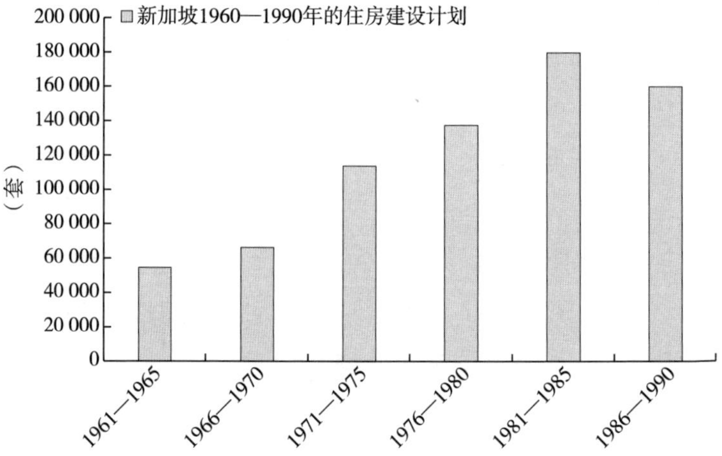

图 13　新加坡住房建设五年计划，目前公共住房占比超过 80%

资料来源：CEIC，中金公司研究部。

环境上。80 年代后期，超过 85% 的人口住在政府组屋。

新加坡的住房制度以“无地权 + 部分房权 + 低税收”的组合为代表（图 14），金融保障制度值得借鉴：建立中央公积金制度，从供需两方面保证了资金来源。从供给来看，为公共住房建设提供了源源不断的资金来源。新加坡法律规定，中央公积金局必须将主要资金用于购买国债，政府将所获资金放贷给建屋发展局。该贷款主要用于住房开发和发放按揭贷款，建屋发展局用出租和出售公共住房所得资金偿还政府贷款。从需求来看，中央公积金与住房贷款相结合，为购房者提供了资金保障。在新加坡，购房者所需首付的 20% 房款可从中央公积金中提取，建屋发展局向“组屋”的购买者提供按揭贷款，每月的按揭可从每月的缴费中直接扣除。月供占购房者月收入的 10%～25%，低于 30%～35% 的国际标准。

日本的经济转型和住房政策的演变

房地产和经济转型是当前中国经济面临的两大主要问题，而日本经历了成功的经济转型，也遭受过严重的地产泡沫冲击，分析日本经济转型和房地产发展历史有助于更好分析我国经济转型和住房市场发展前景。

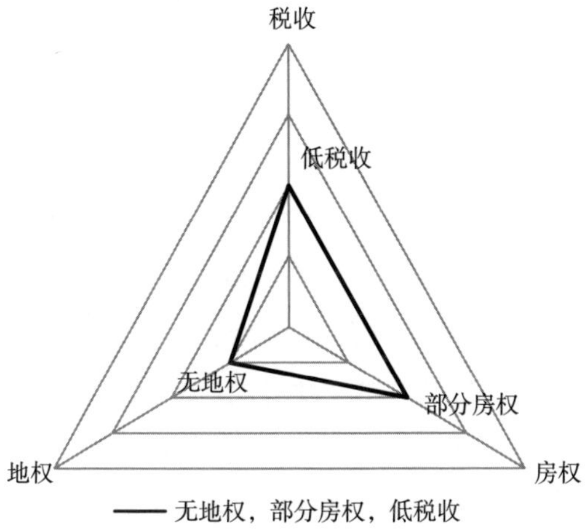

图 14　新加坡住房制度：政府的角色自始至终都很重要

资料来源：中金公司研究部

与经济发展水平相适应，日本房地产市场经过了四个完整周期。

第一阶段：1965 年之前，以政府提供住房为主。住房紧缺问题尽管较战后初期已经有明显缓解，但从全国范围看，住房存量（总套数）仍低于家庭总数，满足居民基本住房需求仍是这一时期的主要任务，政府（公营住房、住房公团等）和大型企业（为其员工提供出租住房）构成了当时住房供应的主体，住宅建设产业化模式也在这一阶段产生。

第二阶段：1965—1975 年十年大规模建设期。1965 年之后，随着收入水平的提高以及婴儿潮一代进入婚育年龄，刚性住房需求大量释放，使得这 10 年成为日本住房大量集中建设时期。

第三阶段：1975—1985 年以改善性和投资性需求为主的住宅市场。第二阶段里“户均达到 1 套房”的目标得以实现，标志着战后持续二十余年的住房供应不足问题已经在整体上得到了解决。第三阶段中新房建设量占存量的比例有所下降，住宅地价的新一轮上涨则来自改善型需求和投资性需求。

第四阶段：1985 年之后商业地产强劲发展。此时日本经济发展水平已非常高，住房需求也已得到满足，投资、“购买美国”等理念盛行，资本大规模输出，商业房地产成为企业和金融机构投融资的主要标的，价格增长迅速。

从1951到2000年这半个世纪的时间里，日本共建造了约5 500万套住房，其中公共住房占40%左右，有效缓解了住房短缺的矛盾。政府提供的保障性住房，主要以租赁形式解决低收入家庭的住房困难，并且都是以国家财政出资为主，地方政府主要负责出地（土地优先供应）以及组织建设和管理。日本住宅市场发展是成功的，居住条件改善明显且没有产生明显泡沫，泡沫主要集中在商业用地，而参与泡沫主体是企业和金融机构而非个人（图15和图16）。

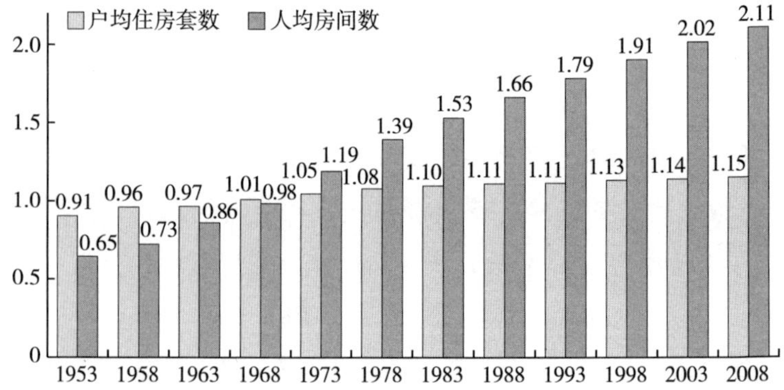

图15 日本住房状况

资料来源：日本统计局，中金公司研究部。

住房制度的比较和总结

通过对发达国家住房制度演变的分析，可以发现住房问题是伴随着工业化、城市化的发展而产生的。所有发达国家的政府都对住房问题实行了不同程度和各种方式的干预政策。然而，各个国家在不同的历史时期，基于本国的政治经济状况和社会文化传统等，也采取了各自迥异的干预办法。

根据政府对住房问题所扮演的角色或承担的责任的不同，可以

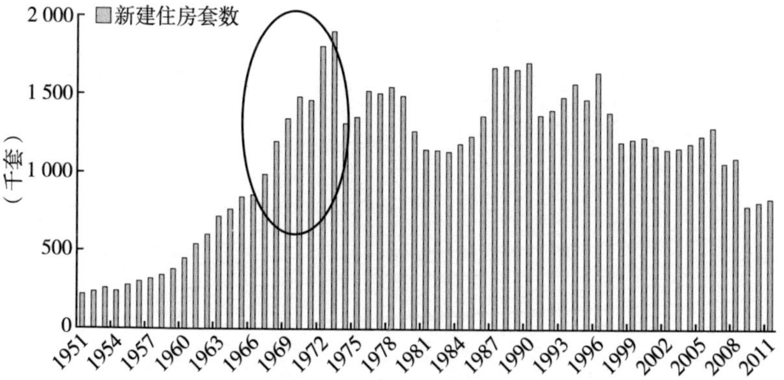

图 16　日本房屋建设情况

资料来源：Ministry of Land，Infrastructure，Transport and Tourism，Haver，中金公司研究部。

分为三种：一是雏生型，二是社会型，三是全面责任型。[①]

雏生型住房政策是指在急速城市化进程中，政府被动应对急速增加的住房需求，对低收入住户的住房问题较为被动，缺乏系统有效的房屋政策，如希腊、西班牙，以及巴西、墨西哥、泰国等大部分发展中国家。

社会型住房政策是指主要依靠市场机制解决住房问题，政府可能会对市场进行一定的干预，以补充市场机制的不足，如美国、英国等国家。

全面责任型住房政策是指政府视满足全体国民的住房需求为己任，政府全方位介入和干预，如新加坡、德国、瑞典、荷兰等国家。

具体来看政府干预的阶段性特征随着住房需求阶段性的变化而变化，可以分为四个阶段（表3）。

起步时期，住房短缺矛盾突出，政府全面介入公共住房建设（直接参与实物建房）。

① 由英国学者 David Donnison 提出。

表 3　住房制度的发展阶段

国家	房地产业发展历程中的政府政策			
	阶级一 政府全面介入 公共住房建设	阶级二 政府逐渐退出 实物建房领域	阶级三 政府转向提供 货币和信贷支持	阶级四 推动房地产 金融属性发展
美国	20 世纪 30 年代至 20 世纪 60 年代，政府兴建所有的公共住房。	20 世纪 60 年代至 20 世纪 70 年代，由私人建筑公司通过市场化方式建造公共住房：政府开始对低收入家庭提供租金补贴，以及为符合要求的住房购买者提供低于市场利率的贷款。	20 世纪 70 年代至今，住房总量已经比较充足，政府将重点从对公共住房建设给予补贴转移到针对租户的直接租金补贴以及为买房者的住房抵押贷款担保。	20 世纪 70 年代以来，政府积极干预和扶持房地产抵押贷款证券化。此后经过数十年的发展，房地产抵押二级市场制度不断健全，债券规模日趋庞大，成为仅次于美国国债的第二大债券。
加拿大	政府直接建造住房：二战后，住房短缺矛盾非常突出，联邦政府成立 CMHC，由该公司直接建造住房，向退伍军人和低收入家庭出售或出租。	20 世纪 60 年代中期随着住房短缺问题的缓解，联邦政府从住房建设领域中逐步退出，不再直接建造住房。	政府直接贷款：政府把政策重心转移到扶持中低收入家庭解决住房问题上，向面向中低收入家庭的社会住房提供直接贷款。政府为抵押贷款担保：1954 年联邦政府建立抵押贷款担保制度，向首付款低于 30% 的抵押贷款提供 100% 的担保，鼓励金融机构发放低首付款的抵押贷款。	抵押贷款证券化：20 世纪 80 年代中期开始，联邦政府允许 CMHC 为抵押贷款证券提供担保，对全国的抵押金融市场进行规范和管理，为加拿大住宅抵押金融的成功发展起到了关键性的作用。

（续表）

英国	早在19世纪末，英国政府就开始着手建立公共住房系统。一战后，英国政府实行租金管制和资助地方政府大规模扩张公共住宅建设；二战后到20世纪70年代的30年，是英国公共住宅发展的高峰时期。到1979年，公共住宅已达到近650万个单位，占全国住房总量的1/3。	20世纪80年代后，政府改变了长期奉行的住房福利政策，推行公共住房私有化，出售公房单住，缩减公共住房开支。同时地方政府逐渐退出公共住房建造，到90年代中期政府建房几乎为零。	20世纪80年代后，英国政府推出了以直接补贴中低收入家庭和保障住房私有化为核心的住房政策。“住房补助”分为租房补助和买房补助两大类，由地方政府自行组织。	1987年，英国国家住房贷款局首次在欧洲市场上发行住房抵押证券。此后，经营此项业务的机构逐步建立起来。
德国	1989年柏林墙倒塌后，面对突如其来的严重住房压力，德国政府推行了“建房资金免交企业、个人所得税”的政策，鼓励所有公司修建居民住宅，建房投资将全额免交所得税，甚至还提供部分补贴，掀起了一场“企业建房热”。		大力发展房屋租赁市场：政府进行房租管制，房租补贴，这是目前德国对低收入居民住房保障的主要方式。除了针对特殊群体的“廉租房”外，市场上同样供应大量商业出租房。	抵押贷款证券的推出没有得到德国政府强有力的支持。

（续表）

国家	房地产业发展历程中的政府政策			
	阶级一 政府全面介入 公共住房建设	阶级二 政府逐渐退出 实物建房领域	阶级三 政府转向提供 货币和信贷支持	阶级四 推动房地产 金融属性发展
法国	1950 年起，国家大量参与住房建设，将房地产开发政策性贷款纳入专门的国家预算。		20 世纪 70 年代至 20 世纪 80 年代，政府大力发展住房保障制度，着重实施补贴政策，为低收入家庭进行住房补贴。1995 年开始实行的政府零利率贷款，进一步帮助中低收入人群购房。2000 年法国政府大力推行廉租房，规定各大城市廉租房占比不能低于 20%。	1988 年，法国政府通过法律促进各种贷款尤其是抵押贷款的证券化。为此，法国政府建立了特别的投资基金（FCC）持有抵押贷款，发行抵押证券。

资料来源：中金公司研究部地产组总结。

住房短缺问题得到缓解，政府逐渐退出实物建房领域（公共住房建造开始市场化、私有化）。

住房总量较为充足，政府转向提供信贷和货币支持，提高住房自有化率（对低收入家庭发放购房/租房补贴、提供住房抵押贷款担保）。

推动房地产金融属性发展，抵押贷款证券化（政府为抵押贷款证券提供担保，抵押贷款证券投向资本市场）。

从我国目前住房市场情况来看，城镇化快速发展，住房短缺矛盾日益突出，政府被动应对住房问题，政府的角色更类似于“雏生型”，住房市场还处于起步阶段。从未来的发展方向来看，针对我国的特点，人口众多、收入差距大、中低收入阶层数量庞大，同时政府建设资金短缺。因此，对我国来说，政府定位于保障性住房供应对象集中在中低收入阶层的“社会型”分析更具借鉴意义。

中国特色的住房制度顶层设计

以下我们结合地权、房权和税收三维模型，分别针对不同市场类型（商品房市场和保障房市场）和住房类型（商品房、租赁房、经济适用房（含两限房）、廉租房），希望可以提出有效的住房制度解决方案（图17）。

商品房

定位

商品房对应的应该是最高收入、中高收入以及少部分的中等收入家庭。目前中国城镇家庭户均住房套数接近1，但是由于最高收入家庭通常拥有多套住房，与此同时，保障房体系不完善，大部分的家庭（不论是否具有支付能力）都瞄准了商品房市场。这种结构上的错配一方面使得商品房市场过度发展，另一方面又突显了商品房供不应求。

商品房应该属于“全额土地出让金 + 全产权 + 低/中/高税收”

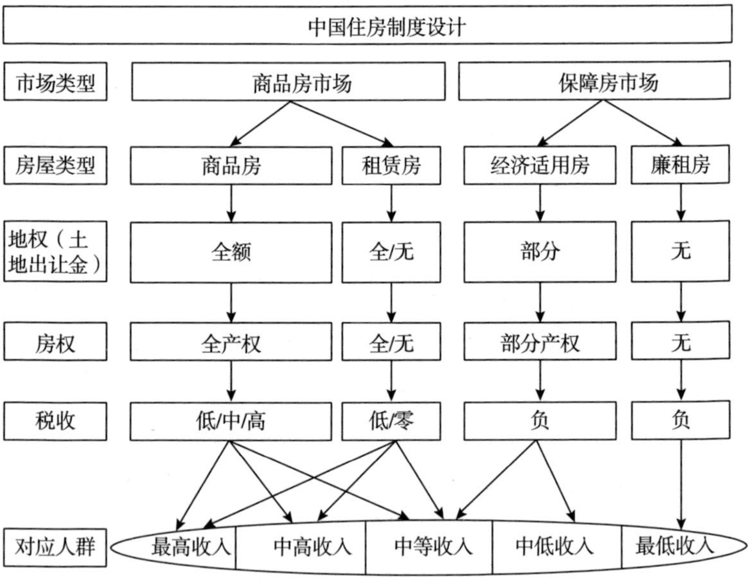

图 17　中国住房制度设计

资料来源：中金公司研究部。

的组合。目前我国经营性用地采用招拍挂出让方式，开发商拍地时向地方政府支付土地出让金，使用权通常分为 70 年和 40 年两种。税收主要集中在交易环节，而在持有环节较少且税率低。先不论给房产权设定一定年限的合理性，毕竟其对供需基本没有影响；而土地政策涉及地方政府财政问题，因此一时间也难以做出较大的变革。那么，唯有从税收角度改变政策。

税收的必要性

与别国比较，中国住房的交易成本处于中等水平，但是持有成本处于最低水平。正是因为如此，最高收入人群拥有多套住房，并且还在房价下降时继续买入，而一些中高收入和中等收入家庭却无法拥有自己的住房（中低收入以下的家庭的住房问题应该通过保障房体系解决，不在这里考虑）。这种结构上的错配使得大部分房子空置，极大地浪费了社会资源。与其直接调控房价，不如使用税收工具调控供需。物业税的征收可以实现房地产资源的优化配置，为

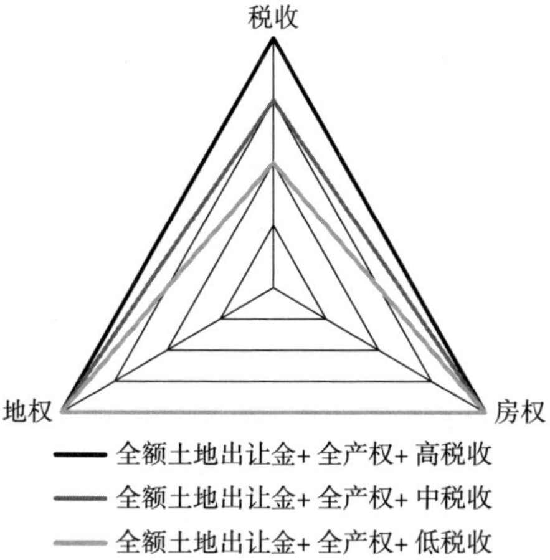

图 18　针对初次购房者应该采用低税收鼓励购房，对于拥有多套住房或者高档住房应该相应增加税收，并对持有环节征税

资料来源：中金公司研究部。

地方政府的财政收入提供稳定长期的来源，同时可以增加房地产投机成本，起到抑制房价的作用。长期来看，征收物业税是大势所趋。

国际经验来看，物业税税率一般为累进制（除香港地区和新加坡以外）。如果都以物业价值为税基，一般税率的低端在 0.2% 左右，高端的可以超过 3%。但是对于高端的税率，其本身是带有惩罚性的。此外，对于自住房，大多数国家都会有一定的优惠税率。比如在美国，如果是自住房，可以用房贷抵税；在澳大利亚，自住房是不征物业税的；在新加坡，自住房的税率只有 4%，而标准税率为 10%。

政策建议：使用物业税调节商品房供需结构

征收条件：产权界定明晰，税率税基合理，违规惩戒有力。首先，在开征物业税之前要理顺所有权的关系。对集体所有的农基地，小产权房等要明确产权关系，对家庭拥有房产的数量和价值都要有系统的统计，为征税做好法律基础。其次，在制度制定方面，建立物业评估系统，对税率的制定要考虑居民的支付能力和地方政府的财政需求，同时，地方财政要公开透明化，建立更直接的纳税人监督机制。再次，在实际操作过程中，要建立高效率的收税平台，要完善法律制度督促纳税行为。任何一方面都是一个复杂的过程，需要反复的讨论和验证，因此先采用试点，再全国推广更为实际。

征收范围：自住房可以享受一定的优惠，以区别拥有多套物业的情况。例如对首次购房者购房税费相应减少，免物业税；对两套住房以内的家庭免物业税；对两套住房以上的家庭采用累进税率，根据拥有住房套数的增加相应提高税率；对于别墅等特别高档的住宅，可以按照国际上的普遍做法，征收高于2.5%的税率。各省市可以根据自身的实际情况确定不同的税率及其累进方式，以体现区域差别性。

租赁房

定位

租赁房对应的应该是最高收入和中高收入家庭（供给方），以及中等收入和中低收入家庭（需求方）。最高收入和部分中高收入家庭可能拥有多套房，可以成为这个市场的供给方；而部分中等收入和中低家庭可能还未买房，或者本身可能已经有房，但是因为工作或者学习等地点距离居住地太远，因此需要再租一套房，从而成为这个市场的需求方，这种需求可能是短暂的，也可能是长期的。

租赁房对于供给方而言，应该属于“全额土地出让金+全产权+低税收”的组合；而对于需求方来说，应该属于“无土地出让金+无产权+零税收”的组合。目前我国商品房租赁市场的不规范主要体现在三方面：一是租金的税率太高。如果出租房的业主进入一个规范的租赁市场，就要为租金收入支付20%的所得税，考虑到业主还需要支付中介费、物业费、暖气费等，同时还要承受租户对房屋保护不够而带来的加速折旧，考虑这些之后的租金收入就显得过于微薄；二是对出租者的保护不够。例如擅自改变房屋用途，把别墅改成集体宿舍等，从而导致了很多业主宁愿房子空置，也不愿进入租赁市场。三是对租户的保护也不够。合同通常比较短期，到期后出租者可以任意提升租金或者终止合同，这样租户就需要再次花时间找房子，成本提高，因此大多数人都倾向于买房而不是租房。

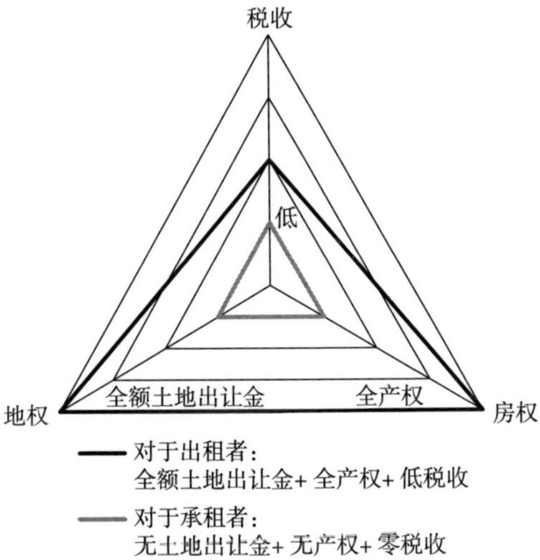

图 19　为鼓励业主出租房屋，对租金收入采用低税收，允许费用抵扣

资料来源：中金公司研究部。

必要性

由于最近几年我国商品房市场发展过快，房价大幅上涨，不少高收入人群将买房作为一种投资的途径，追求的是房价上涨带来的资本升值，但是也导致很多房屋空置，形成了很大的资源浪费。规范租赁市场，积极促进租赁市场的发展，可以更好地运用存量房产，提高资源使用效率。

政策建议：鼓励商品房租赁市场的发展

建议应该使用低税收或者补贴鼓励拥有多套房的业主进入租赁房市场，从而加大房屋的供给。从国际经验来看，如法国，仅出租一套房屋的房主可以免税；在德国，拥有房屋两年以上的房主出租房屋时租金可以免税。大部分国家都允许房主从税赋中扣除各种费用，这些费用包括房屋折旧、贷款利息、房屋维修费、管理费及保险等。一个规范的租赁市场也可在一定程度上缓解中等收入和部分中高收入家庭的买房需求，对高房价也有一定的抑制作用。

经济适用房（含两限房）①

定位

经济适用房对应的应该是中等收入和中低收入家庭。中等收入和中低收入家庭在我国占比大，对于商品房缺乏支付能力，但与最低收入家庭还不一样，在一定的金融支持下，他们对经济适用房有一定的承受能力。因此这部分家庭的住房问题就需要用经济适用房来解决。

经济适用房（含两限房）应该属于"部分土地出让金 + 部分产权 + 低/负税收"的组合。经济适用房采用产权限制、成本定价的方式。政府拥有部分的地权和房权，因此减少土地出让金，并且配合金融支持或者社会保障支持，相当于负税收。自住一定年限后，房屋可以在二级市场交易，交易时的收益按照土地使用权和房产权的比例与政府分配（图 20）。

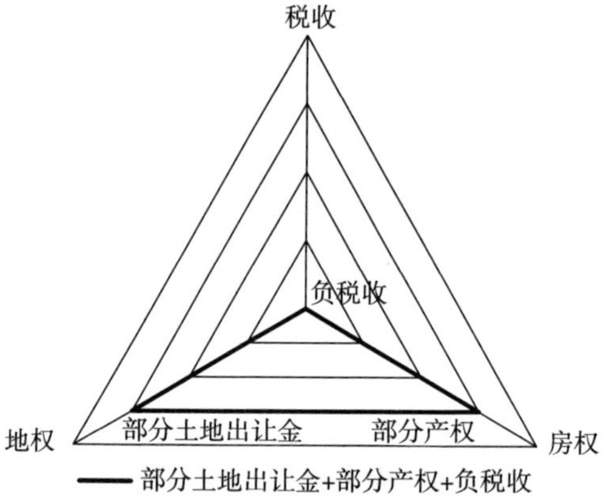

图 20　经济适用房采用产权限制，成本定价的方式，目标是中等收入和中低收入家庭

资料来源：中金公司研究部。

① 2013 年 10 月 23 日，北京市住建委等五部门联合发布了《关于加快中低价位自住型改善型商品住房建设的意见》。从自住型商品房的地价、房价、房屋面积以及购房对象都有一定的限制，五年内不能上市交易，五年后上市收益的 30% 上交财政。从性质上看，自住型商品房类似于升级版的经济适用房。

必要性

适合政府的投入能力。我国目前经济适用房（含限价房）的建设由政府出地及税费减免，而其发展滞后的最大的问题就在于资金投入不足使得建设无法开展。如果经济适用房定位于政府只拥有部分产权，那么政府仍可以取得部分土地出让收入，也符合政府的投入能力。

符合居民的支付能力。我国目前地价占总房价的比例大约在20%～50%，这部分若能减半，居民的购买能力将大幅提升，相比商品房更加适应中等收入和中低收入家庭的支付能力。而与现在经适房建设政府出地及税费减免相比，政府收取部分土地出让金，经济适用房的房价也会有一定的提高，挤出的这部分需求（主要是最低收入家庭）则由廉租房来解决。

实现投资增值需求。经济适用房住满五年后，可以上市交易，政府与居民按照产权比例分享投资收益。地方政府获得收益后可以补贴财政，而居民则可以用于购买商品房，提升住房水平。由此可以实现投资增值的需求。

政策建议：改变产权结构，加大金融支持

目前我国经济适用房的发展并不顺利，供需两方面都出现了一定的问题。在目前的经济适用房制度下，经济适用房以政府指导价出售给有一定支付能力的低收入住房困难家庭；经济适用房在取得完全产权前，只能用于自住，不得出售、出租、闲置、出借；经济适用房如果住满五年，可以进行更名交易，按市场价格与购买价格之间差价的一定比例补交土地收益等价款，届时购房人拥有完全产权。经济适用房套型建筑面积限定在60平方米左右。但是由于地方政府建设热情不高，分配过程中的不公平问题，建筑位置、面积与需求不符等问题，使得目前我国经济适用房的发展并不顺利，供需两方面都出现了一定的问题。

制度方面：改变产权结构，对保障性住房建设立法支持。保障性住房发展顺利的国家都非常重视法制建设，政府通过立法给予了保障性住房大力支持，保证了政策的权威性和有效性，并且在保障性住房定义、保障对象界定、住房保障的具体形式和操作方式等方面均有详尽、可执行性强的规定。

供给方面：保障房建设要因地制宜。我们根据国家统计局公布的35个城市2011年人均收入、家庭平均人数以及平均房价来计算90平方米、30%首付、20年贷款、贷款利率8折下的家庭月供收入比，计算结果显示，三四线城市家庭月供收入比较低，对商品房承担能力较强，而一二线城市的月供收入比则偏高（图21）。因此，一线城市和部分房价较高的城市更应该扩大保障性住房在整个住房市场中的比例；而三四线城市保障性住房比例可适当降低。建筑面积也要因地制宜，同时考虑到5年后可上市交易，完全按照60平方米建设恐怕难以满足居住要求，以及未来在市场上的出售需求（表4和表5）。

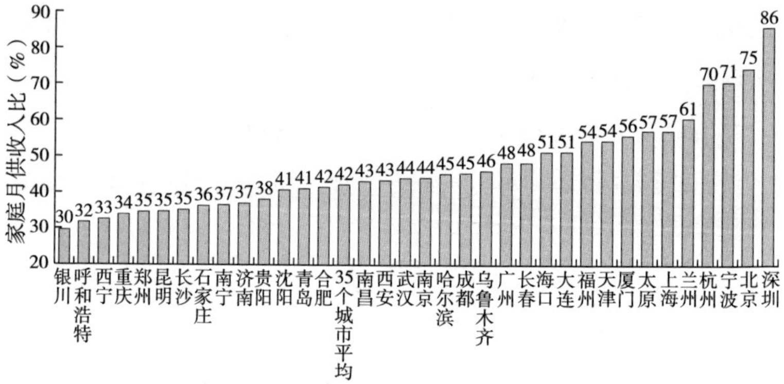

图21　一二线城市家庭月供收入比高，更应该扩大保障性住房在整个住房市场中的比例

资料来源：CEIC，中金公司研究部。

需求方面：加大金融支持力度。世界上绝大部分国家都把信贷支持作为来提高低收入者住房支付能力的重要手段。不管是直接买房补贴、租金补贴，还是低首付、低息甚至零利率贷款，或政府为购房者提供住房抵押贷款的担保，对中低收入家庭的购房或者租房需求提供了有力的资金支持。我国目前的公积金制度就是立足于解决居民的住房问题，但作用没有得到最大程度上的发挥，未来应该更加充分发挥公积金的作用。甚至可以设想把养老金与公积金结合管理，年轻时买房，年老时养老，从而解决人生的两大重要问题。

表4　中等收入以下的家庭无力承担商品房

		最低收入户	低收入户	中等偏下户	中等收入户	中等偏上户	高收入户	最高收入户
2011年户均年收入（元）		25 804	37 604	47 801	60 460	77 587	100 784	163 085
2011年户均月收入（元）		2 150	3 134	3 983	5 038	6 466	8 399	13 590
全国商品房住宅均价（元/平方米）	5 495							
贷款金额（元）	346 185							
月供支出（元）	2 331							
家庭月供收入比		108%	74%	59%	46%	36%	28%	17%

* 基本假设：购置房屋每套90平方米；首付3成，20年按揭；5～30年商业贷款利率为6.55%，八折后为5.24%

资料来源：Wind，中金公司研究部。

表5　假设50%的月供收入比，不同收入水平的家庭可承担的房价

		最低收入户	低收入户	中等偏下户	中等收入户	中等偏上户	高收入户	最高收入户
2011年户均年收入（元）		25 804	37 604	47 801	60 460	77 587	100 784	163 085
2011年户均月收入（元）		2 150	3 134	3 983	5 038	6 466	8 399	13 590
家庭月供收入比	50%							

续表

		最低收入户	低收入户	中等偏下户	中等收入户	中等偏上户	高收入户	最高收入户
可支付的月供（元）		1 075	1 567	1 992	2 519	3 233	4 199	6 795
可贷金额（元）		159 690	232 715	295 818	374 160	480 154	623 706	1 009 264
可承担住宅价格（元/平方米）		1 774	2 586	3 287	4 157	5 335	6 930	11 214

* 基本假设：购置房屋每套 90 平方米；首付 3 成，20 年按揭；5～30 年商业贷款利率为 6.55%，八折后为 5.24%

资料来源：Wind，中金公司研究部。

廉租房

定位

廉租房对应的应该是最低收入家庭。最低收入家庭对居住的要求很低，也最容易提升满意度。考虑到未来城镇化的发展，初来城市的农民工根本无力购买住房，这部分人的住房需求也应该通过廉租房来解决（图 22）。

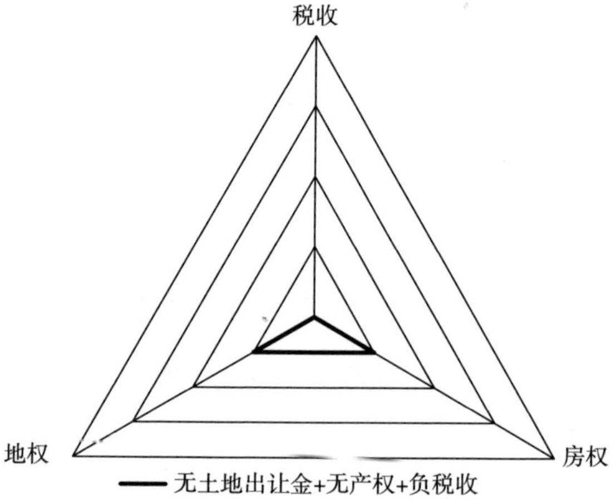

图 22　廉租房所有者为政府，目标是最低收入家庭

资料来源：中金公司研究部。

廉租房应该属于“无土地出让金+无产权+负税收”的组合。廉租房的土地和建设资金均由政府提供，因此所有者为政府。负税收，即保障补贴，可分为实物配租和租金补贴，主要以实物方式，结合发放租赁补贴。实物配租是指以政府核定的低租金租赁给城市最低收入家庭，只租不售。租金补贴是指对目标人群发放补贴。

必要性

配合我国城镇化进程。与老一代农民工不同，新生代农民工更倾向于留在城市。所谓新生代农民工主要指80后的农村劳动力，他们目前已经占到外出农民工总数的58.4%，将逐渐成为外出农民工的主体。他们大多没有从事农业生产活动和经验和技能，因此即使经济形势波动，就业形势恶化，新生代农民工也很少会返乡务农。他们脱离农业生产和向城市流动已经成为一个不可逆转的过程。新生代农民工最大的需求就两个：一是工作，二就是家。通过廉租房的模式可以有效解决农民工的住房问题。

维护社会稳定。解决最低收入人群的居住问题，对维护社会稳定意义重大。

政策建议：增加供给是关键

立法支持，加大供给。廉租房与经济适用房还有所不同，廉租房土地和建设资金均由政府提供，因此廉租房成为对资金需求最迫切的保障性住房，如果资金投入不足，廉租房所受影响最大。大力建设廉租房，资金投入和土地分配都要落实。

把流动人口纳入保障。随着我国各城市间以及城乡间人口流动性的加强，城市中外来务工者和农民工的住房需求由于在保障范围外而得不到满足，仅仅是“有本地户籍的城镇人口”的保障范围将逐渐不能适应社会的变化。当低收入的流动人口租住的偏远地区的廉价房屋由于城市化进程推进或者修建保障性住房拆迁后，这部分人群被迫移居更远的郊区，推动郊区房租的上涨，居住条件进一步恶化。因此，惠及非当地城镇户口的保障将是未来保障性住房发展的方向。

住房结构

过去十年，商品房大步向前，而保障性住房原地踏步。房地产商品化以来，商品房市场迅猛发展，不仅成为中国经济发展的支柱产业，也解决了众多中高收入人群住房需求（图 23）。但同时，保障性住房发展却停滞不前，遗留了面对中低收入人群的保障性住房欠账。保障性住房建设从 90 年代中期后开始推行，到 2000 年达到增长高峰，之后五年出现较大萎缩，2005 年开始几乎停滞，直到 2010 年才再次重启，这和迅猛发展的商品房市场形成“冰火两重天”的对照局面（图 24）。

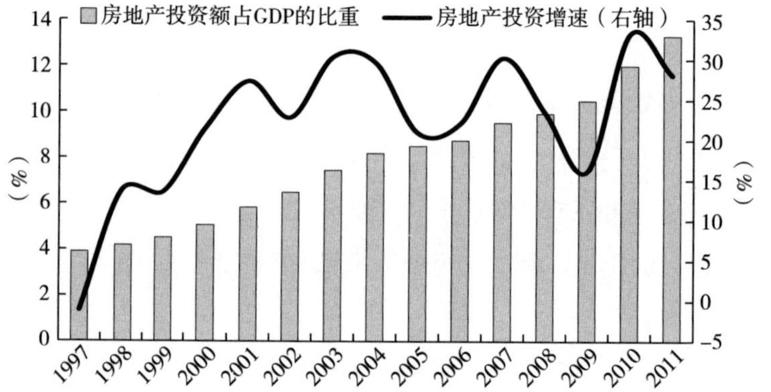

图 23　商品化以来，商品房市场迅猛发展，成为中国经济发展的支柱产业

资料来源：CEIC，中金公司研究部。

从土地供应计划来看，商品房与保障性住房比例为 7∶3。近三年国土资源部公布的土地供应计划中，商品房建设用地为主要供应对象，商品房平均占比 66%，保障性住房平均占比 34%。在保障性住房建设用地中，经济适用房和两限房占 10%，棚户区改造占 17%，廉租房占比最少，仅占 4%（图 25）。

从存量住宅类型来看，商品房与保障性住房比例为 9∶1。根据测算，保障性住房套数在住宅存量市场的占比不到 10%。由此推断，目前住宅市场中高达 90% 以上的人通过商品住房解决居住问题，而保障性住房供应量不到十分之一。若以整个收入阶层中最低

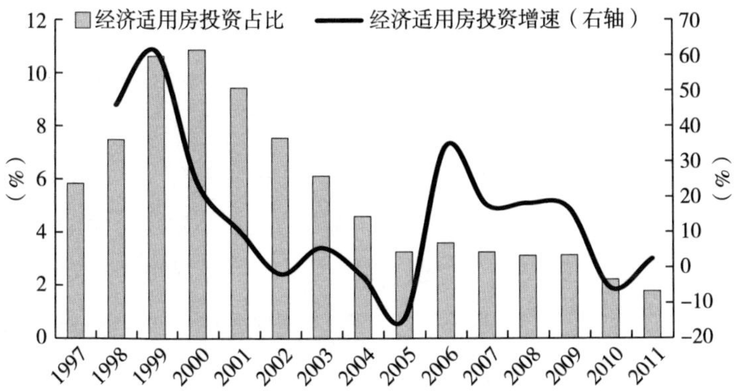

图 24　2005 年以来经济适用房的建设几近停滞，投资占比持续下降

资料来源：CEIC，中金公司研究部。

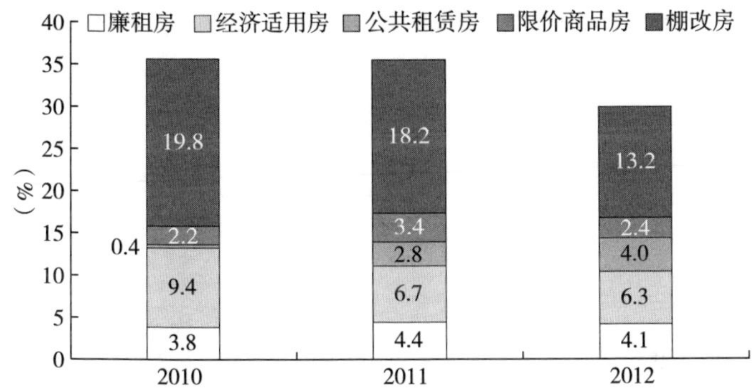

图 25　近三年土地供应计划中保障性住房和商品房比例

资料来源：国土资源部，Wind，中金公司研究部。

30% 的家庭作为保障对象，在这部分人群中，也只有不到三分之一的人能享受到住房保障。

我国目前住房市场发展存在的问题与不足已在上文详细分析，这里我们做一个简单的匡算。依据统计局公布的 2011 年不同收入阶层家庭的年收入，我们匡算在目前全国商品房住宅均价水平下的家庭月供收入比，可以看到中等收入之下的家庭对商品房住宅根本没有承受能力。如果假设所有家庭的月供收入比都是 50%，那么中等收入之下的家庭可承受的房价不能超过 4 000。一句话概括就是“商品房价格高，买不起；保障性住房供给少，买不到”，这离

“居者有其屋”的目标还有一定的距离。

政策建议：因地制宜地加大保障性住房建设。商品房和保障性住房之间的占比根据各省市，各地区居民支付能力的不同要适当调整，不可使用一个比例一刀切。商品房和保障性住房的建筑区域不可过度分离，或者通过城际交通和城内交通有效连接。例如，商品房聚集的小区也要配置一定的保障性住房，如需要考虑到家政人员、周围商圈服务人员的居住。另外，在经济适用房和保障性住房周围，也要考虑教育和医疗的需求。

结 语

住房制度的设计和实施是一个长期的系统工程，除了我们上述分析的地权、房权和税收三个核心变量，还包括土地供应、货币政策、信贷政策、房地产调控政策等方方面面的各种经济结构变量。例如，土地供应的加大会降低土地出让金的价格，从而影响住房制度对地权的设计；宽松的货币政策或者对地产商的信贷政策会增加地产商建房的意愿，房屋供给的增加对房价有向下的作用力，从而影响着住房制度对房权的设计。这些因素对住房制度的设计也有影响，但是由于它们的变化是一个中长期的过程，因此我们将它们作为上述理论模型的背景因素，当发生重大变化时，就需要重新审核所设计的住房制度的有效性，以及对地权、房权和税收三因素进行调节的必要性。

从长期来看，我国的住房制度将经历从政府加大介入力度到逐渐退出的过程。从我国目前住房市场的情况来看，政府在被动应对住房问题。在未来的一段时间，我国的住房制度应该侧重于通过对土地出让金、房权以及税收（补贴或金融支持）方面的设计解决广大中等收入和中低收入人群的住房问题，提高住房市场中保障性质住房的占比。从更长的时间来看，政府应该逐渐退出住房市场，让市场机制解决住房问题。

第六部分

全球货币体系大调整

全球货币体系第三次寻锚

导读

自2008年爆发全球金融危机以来，尽管许多国家在货币政策、财政政策等方面尽了巨大努力，有些国家不惜将货币政策用到极限，全球经济仍然复苏乏力，一些货币大幅度贬值，不少国家面临巨大通缩压力。在全球金融层面的根本原因是基于1985年《广场协议》和之前美联储主席保罗·沃尔克强力去通胀形成的全球货币之锚（或布雷顿森林体系2.0版）难以为继。

全球货币需要寻找新的锚。以史为鉴，研究1929年开始的全球货币体系第一次寻锚和1971年开始的第二次寻锚，对于分析自2008年开始的全球货币调整有重要的参考意义。全球货币体系大约每四十年经历一次寻锚小周期，每八十年经历一次寻锚大周期。经过共同努力，全球货币可能迈向布雷顿森林体系3.0版——全球合作共赢。中国在此轮全球货币体系调整中可以有所作为。

2008年金融危机已经过去了七八年，全球经济仍然面临严重、持续的低增长和低通胀。发达国家、发展中国家的增长前景都不容乐观，若干新兴国家，如巴西、俄罗斯在2015年更是陷入了金融

* 原文发表于2016年《比较》第85辑。作者感谢余永定、张涛、张宇燕、张幼文、张斌、张明、王庆、钟伟等在上海新金融研究院、CF40年会、世界政治与经济研究所等研讨会上的讨论和建议，感谢邵滨鸿、崔秀梅、刘刚和王慧的帮助。

危机。七年多来，为了应对危机，各个国家都在货币政策、财政政策等方面尽了巨大努力，有些国家甚至实行负利率，把货币政策用到了极限。然而，全球增长依然乏力，通胀预期低迷，资产价格剧烈波动。今年年初以来，全球经济和市场的风险反而有进一步累积和升级的势头，全球陷入新一轮乱局。

深层次分析看，全球货币体系出现新一轮乱局并非偶然。除了由于经济周期的不同步导致全球资金从新兴市场向发达市场的再配置和再平衡外，从更长期的视角和更大的格局来看，由于当前全球货币体系明显失衡，缺乏稳定投资预期、通胀预期和资产价格的锚，具体表现为前期美元大幅升值和新兴市场汇率大幅下跌，同时全球通胀下行、通胀预期持续低迷。自 2008 年危机开始，全球货币体系也不自觉地开始寻找新的锚。

基于国际货币体系的演进历史分析，全球货币寻锚的周期大约是每四十年一次。寻锚的过程必定是痛苦的，而寻锚之后约有二十余年的经济繁荣周期。始于 1929 年的第一个周期以布雷顿森林体系的建立为标志，始于 1971 年的第二次寻锚建立了以美元为主导的、没有金本位的布雷顿森林体系 2.0 版。2008 年的全球金融危机对全球货币体系的第三次寻锚提出了新的挑战和机遇。

大萧条、第一次寻锚和布雷顿森林体系的兴衰

二战后，美国作为当时全世界最大的经济体（1945 年美国 GDP 占全球 50%）及最大的黄金储备国（1945 年美国黄金储备占全球 70%），替代英国成为全球货币和金融体系的领导者。在美国的主导下，1944 年开始建立了布雷顿森林体系。如果以 1929—1971 年为第一个周期，其中寻锚调整期耗时 16 年，寻锚完成后，全球经济的复苏和繁荣持续了 26 年。

了解布雷顿森林体系从建立、解体到再平衡的整个过程，对于我们理解当前状况、思考未来的应对和解决方案有重要的参考意义。

美国主导建立以美元为中心的布雷顿森林体系

1944 年，随着二战基本结束，全球 44 个同盟国聚集于美国新罕布什尔州的布雷顿森林，商议重建国际金融秩序，以恢复国际金融稳定。《布雷顿森林协议》的基本精神是要促进国际贸易、推动经济增长。为此，该体系的建立主要围绕以下几个目标。

第一，保持汇率稳定，避免竞争性贬值。19 世纪 20 年代至 30 年代大萧条期间，各国推行“以邻为壑”的竞争性贬值政策，试图促进本国贸易出口，率先从危机的泥潭中拉出。然而，这样的政策不仅激化了国家间的矛盾，还导致了全球贸易总额的大幅收缩，加剧了全球总需求的下滑和通缩压力。对此，布雷顿体系设计的一个重要目的是制止这种“以邻为壑”政策的可能性。

第二，实施资本控制。大萧条期间，投机性资本流动对各国的经济造成了不小的负面影响。布雷顿体系的设计者希望实施资本控制，对金融账户可兑换性进行限制。

第三，促进经常账户可转换。这一要求源于美国的战略需求。20 世纪 20 年代至 30 年代，英国与英联邦国家之间达成协议，各英联邦国家对英国有顺差时，均将资金存入伦敦，也即英联邦在与英国的贸易中面临经常账户不可转换，资金只能留在英国。由于担心二战结束后需求不足导致衰退，美国强烈要求实现经常账户可转换，以让英联邦国家积累的资金可以用于购买美国产品。

布雷顿森林体系的基本制度设计如下。

第一，美元与黄金挂钩。确定美元与黄金之间的平价为 35 美元每盎司黄金，美国保证随时以该平价购买或者出售黄金。

第二，其他国家货币与美元挂钩。其他国家按照各国货币含金量确定与美元的汇率。根据《国际货币基金协定》规定，各国货币兑美元汇率仅能在 1% 范围波动，各国有义务在必要时进行干预，以保证汇率波动在这一范围内。

第三，建立国际货币基金组织和世界银行。国际货币基金组织作为全球央行的“央行”，为暂时出现国际收支危机的国家提供储备和流动性，以帮助其走出收支危机，顺利恢复经济的外部均衡；同时也监督各国对布雷顿协议的实施。世界银行则主要为欧洲战后复兴提供贷款。

布雷顿森立体系的建立稳定了全球金融局势

全球货币脱离金本位之后在1944年找到的全球货币体系的第一个锚可以概括为“一极主导、一币挂金、体系创设、固定汇率、浮动目标”。一极主导即美国主导；一币挂金即美元与黄金挂钩；体系创设即创设布雷顿森林体系；固定汇率即其他国家的货币与美元实行固定汇率；目标浮动即通胀和增长等方面的政策目标均为浮动。

以1944年建立的布雷顿森林体系为中心，全球货币体系有了可以钉住的锚，并在战后相当长一段时间内促进了全球经济和贸易的复苏与繁荣。

首先，全球贸易恢复平稳增长。在布雷顿森林体系下，全球汇率风险降低，国际贸易环境得到了极大改善。1948年，全球出口额为580亿美元，到1973年这一金额已扩张至5 800亿美元，26年间总贸易额增长了10倍，复合增长率达到15.5%。

其次，全球经济增长更加平稳。币值稳定（汇率稳定，通胀降低）的背景下，全球经济增长更加平稳，周期性波动幅度明显减小。1945—1973年，美国实际GDP年增长率平均为3.7%，波动率为3.4%；而在布雷顿森林体系前的1910—1944年，其增长率平均值为4.1%，波动率却高达7.9%。全球其他主要经济体如英国、日本也呈现出同样的趋势。

再次，布雷顿森林体系运行近30年期间里，美国、日本等国家股市也以上涨为主。其中，美国标普500指数上涨了约6.2倍，年化收益率为7.1%；日本东证股价（Topix）指数则上涨约16.6

倍，年化收益率为12.4%。

布雷顿森林体系的固有缺陷："特里芬难题"

布雷顿森林体系的建立在特殊的历史时期对全球经济和资产价格都起到了很大的推动作用，但其与生俱来的固有缺陷随着时间的推移和外部环境的变迁开始逐渐凸显，即所谓的"特里芬难题"。

"特里芬难题"指一方面在布雷顿森林体系下，各国使用美元作为国际贸易结算和储备货币。为了向全球提供美元储备，美国必须长期保持贸易逆差。另一方面，美元作为国际储备货币的核心前提是美元必须保持币值的坚挺，这又要求美国保持贸易顺差，否则一旦外国持有的美元超过美国的黄金储备，将引发投资者对美元自由兑换黄金信心的动摇。这两个相互矛盾的要求成了布雷顿森林体系的固有缺陷。

从实施过程来看，在布雷顿森林体系建立前期，为帮助欧洲和日本等国家获取美元，美国先后在欧洲推出"马歇尔计划"，在日本推出"道奇计划"，为各国进口原材料等重建物资提供美元资助，帮助这些国家恢复出口能力，从而进一步获得贸易结算和储备所需要的美元。然而，在向外输出美元的同时，美国自身经常账户却大幅恶化，并导致了美国黄金储备占全球比重的迅速下滑，从布雷顿森林体系建立初的约63%下降至1973年的23%（图1）。

美国黄金储备的大量流失导致美元含金量下降，危及了市场对美元的信心。重要的转折点发生在1960年，当年美国的国外货币债务首度超过其黄金储备；随后，美国对外国官方机构的负债也超过其黄金储备。"特里芬难题"对美元能否兑换黄金的担忧就此成为现实。

徒劳的抢救和布雷顿森林体系的瓦解

自1960年美国的国外货币债务首度超过其黄金储备以来，美

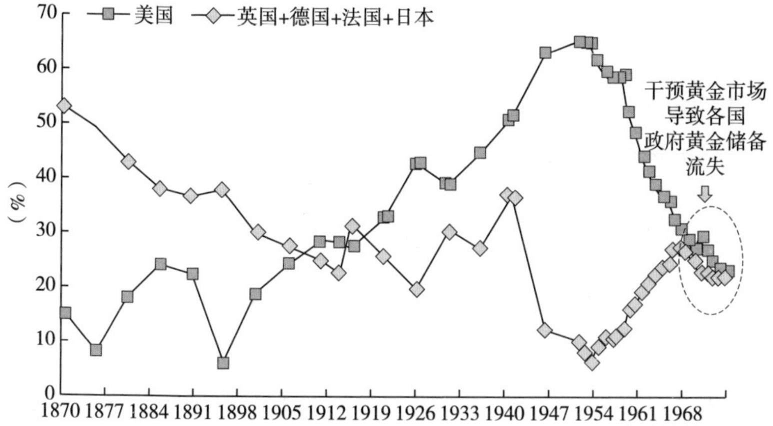

图 1　各国政府黄金储备全球占比

资料来源：彭博，Haver 和中金公司研究部。

元危机愈演愈烈。尽管时任美国总统肯尼迪花了近十年时间，采取了很多措施来试图修补和挽救布雷顿森林体系，但事后证明一切仍是徒劳。

第一个努力措施是建立伦敦“黄金池”。面对金价的上涨压力，为保持美元黄金平价，并防范耗尽美国自身黄金储备的风险，美国政府联合英国、德国、法国、意大利等八个主要工业国于 1961 年 10 月在伦敦建立“黄金池”。该黄金池由英格兰银行代理，在伦敦进行操作，买卖黄金的价格维持在 35 美元/盎司的水平。美国承担黄金池中黄金的一半，而其他各国共同承担另一半。这一安排在一定程度上有助于缓解美国的黄金流失压力。

然而事情的演变却事与愿违。黄金池中的黄金一直在流失。美国对越南战争的升级导致财政支出增加，以及约翰逊总统“伟大社会”计划引发的美国国内通胀上升则进一步增加了黄金的流失压力，以至于法国总统戴高乐在 1967 年甚至声称要将法国存放在美国的黄金运回巴黎。

除黄金池外，美国还围绕改善经常账户、鼓励外国资金流入和限制本国资金流出等方面展开了一系列其他维护布雷顿森林体系的努力。然而，这些努力均是治标不治本，并没有从根本上解决特里芬难题。直到1971年8月，尼克松政府关闭黄金窗口，停止向各国央行和政府以35美元平价兑换黄金，允许美元脱钩黄金，正式宣告了布雷顿森林体系的解体。

大滞胀、第二次寻锚和大稳健的兴亡

1971年美国放弃美元与黄金挂钩，开启了第二次全球货币体系的大调整和第二次寻锚。如果以1971—2008年为第二个周期，此次大调整也持续了16年，直到新的全球货币秩序，以美元为主导的、没有金本位的布雷顿森林体系2.0版的建立。此后，全球经济步入了又一个黄金增长21年。中国的改革开放也得益于这二十余年的相对稳定的外部经济和金融环境。

全球滞胀：经济下滑、通胀高企、资产价格下跌

1973年，国际金融体系正式进入浮动汇率时代。之前高估的美元由开始的渐进贬值以寻找均衡，逐步发展为趋势性大幅贬值，美元指数由120降低至85左右，贬值幅度达29%，部分是反映对之前美元高估的纠正。

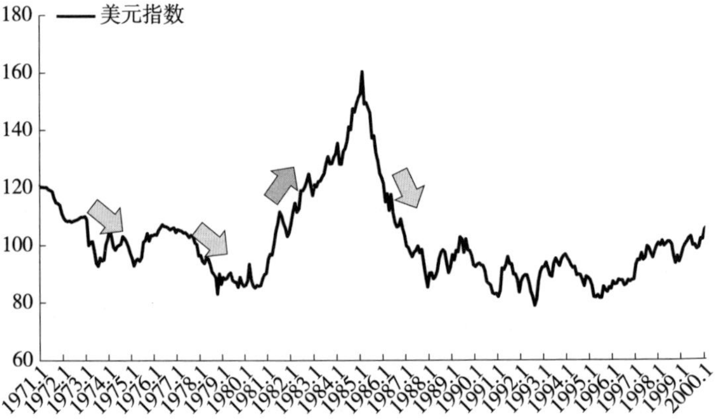

图2　美元指数的波动

资料来源：彭博，Haver和中金公司研究部。

美元的大幅波动和震荡使全球货币体系陷入了“无锚”的动荡时期，这对于当时全球经济和资产价格都产生了严重的冲击。美元的贬值不仅直接导致了大宗商品价格的迅速攀升，再叠加石油危机的冲击，推动了各国通胀水平大幅上扬，全球通胀预期的锚也开始动摇。在动荡的经济环境中，全球资本市场也表现疲软，美国、日本、德国等主要工业国家股市陷入长时间波动和低迷状态（图3）。

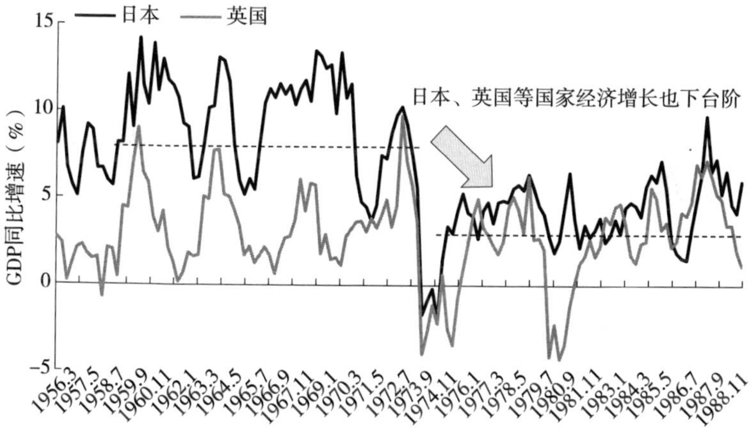

图3 日本、英国GDP同比增速

资料来源：彭博，Haver和中金公司研究部。

与此同时，汇率波动、通胀高企导致居民资产配置从股票转向房地产，从而推动了房地产市场的繁荣，并最终造成了不小的麻烦。以美国为例，由于银行过度冒险、监管不力等原因，发生了银行危机（尤其是储贷协会危机较为严重，在危机中储贷协会大规模倒闭，最后美国政府投入大量公共资金，用于处理储贷协会留下的坏账等问题）。当1991年美国房地产市场全面放缓时，美国银行业由于受到冲击，面临资本充足率压力，选择紧缩信贷，最终导致美国陷入经济衰退。

汇率再平衡：《广场协议》和《卢浮宫协议》

问题的解最终是通过稳定汇率和治理通胀双管齐下。在汇率方面，通过《广场协议》和《卢浮宫协议》，以日元、马克大幅升值为代价，逐渐让美元与其他主要国家货币的汇率稳定下来。

1985 年，针对过于强势的美元造成的美国贸易逆差大幅增长，五国集团财政部长和央行行长在纽约广场饭店举行会议，达成五国政府联合干预外汇市场，诱导美元兑主要货币汇率有序贬值，以解决美国巨额贸易赤字的问题。

《广场协议》力图改善美国、日本等大国间巨大的外部失衡状况。其具体要求包括：一是各国尽力实现无通货膨胀基础上的均衡增长。二是削减公共开支，降低政府需求占比，将经济增长方式转化为以内需和民间投资为主，而非过分依赖外需。三是促进金融自由化、汇率弹性化，主张各国汇率应当充分反映各国经济基本面。最后也是最为重要的一条，是关于汇率调整。协议认为，日本、德国，尤其是日本，应当密切关注本国货币政策，实现日元汇率自由化，使得日元汇率能够反映其强劲的经济增长基本面力量；而美国则应当力争降低财政赤字。

两年后，七大主要工业国（G7）财政部长和央行行长再度在巴黎卢浮宫达成协议，一致同意在国内政策和外汇市场干预两方面加强协调合作，抑制美元跌势，保持美元在当时的水平上基本稳定，史称《卢浮宫协议》。具体来看，国内政策方面，协议要求日本和西德等国继续刺激国内需求，减少对外部需求的依赖，而美国进一步减少财政赤字，从而实现基本面上的外部平衡。汇率方面，协议要求 G7 国家加强外汇市场“干预协调”，秘密保持美元兑日元和德国马克汇率非正式浮动区间，如果汇率波动超出预期目标 5%，则各国要联合干预。

《广场协议》和《卢浮宫协议》最终使得美元币值稳定，在整个 90 年代美元汇率波动明显下降，再度实现了全球汇率和国际货币体系的再平衡（图 4）。

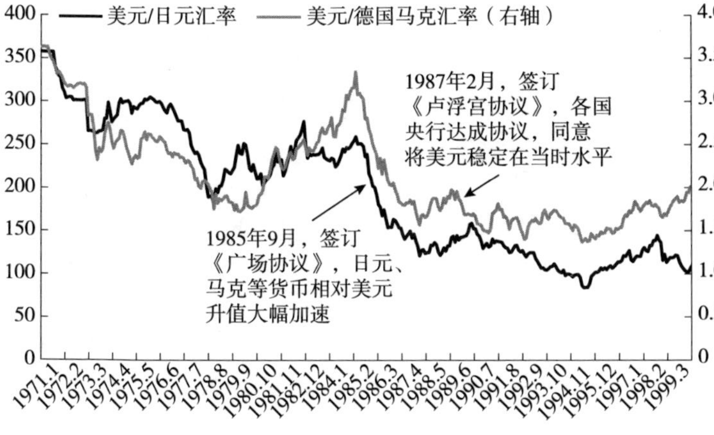

图 4　美元/日元汇率、美元/德国马克汇率

资料来源：彭博，Haver 和中金公司研究部。

通胀预期再平衡：沃尔克强力抑制高通胀

解决了汇率问题，接下来还有通胀预期问题。美国通胀水平在 1980 年 3 月一度攀升至 14. 8% 的高位，经济陷入滞胀危机。时任美联储主席沃尔克从 1980 年下半年开始，在短短 5 个月内紧缩货币供给，连续加息使得联邦基金利率从 9. 5% 大幅飙升至 20% 。利率的大幅飙升对经济和就业市场造成巨大冲击，美国失业率在 1982 年 12 月达到 10. 8% 的高点，为二战后的最高水平。但最终，紧缩性货币政策取得了卓著的效果，1983 年 7 月，美国的通胀水平已经大幅回落至 2. 5% 的低点，而其他主要工业国家的通胀也被基本稳定（图 5）。

全球货币体系新秩序：全球经济进入“大缓和”时期

1987 年找到的全球货币体系的第二个锚可以概括为“一极主导、多币无金、体系演化、浮动汇率、通胀目标”。一极主导即美国主导；多币无金即以与黄金脱钩的美元为主，其他 G5 发达经济国家货币参与；体系演化即布雷顿森林体系退化为布雷顿森林体系 2. 0 版；浮动汇率即其他国家的货币与美元实行浮动汇率；通胀目

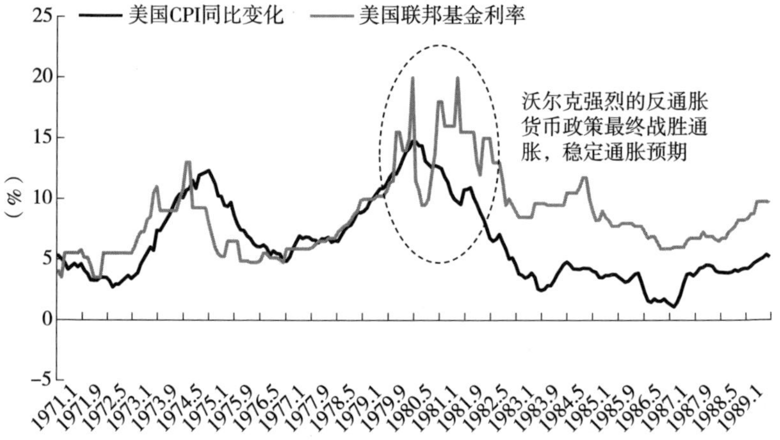

图5　美国 CPI 同比变化和美国联邦基金利率

资料来源：彭博，Haver 和中金公司研究部。

标即实行货币通胀目标制，但其他政策，包括增长和金融稳定等方面无目标。

第二次锚找到之后，带来汇率和通胀预期的锚定与再平衡，使得美国经济进入“大稳健”时期。在这一时期，全球经济维持了较低的通胀水平，较高的经济增长速度，经济波动却极大降低（图6）。

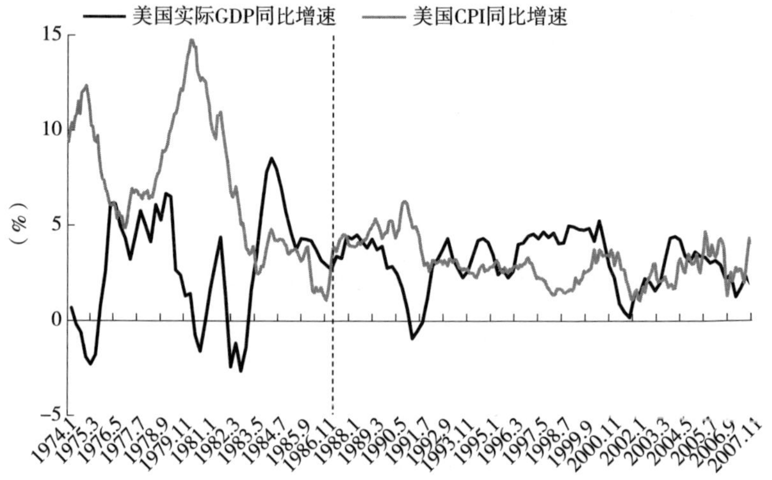

图6　美国实际 GDP 同比增速和美国 CPI 同比增速

资料来源：彭博，Haver 和中金公司研究部。

随着通胀大幅下行，美国等主要工业国家长端利率也进入长达30年的下行周期。1981年高点时期，美国10年期国债收益率曾经高达16%，而近期却一度触及1.7%左右的低位（图7）。

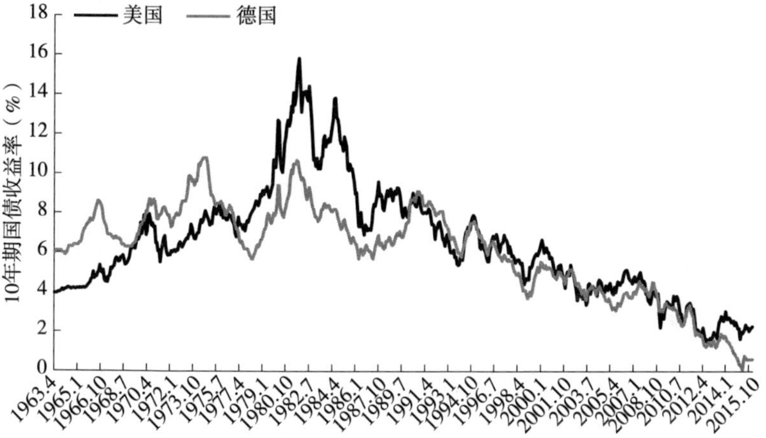

图7 美国和德国10年期国债收益率

资料来源：彭博，Haver和中金公司研究部。

无风险利率下行推动了债券市场和股市的繁荣。自1983年通胀见底以来，美国的标普500指数、日本Topix指数以及德国Dax指数的等主要工业国家股指大幅上涨。其中，标普500指数从1983年初的约140点，一路上涨至2000年中的约1 500点，上涨超过10倍；而德国DAX指数则从约550点上涨至2000年中的7 200点左右，涨幅超过12倍。

另一方面，随着居民风险偏好的重新提升，居民资产配置也重新转向股市。美国居民资产中股票和共同基金占比从1982年6%的低点持续回升，至2000年初已经高达25%，超过了布雷顿森林体系后期1968年21%的1954年以来历史高点。

在全球汇率和通胀预期再平衡的过程中，日本在货币大幅升值后陷入了资产泡沫。由于担心日元升值对本国经济的负面冲击，日本央行在《广场协议》后选择迅速、大幅地降低贴现利率，导致市场流动性泛滥，过剩的资金急需寻找投放场所。而另一方面，经过战后的发展，日本城市化率在 80 年代已经达到 77% 左右，城市化基本完成，经济增长面临模式转换，实体经济一时难以吸收过剩的流动性，最终这些资金涌入房地产和股票等资产，导致资产价格泡沫。

在 1989 年，面对疯狂上涨的日本股市和房地产价格，日本央行持续加息试图抑制泡沫，结果却以泡沫的突然破裂收场。由于日本独特的银行和企业关系体系，以及泡沫前期企业以大量房地产作为抵押，泡沫破裂后，大量日本企业陷入困境，并将银行拖垮，最终日本经济陷入长期衰退。

大危机、第三次寻锚和大调整

2008 年爆发了百年一遇的全球金融危机。七年多来，各个国家为了应对危机在货币政策、财政政策等方面尽了巨大努力，但全球经济仍然复苏乏力，尤其是今年年初以来，全球经济和市场的风险反而有进一步累积和升级的势头。究其根本原因，可能是全球货币体系锚的缺失。如果不找好锚，全球经济恐怕非二十年难以恢复，其中蕴含的巨大风险和带来的政治、社会、经济、甚至生命代价将无法估量。

全球增长乏力、通胀低迷、政策效用递减

金融危机以来，虽然主要的发达和新兴市场国家都推出了包括大规模资产购买和维持极低利率水平的宽松货币政策，以及积极的财政和产业政策（如日本“安倍经济学”和中国“四万亿”刺激计划等），但全从球范围来看，经济增长依然缺乏明显起色和亮点。

发达市场中，虽然美国经济处于相对稳健的复苏通道，且增长确定性高于全球其他主要经济体，但目前相比其潜在产出水平依然有明显缺口，有进一步提升的空间。欧元区在逐渐摆脱“欧债危机”影响后，近期在欧央行宽松货币政策的推动下，经济呈现出一

些底部企稳的迹象，但复苏趋势尚不稳固，潜在产出的缺口依然处于历史低位附近。日本经济则受上调消费税等因素的拖累，短期增长重陷衰退困境和通缩边缘，产出缺口依然为负，“安倍经济学”改革任重道远，能否成功激发经济长期增长潜力还有待验证。

新兴市场目前面临的挑战则更为严峻。美联储开启加息周期将加剧资金外流的趋势，给新兴市场本币汇率带来很大的贬值压力。除此之外，在新兴市场普遍存在的高杠杆问题叠加经济增长放缓可能会使得偿付压力更为突出，而由此带来的债务清偿或使经济有进一步的下行压力，并加剧通缩风险。

全球经济增长乏力，主要国家产出缺口依然为负，加之包括欧元区和新兴市场的主要经济体的去杠杆压力是决定全球通胀预期持续低迷的根本原因，而这一点对于欧元区和日本而言体现得更为明显。欧元区 2 月份 CPI 同比再度跌入通缩区间，而日本也依然在通缩的边缘徘徊（图 8）。

图 8　美国、日本、欧元区 10 年盈亏平衡通胀预期

资料来源：彭博，Haver 和中金公司研究部。

在去杠杆方面，全球范围的去杠杆进程尚未完成。美国的去杠杆进行得最为彻底。当前美国金融和非金融企业部门的杠杆水平相比 2008 年危机前高点也已经大幅回落。美国居民部门杠杆率（居民债务/GDP）约为78.4%，已经回到2003年的水平。未来，居民部门可能开启新一轮信贷扩张周期。欧元区的去杠杆进程则仍有很长的路要走。虽然金融和居民部门的杠杆水平较“欧债危机”时的高点已经有所回落，但仍处于相对高位；企业部门的杠杆水平甚至出现小幅提升（图9）。

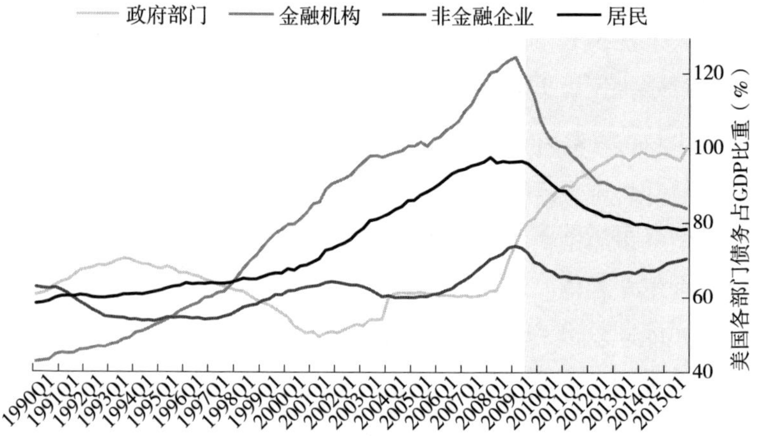

图9 美国各部门债务占GDP比重

资料来源：彭博，Haver和中金公司研究部。

金融危机后，全球主要央行纷纷开启了大规模的货币宽松政策作为应对，但八年过去了，整体上却收效甚微，因为单纯依靠货币政策无法解决结构性问题，这一点欧元区（财政与货币政策的不匹配导致债务危机频发）、日本（面临人口老龄化的长期结构性问题，其潜在产出从20世纪90年代以来呈下行趋势）尤为明显。因此，随着全球货币宽松的持续推进，我们发现货币宽松政策对经济和市场的边际效用都在递减。包括欧洲央行和日本央行在内的一些货币当局甚至推出了负利率的极端政策，但市场对于其可能带来的负面效果一直心存疑虑，特别是对银行板块的潜在冲击甚至导致了2016年2月份全球市场的一轮大幅抛售。全球金融市场对于负利率出乎意料的剧烈反应使得欧洲央行和日本央行在随后的货币政策中都开始再度从降息的价格型工具再度转向数量型工具。

与此同时，随着美国开启加息周期，而欧洲、日本和以中国为代表的多数新兴市场仍继续维持货币宽松，全球主要央行货币政策的分化态势将进一步加剧。这一方面会加剧新兴市场在货币政策工具和窗口选择上的复杂性，即汇率和利率政策上面临两难境地；另一方面，美联储加息进程的推进可能导致全球流动性拐点的出现。

在全球流动性边际上可能迎来拐点的背景下，新兴市场可能面临日益加大的流动性压力，前期持续的资金流出和本币汇率贬值都是例证，一些国家如阿根廷、阿塞拜疆以及埃及在资金流出压力下已经放弃了固定汇率制度，导致本币大幅贬值。在整体新兴市场中，财政和经常账户赤字、高度依赖外部资金（外债比例较高）、风险抵御能力差（外汇储备不足）以及依赖能源出口的国家可能会受到更大的冲击。

全球货币体系必须开始第三次寻锚

除了由于经济周期的不同步导致全球资金从新兴向发达市场的再配置和再平衡外，从更长期的视角和更大的格局来看，是由于当前全球货币体系和通胀预期都明显失衡，缺乏稳定的投资者预期和资产价格的锚，具体表现为前期美元大幅升值和新兴市场汇率大幅下跌，同时全球通胀下行，通胀预期也持续低迷。这与上一次全球货币体系寻锚时出现的全球汇率的大幅波动以及全球通胀水平大幅度回落有所类似（图 10）。

汇率方面，当前全球的汇率和货币体系依然处于比较脆弱的状态，距离达成新的平衡还有很长的路要走，特别是美元和人民币汇率的潜在波动，对于全球市场都有牵一发而动全身的效果。

通胀预期的失衡是导致当前全球货币和金融体系乱局的另一个主要因素。这与 20 世纪 70 年代布雷顿森林体系解体之后，全球范围通胀大幅飙升的情形如出一辙，只不过目前是全球通胀下行、通

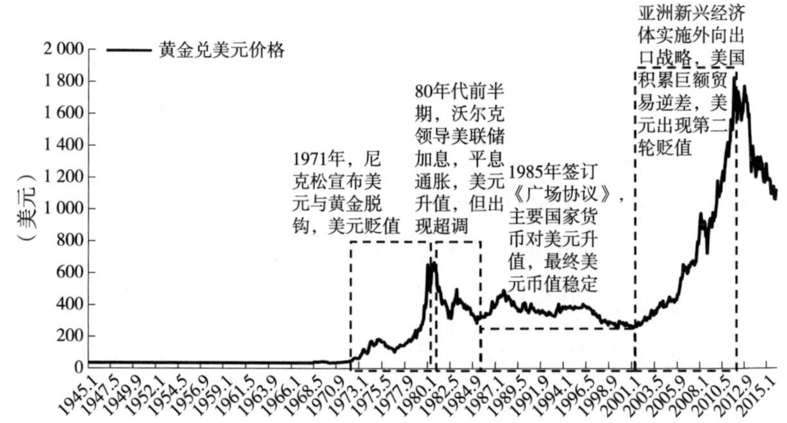

图 10　黄金兑美元价格波动

资料来源：彭博，Haver 和中金公司研究部。

胀预期低迷，与当时呈完全相反的“镜像关系”。

全球持续低迷的通胀预期，甚至一些国家陷入通缩后主要有以下一些主要影响。

一是加重政府、居民和企业各部门的债务负担。价格的持续下行，从实际价值的角度分析，相当于加重了债务在未来的偿付成本。而在经济放缓、收入下降导致偿债能力下降的背景下，会进一步放大偿债压力，甚至引发银行坏账的大幅度累积。

二是根据费雪的“债务—通缩”理论，一方面过度负债会引发通货紧缩，而另一方面，通货紧缩引发的实际利率上升又会反过来作用于债务，加重实际的债务负担，导致更多债务清偿，进而加剧经济的放缓甚至导致衰退。

三是从对需求端的影响来看，通胀下行甚至陷入通缩将对居民消费也将带来负面影响。通缩等于推升实际利率，进而导致家庭借贷成本上升，因此家庭消费能力受到限制。另外，在通缩环境下，由于消费者预期未来产品价格下降，因此会导致当期消费意愿降低。

四是对于企业而言，通缩环境也会拖累企业投资。产品价格走低以及由此带来的需求下降，将会影响企业的投资意愿，进而反过来进一步拖累经济活动。

如何寻找全球货币体系的新锚

第一，全世界主要国家的汇率必须稳定下来。正如20世纪80年代《广场协议》成功稳定了美元汇率，本次依然需要达成类似的协议，通过各国央行协作以实现全球汇率的稳定与再平衡，而其中的关键将是中美两国（G2）。当时的《广场协议》和《卢浮宫协议》，是发达国家五国集团（美国、日本、德国、法国、英国）谈判的结果，中国和其他新兴市场国家都没有真正参与其中。2016年的G20峰会在中国举行，上海刚成功举行了一年一度的G20财政部长和央行行长会议。新的协议应该在20国集团的框架下开启谈判，可以从上海作为起始点，或许将来可以达成《上海协议》。

中国是全球第二大经济体，也是新兴市场国家的龙头。中国是全球最大的出口国，也是美国最大的贸易逆差来源国，具有与美国一起左右全球货币体系的能力。从贸易结算来看，虽然目前人民币贸易结算中币种尚小，但是上升势头很快。人民币汇率已经不仅是中国的题目，而且是全球的题目。人民币汇率的策略必须在全球构架下探讨，与美元、欧元、日元以及其他相关发达国家和新兴市场国家汇率通盘考虑，积极利用与全世界相关国家的汇率谈判这一重要工具。而且2016年中国是G20轮值主席国，中国理应有所作为。

第二，必须解决全世界都面临的巨大通缩压力。80年代美国和全球主要发达国家面临的是滞胀问题：高通胀、低增长，美联储的强力紧缩货币政策有效，需要沃尔克那样的强人来执行。现在美国和其他发达国家、广大新兴市场国家面临的共同问题是通缩压力、需求不足，不少国家杠杆率居高不下，经济复苏乏力，不可能靠美联储更大力度的继续宽松来解决问题。要真正解决全球通缩问题，需要全球主要央行联手行动，同时需要积极的财政政策和结构改革、供给侧改革与央行行动配合。在通货紧缩的背景下，有必要进一步提高财政赤字，增加需求，提升投资，影响理性通胀预期向良性方向发展。全球有可能实现央行与财政的有效配合，同时央行和财政都还有不错的政策空间的国家和地区不多，中美两个大国是其中的佼佼者。

中国的优势是储蓄率依然处于高位，且政府债务水平不高，足以支撑进一步的财政扩张。财政政策要积极到位，才能拉动总需求。有财政政策的空间，如果缺乏财政政策和货币政策的协调，也无法实现；即使财政政策和货币政策可以协调，如果没有对外的汇率稳定也做不成。难度相当之大。

完成了这两件大事，才有希望过渡到新的全球货币锚。但是，如果这两件大事都不能完成或只能完成其中一件，那么我们或许将不得不继续在黑暗中行走，且可能走不出全球货币和金融体系的“黑森林”。此次危机被称为百年一遇的危机，而上一次百年一遇的危机是大萧条，最后以二战的方式解决，全球真正完成经济复苏是1960年。如果这个问题解决不了，或许战争都难以避免。所以，全世界主要国家的汇率必须稳定下来，并通过联手行动解决通缩问题，一起走出“黑森林”。

结语：把握寻锚的大机遇

全球货币脱离金本位之后，1944年找到的全球货币体系的第一个锚为“一极主导、一币挂金、体系创设、固定汇率、浮动目标”，1987年找到的全球货币体系的第二个锚为“一极主导、多币无金、体系演化、浮动汇率、通胀目标”。

全球货币体系的第三个锚可以概括为“为多极联手、多币无金、体系改进、浮动汇率、增加目标”。多极联手即美、中、欧多极联手；多币无金即以美元、少数发达经济国家货币、人民币为主，其他新兴市场国家货币参与；体系改进即改进布雷顿森林体系2.0版，改革全球货币和金融体系协调和治理结构，提升新兴市场国家的参与领导；浮动汇率即各国之间实行浮动汇率；增加目标即在货币通胀目标制外，增加经济增长目标和金融稳定目标。

锚不是简单的金本位概念，并不是说有金本位就有锚，全球货币体系也不可能再回到金本位。锚有更广义的概念，要满足对内稳定通胀预期，对外稳定大国之间的汇率。在这样的前提下，全球经济方能繁荣，世界各经济体才能比较齐心协力推进全球化。如果没有锚，各国只想着解决自己的问题，全球经济就会从贸易全球化、金融全球化的轨道上倒退。一些外国政治家就会短视，为了解决本国的就业和通缩问题，不惜把责任推到其他国家。第一步在经济政策上推行以邻为壑的汇率政策；接下来，经济问题变成政治问题，政治问题变成地区冲突问题，地区冲突问题变成世界大战性质的问题。这类风险在1929—1944年期间爆发。

新的锚不大可能只是依靠大稳健时期的通胀目标制，回到单一货币政策目标无法完成此任。除了稳定通胀预期是原有的通胀目标制的功能外，新的锚也必须基本稳定大国之间的汇率，虽然不需回到固定汇率制。同时，新的锚还必须支持经济增长，维护金融体系稳定。从这个意义上讲，锚不可能回到黄金；也不可能基于一国货币，或是搞固定汇率制或者货币局；或回到单一货币政策目标。

新的锚替代旧的锚，需要基于信用货币和国际合作的制度创新，离原来的金本位越来越远，离开一国货币主导越来越远。第一个全球货币体系锚是基于与黄金挂钩的美元，美国独家领导，对通胀预期管理无制度设计。第二个全球货币体系锚是以与黄金脱钩的美元为中心，其他发达国家五国集团的成员货币参与领导的体系，但没有任何新兴市场国家的货币参与领导。全球储备货币中美元之外的其他发达国家货币占到近40%。同时主要国家采用货币通胀目标制，以稳定和管理通胀预期。

全球货币体系的第三个锚必须要有新兴市场国家的货币参与领导，同时应该共同改进全球货币体系的治理。在全球储备货币中，除美元和发达国家货币之外，也要有主要新兴市场国家的货币纳入。此外，要从单一的货币通胀目标制，过渡到包括稳定增长和维护金融体系稳定性的多目标管理体系。因此，全球重要货币的一揽子货币 SDR 纳入人民币具有非常重要的意义，为开启全球货币第三次寻锚奠定了重要的基础。当今存在的问题是 1971—1987 年寻锚过程中所存在问题的镜像或是反问题。当时，出现了保罗·沃尔克这样强势的美联储主席，不惜一切代价提高利率，应对国内通胀预期问题，但仍然不能从根本上完全解决，因为美元对外贬值必然意味着对内通胀。现在，美国和欧央行做了这么多量化宽松货币政策，仍然拉不起通胀预期。核心原因在于全球总需求疲软，增长乏力，单靠货币政策不能从根子上解决问题。

工夫在诗外。解决问题还要靠积极的财政政策，但是有难度，必须满足三个主要条件：一是参与国的经济体量足够大；二是国内的财政政策和货币政策均有空间；三是能够协调本国的财政政策和货币政策。放眼全球，大国之中满足以上三个条件的只有两个国家，一个是美国，一个是中国，其他国家都没有这个能力。比如日本，财政政策没有多大空间，国债的 GDP 占比达到 260%。德国现在是欧元区里面的一分子，没有独立的货币政策，财政政策即使要走赤字，其溢出效应也难以帮助到西班牙、意大利和希腊。在欧元区，一个国家的财政政策与欧央行货币政策难以协调。英国有一定的协调能力，但是英国的经济体量不大。《广场协议》时的五国集团，现在只有美国具备巨大协调能力。发展中国家当中，最具备协调能力的是中国。1929—1971 年作为第一个周期是 42 年，而寻锚是从 1929—1945 年，时间跨度是 16 年，中间经历了世界大战。1971—2008 年作为第二个周期是 37 年，而寻锚是从 1971—1987 年，时间跨度也是 16 年。第三次寻锚从 2008 年开始，在黑暗当中已经摸索了七八年，之前对此问题的意识不足，各国基本上各自为政。而往后，全世界要组团走出泥潭，关键是必须联手找到锚。

寻锚的意义非常重大。第一次寻锚是通过世界大战解决的，第二次寻锚是通过五国集团的谈判解决的。2008 年全球金融危机开启第三次大调整，问题的解很难，五国集团之间的谈判完全不足以解决问题。寻锚期要做两件事：对内校准利率的通胀预期，对外稳定汇率。而货币政策在很多国家已经无能为力，有能力做财政政策的国家未必能够协调货币政策。如果从谈判或者承担国际义务的角度，中美两国需要起到重要作用。

第三次寻锚的时间会有多长呢？如果上两次的寻锚经历有参考价值的话，那就还需要再找七八年。等寻锚成功，也许会开启一个新的全球经济繁荣周期，这个周期可以持续二十余年。

2008 年全球金融危机开启全球货币第三次寻锚，SDR 一揽子货币 2016 年 10 月纳入人民币也为开启全球货币第三次寻锚奠定了重要的基础。但全球货币体系的第三个锚中新兴市场国家的货币如何参与领导？全球应该如何共同改进全球货币体系的治理？全球如何从单一的货币通胀目标制过渡到包括稳定增长和维护金融体系稳定性的多目标管理体系？这些都是极富挑战的议题。中美两国作为大国和发达国家、新兴市场国家的代表，理应起到引领作用。

1945 年，中国参与雅尔塔会谈并签署相关协议，确保了中国的二战战胜国地位。这是中国进入大国行列的标志性事件，否则不会有中国今天的地位。不能作为主签人参与全世界最重要的谈判，那就无法掌握话语权。

1985 年，五国集团签署《广场协议》。虽然日元、德国马克升值，但是日本和德国受益巨大。日本、德国参与了《广场协议》的会谈并签署协议，这标志着他们从二战的战败国晋升为战后经济金融强国，加入了全球的强国俱乐部。

中国必须参与并引领第三次大调整的相关谈判，只有这样，才会成为被全世界认可的又一个标志性经济、金融强国。

国家资本结构：理论创新与国际比较

导读

本文应用公司金融理论分析国家的资本结构，得到一系列新成果，并为货币经济学、财政理论和国际金融学提供一个新的统一的微观理论基础。一个国家发行的主权货币和以本币发行的主权债是国家资本结构中的股票，以外币发行的主权债是债务，通货膨胀成本源于多发货币（股票）后在国民之间的财富转移（股权稀释）。在国家层面，其货币（股票）发行得越多，面临的破产风险就越小；其货币（股票）被国际资本市场越高估，则应该发行越多的货币（股票），以加大投资、消费或换取外汇储备。欧元区国家在1999年初使用欧元，相当于同时重置资产负债表，实行股转债，将大量的股权（本币主权债）变成等额债权（欧元主权债）。发展中国家和发达国家都可以有较大的外汇储备，如发达国家瑞士的外汇储备超过其GDP规模。将中国的国家层面股权、债权情况与美国、日本、英国进行比较可知，外债较少而股权较高是这四类国家资产负债表的共同优良特点。

---

* 原文发表于2017年5月《比较》第92辑，与帕特里克·博尔顿合作。本文基于“The Capital Structure of Nations”，2018年2月发表于 *The Review of Finance*；2018年8月在欧洲金融学会（European Finance Association）年会上获得Pagano-Zechner年度最佳论文奖；早期工作论文参见NBER Working Paper 23612，2017年7月。

从经济学理论创新角度而言，本文建立了一个新的经济学模型，以分析国家层面的资本结构，并为三个相对独立而又互有关联的经济学科建立一个共同的微观理论基础。这三个学科分别是货币经济学、财政理论和国际金融学，而所要建立的微观理论基础基于公司财务或者公司金融。

众所周知，货币经济学发展到今天，经历了许多争论与修订，也有重要的学术贡献，比如货币数量论。财政理论是相对于货币理论独立发展而又相关的另外一个理论，其中较为重要的李嘉图等价定理阐述了国家发行债券并不会创造财富。国际金融学中研究较多的内容是国家的汇率调整机制、外汇储备和外债危机。借外债多的国家何时会发生外债危机、国家如何应对外债危机、是否采取浮动汇率或固定汇率以及整体美元化等问题的解决，都是近20年来学术界和国际实践方面关注的重要工作。

在我们的最新论文《国家的资本结构》中，我们希望为货币经济学、财政理论和国际金融学建立一个统一的微观理论基础，并与国际实践结合，使得上述三个学科可以相互讨论、成果共享。

三大宏观学科的共同微观基础

货币经济学、财政理论和国际金融学的共同微观基础可以应用公司金融中的两个重要理论来构建。其一，是莫迪格亚尼-米勒定理（Modigliani Miller Theorem，简称MM定理）。MM定理假设资本市场是完善的、无摩擦成本。在此理论条件下，公司的投资回报与融资手段无关，无论是负债或股权筹资，还是负债与股权的任意组合。

实际上，现代金融学的开山之作就是1958年发表的MM定理。发现这一重要定理的两位经济学家后来都获得了诺贝尔经济学奖，莫迪格亚尼长期在麻省理工学院担任宏观经济学教授，是麻省理工学院宏观经济学的掌门人之一，米勒则长期成为芝加哥大学金融学的掌门人。

按照MM定理，从公司层面看，在无摩擦的情况下，并不存在最优的公司资本结构，将摩擦引入后则存在最优资本结构。过度借债将增加公司的违约风险和破产风险，而股票发行则不增加破产风险。在英美的税收法律下，股东需要对其股权红利缴税，而公司为借债所付利息具有抵税功能。因此公司一方面应尽量借债以保护股东利益，但过量借债又会增加破产成本，最优资本结构是在二者之间达到平衡。

在20世纪80年代，迈尔斯（Myers）和梅吉拉夫（Majluf）根据实际观察和新发展的信息经济学，发展了公司金融理论。他们观察到当公司发行新股或进行增发时，其股价会面临折价或下跌。但为什么还要发行新股呢？他们在公司金融理论中引入了另一个摩擦因素，即信息成本。简单地说，一家公司同时具有内部股东与外部投资者，但内部股东对公司更为了解。如果内部股东认为股价比外部市场投资者认为的价值低，即市场股价比公司内部价格高，公司就应该更多地发行或增发股票。市场投资人也理解公司内部人的这种意愿，所以当一家公司在市场发行或增发股票时，必须对其股票进行折价。如果公司将来可能面临债务过度的风险，它应该尽早发行或增发适当数量的股票，提高股权融资比例，把资本结构调整到更合适的水平，以免陷入债务危机。

国家资本结构的理论

近些年来，经济学家在公司金融方面又观察到了一些新现象。例如，IBM、微软、谷歌等科技创新型公司几乎没有债务，其资本结构几乎完全是股权。这从传统公司金融理论的角度是难以理解的，因为公司借债的利息具有抵税作用。IBM和谷歌并不会轻易破产；微软公司拥有巨额现金流，信用评级非常之好。那么什么是最优的资本结构呢？从实践来看，最优的资本结构需要大量和超大比例的股权融资。

基于近些年来公司金融的理论发展和实践创新，我们建立了一个新的经济学模型来分析国家层面的资本结构。要分析这一问题，首先需要明确国家的股权与债权是什么。国家的债权比较容易理解，即为国家以外币发行的主权债，例如美元债。国家的股权即是国家发行的货币和以本币发行的主权债。国家发行的货币与公司发行的股票在许多方面非常类似。公司发行的股票使得公司将偿还负债之后的收益在股东之间按股权比例分配。与此类似，一个国家产生的收益在偿还外债之后，在国民之间进行分配。所以，一个国家发行的货币及通过本币发行的国债，实际上都是国家的股权。

货币有两个重要的功能：一是储存价值，二是交换媒介。我们的模型在实现交换和储存价值功能后，首先观察到国家层面也存在着 MM 定理：在没有摩擦的情况下，国家需要通过投资来发展经济时，其融资方式不管是借外债或发本币，对投资回报没有影响。国家层面的 MM 定理有两个直接的重要推论：一是古典货币理论中的货币数量论，二是财政理论中的李嘉图等价定理。

我们也考虑了一个新的摩擦因素：在货币中引入通货膨胀。在既有原始股东又有新股东的情况下，公司发行新股必然涉及财富由原始股东向新股东转移的过程，这就是公司财务中的稀释成本，也解释了公司发行新股或进行增发时其股价下降的原因。公司财务中的稀释成本就是宏观经济中的通胀成本，由原始股东向新股东的财富转移引发。从这个意义上讲，伯南克所倡导的“直升机撒钱”因为向所有人撒钱，好比同比增发，并不涉及财富转移的问题，也就没有由于财富转移所引发的通货膨胀成本。通胀成本来源于对原有货币持有者的财富稀释所引发的国民之间的财富转移。

如何思考一个国家的最佳资本结构呢？国家应考虑要借多少外债，发行多少本币，增加多少外汇储备？国家一方面应尽量少借外债以减少国家破产风险，但过量发行货币或以本币发行国债（股票）又会增加通货膨胀（稀释成本），最优资本结构应使二者达到平衡。外汇储备则可以减少由外债引发的国家破产风险。

国家资本结构的国际比较

一个国家应如何防止外债风险？当然，国家可以事先增加外汇储备，然后在困难时期消耗外汇储备以应对外债风险。我们建立的模型也回答了一个国家到底应该持有多少外汇储备的问题。

之前，对一个国家应该持有多少外汇储备的问题理论上并没有好的回答。有学者做过的预防性储蓄模型表明，为了应对未来的外币风险，应事先预留一些储备。但这一理论只适用于新兴市场国家，而一个发达国家应该持有多少外汇储备的问题没有理论答案。劳伦斯·萨默斯（Larry Summers）在担任美国财政部副财长时曾对美国具有外汇储备这一事实感到惊讶。他曾问格林斯潘，美国应该有多少外汇储备。格林斯潘的回答是：美国的外汇储备应该在200亿至20 000亿美元之间，中间差了100倍！这在理论上显得相当荒唐。

另一方面，欧元区各国在采用欧元前后的表现也值得研究。欧元区各国都是发达国家，与阿根廷、巴西等发展中国家不同。但2012年时，欧元区发生了严重的欧债危机。危机主要发生在葡萄牙、希腊、西班牙、意大利、爱尔兰，这五个国家被人们称为“欧猪五国”。令人疑惑的是为什么发达国家会出现这么严重的债务危机？希腊在加入欧元区之前没有发生过大规模的外债危机，但经常有货币贬值问题。西班牙、爱尔兰在加入欧元区之前也没有遇到过外债危机。

1999年1月1日，欧元区国家开始使用欧元，以前以本币发行的主权债立刻变成了以外币（欧元）发行的主权债。换句话说，欧元区国家在1999年1月1日使用欧元，相当于同时将资产负债表重置，做了股转债，将大量的股权（以本币发行的主权债）变为等额的债权（以外币发行的主权债），这才是欧元区债务危机的根本源头。

但是，假如欧元区能够成立一个财政联盟，变成“欧洲合众国”（The United States of Europe），就可很容易地将外债问题变成国内股权问题，交由欧元区中央财政处理。但是，欧元区只统一了货币，没有统一财政，更没有变成一个主权国家，把股权（内债）置换成债权后，大大提高了债务风险，负债过高、经济增长速度过低的国家很容易面临债务（外债）危机，比如葡萄牙、西班牙。德国国债少，且经济增长速度高，是欧元区的经济发动机，所以德国不面临债务风险。总之，在一夜之间将所有股权（内债）变成外债之后，欧元区何去何从仍面临不少问题。

此外，瑞士的情况值得研究。2008 年金融危机发生后，瑞士央行在不经意间将外汇储备占 GDP 的比重从 2007 年的 9.2% 提高到了 2012 年的 70.4% 和 2017 年 6 月的 109.9% 。瑞士是发达国家，国民收入和国家财富都很好，根本就不需要外汇储备。为什么瑞士央行要储备这么多的外汇？欧元区发生欧债危机时，有大量的欧元区资本流向瑞士，瑞士法郎反复升值。这时，瑞士央行可以怎样应对呢？

一，什么都不做，任由资本自由流入，推高瑞士物价和资产价格。二，瑞士央行进行对冲，将外汇存进银行，但限制银行贷款，比如通过各种工具将银行准备金率提高到 30% 。三，当一个公司的股票被市场高估时，该公司应该大量发行股票或增发股票。与此类似，当瑞士法郎反复升值时，瑞士央行的聪明之处在于大量发行瑞士法郎，短期内把源于其他国家的流入资本置换为超过 GDP 规模的外汇储备。

将国家货币视为国家股票带来一个全新的视角，可以解决很多原来争论不休的问题。例如瑞士这样的发达国家需要外汇储备吗？传统理论认为不需要。但事实上，瑞士在 10 年内增加了超过其 GDP 规模的外汇储备。

又例如，过去 30 年来，市场上有很多人认为日本这个国家会很快破产，但事实正好相反。道理很简单，假如阿根廷借了相当于其 GDP 50% 的外债，那么阿根廷将可能很快破产；假如日本借的外债超过其 GDP 的 50% ，日本也可能会破产，至少可能面临较大的外债风险。但日本发行的是内债，是股权，而且日本有大量的国内储蓄。内债是股权，而股权在富有的原始股东间流转并没有太大风险。

另外，对于可能遇到债务积压的问题，我们的模型建立了需要外汇储备的下限。这个下限一般是发展中国家所需要的。现有的经济学还没有关于发达国家需要外汇储备的理论，我们的模型提供了一个新视角，即发达国家可以也有必要建立外汇储备，而且其外汇储备不是为了简单对冲外债。只要时机显现、操作得当，一国可以通过增加外汇储备，改善国家的资产负债表，提升国民财富。

大力发展国家层面股权融资

我们的模型也可以从比较中国与美国、日本、英国这三个国家中发现有意义的新现象。这四个国家的国情大不相同。比如日本具有高额内债，除中国以外的三个国家都是发达国家。美国跟英国情况较为接近，但都与日本相当不同。但是，这四个国家的一个共同点是几乎没有外债。各国 1993—2013 年之间外债占其 GDP 的比重从未超过：美国为 0.05%，英国为 1.1%，日本为 0.14%，而中国为 0.5%。从国家资本结构的角度来看，这是很有意思的现象。

这四个国家的股权情况怎样呢？我们定义国家发行的货币加上其以本币发行的国债为国家股权。观察各个国家的数据可知，从 1993—2014 年，美国国家股权占 GDP 的比例从 120% 上升到 180%，英国从不到 100% 上升到 250%，中国从 100% 到 210%，日本从 215% 到 300%，是四国之中最高的。托尔斯泰曾说，幸福的家庭家家相似，不幸的家庭各有各的不幸。的确，成功的国家也是相似的，外债较少而股权极高。从这个意义上看，中国已经迈入成功国家之列了，这很重要。阿根廷、巴西等其他新兴市场国家与这四国的资本结构非常不同。

上述四个国家的通胀水平都较低，且在这四个国家中，中国的 GDP 增长速度是最高的。这涉及另一个问题，即一些学术界人士批评中国央行货币超发，但中国并未面临明显的通胀问题——虽然中国的通胀比其他三个发达国家略高一些，但整体情况与上述三个国家十分相似，而且中国的 GDP 增长比另外三个国家的简单相加还要高。由此看来，中国虽然发行了大量货币，同时又能够维持高速经济增长，但没有明显通胀。实际上，中国通过加大国家股权融资，不断迈向最优资本结构。

既然中国发行货币并没有导致通胀问题，为什么不多发一些呢？中国的 GDP 增长势头良好，为什么不更多地依靠股权融资（发行货币）呢？一个国家发行多少货币才是合适的呢？

一个国家发行多少货币，与该国的 GDP 增速有关，和投资回报率有关，也和通货膨胀预期有关。GDP 增速越高，对国家发行货币（股票）的需求越大。但只有投资回报率为正，国家发行的货币（股票）才能够得到正收益，才可能继续发行货币（股票）。而且，当实现正的收益回报在国民间分配时，只要不涉及从原始股东到新股东之间过大的财富转移，即不会提升通胀预期，才适宜于继续发行货币（股票）。

宏观股权融资的边界在哪里？如果投资项目是赔钱的，那就应该停止发行股票（货币）或债权（外债）融资。如果新增的股票（货币）发行或债权（外债）融资会引发通货膨胀预期提升，就应该减少新发行的股票（货币）或债权（外债）融资。如果损失要靠多发货币或货币贬值去冲销，国家层面赔钱的投资项目将会产生通胀，甚至引发恶性通货膨胀。如果在分配过程中涉及过大的从原始股东到新股东之间的财富转移，也将会提升通胀预期。所以，宏观股权融资边界是由微观基础决定的，发行多少货币即要看项目的净现值，也要看通货膨胀成本。

英美和日本已经进入发达状态多年，好的投资项目不多，GDP 增长速度缓慢，所以这些国家没有必要发行大量货币，其较低的 M2 增长速度也没错。其国家资本结构也没错：基本没有外债，主要依靠国内股权。对于像中国这样的发展中大国而言，受改革开放和工业化、城镇化的积极推动，只要好的投资项目多，而且有足够的新增财富在新老股东（国民）之间进行较为公平的分配，则GDP增长速度高，M2增长速度也因此相对较高，但通货膨胀水平稳定；同时，基本没有外债，主要依靠国家宏观股权。在发展中大国中，国家资本结构做得与主要发达国家相当的只有中国。